日仏翻訳交流の過去と未来

――来るべき文芸共和国に向けて

西永良成・三浦信孝・坂井セシル 編

大修館書店

序——刊行によせて

塩川　徹也

翻訳が、言語文化とりわけ文芸と学問の伝播と移植において決定的な役割を果たしてきたことは、あらためていうまでもない。わが日本も、とりわけ幕末の開国以降、欧米の書物を大量に翻訳することを通じて「文明開化」を実践し、新しい日本の言語と文化を作り出すために努力を重ねた。そしてこの文化変容の過程において、フランスの文化、とりわけ文学・思想や法制度が重要なお手本になったこともよく知られている。当時の日本人の目には、フランスを始めとする欧米諸国の文物は、確固不動の形を備えた理想のように映っていた。そのような観点からすれば、文化変容は一方交通としてしかとらえられず、影響を与える側の文化も長い年月を経て、変化を遂げてきたことが見逃されてしまう。

しかしフランスが近代世界において、啓蒙と文明の旗頭になるまでには、それまでの長い歴史がある。フランスの文化は、中世、ルネサンス、アンシャン・レジームのそれぞれの時代に、さまざまな異文化、とりわけ古代ギリシャ・ローマの文化、そしてキリスト教との接触を通じて、自らを鍛え、自らを形成してきた。そしてその過程において、古典文学やキリスト教文学の遺産の翻訳が大きな位置を占めていることは、たとえばドイツの偉大なロマンス語学者クルツィウスの記念碑的著作『ヨーロッパ文学とラテン中世』を少しでも覗いてみれば明らかである。また十八世紀ヨーロッパにおいて、国境を越えて普及した近世フランス語とフランス文学の成立に、十七世紀フランスの翻訳家、それも「不実の美女」と称される翻訳を実践した翻訳家たちが少なからぬ寄与をしていることを、近年の文学史は明らかにしつつある。しばしばフランス精神の最も純粋な表現とみなされるフランス古典主義もまた翻訳に養われている。

このような事情は、つい半世紀ほど前まで、とりわけ日本ではあまり顧みられなかった。しかし近年のフランスでは、これまであまり注目されていなかった地域や文明の文学・思想の翻訳が活況を呈しており、その中で、日本は大きな存在感を示している。今日のフランスは、自らの文化に新たな生気を与えるためには、翻訳を通じた異文化の受容が不可欠であることを再発見しつつあるように見える。こうしてわれわれは、日本もフランスも、それぞれが従事する翻訳の実践とその成果が単なる一方交通ではなく、相互に影響を及ぼし合う段階、つまり翻訳を通じての日仏文化交流を本当の意味で語ることができる段階に到達した。このような状況が可能になったのは、日仏双方で、相手の言語と文化に深い敬意と愛情を寄せ、それを自らの文化に移植することに尽力してきた先人のおかげである。本論集の元になったのは、その後を継いで、近年目覚しい成果を挙げている翻訳者・研究者が一堂に会して、日仏双方の翻訳の歴史・現状・展望について発表と討論を行ったシンポジウムである。本書の刊行が、国境と言語の垣根を越えて文芸と学問が交歓する理想の場である「文芸共和国」の建設の第一歩となることを祈ってやまない。

日仏翻訳交流の過去と未来——目次

第2部　思想・歴史・人文社会科学の翻訳交流

第1部　文学の翻訳交流

［第1部　解題］継承と発展

西永良成

日本という国にはフランス文学翻訳の長い伝統があり、原文から、原文に忠実に翻訳するいわゆる「周密訳」にかぎっても、川島忠之助訳ジュール・ヴェルヌ『新説八十日間世界一周』が上梓された明治十一年（一八七八年）以来、百三五年の歴史がある。「東洋」と呼ばれる地域でこれが特筆に値する貴重な文化遺産であることは言を俟たない。中世から二十一世紀にいたる重要作品はもとより、ボードレール、ランボー、マラルメなどの詩、あるいはユゴー、スタンダール、バルザック、プルーストらの小説の複数の翻訳が、苦もなく読者の手に届く国は「西洋」においても皆無に近いだろう。

本書第一部におさめる宮下志朗、秋山伸子、吉川一義、湯浅博雄、塚本昌則の論考・論説はいずれも先人たちの右の伝統を確認し、この伝統を発展的に継承、深化しようとするものである。それぞれの分野の泰斗とも言うべき存在である彼（女）らの翻訳の実践は、ラブレー、モリエール、プルースト、ランボー、ヴァレリーらの世界レヴェルの深い文学研究をふまえ、できるかぎり原文に忠実たろうと努めつつも、日本語による言語表現の可能性の限界をきわめつくそうとするものであり、いずれもこれから文学（翻訳）を志す者たちにとってきわめて有力・有益な指針たりうるものと思われる。

本書全体の意図はたんに仏→日の翻訳ではなく、日→仏の翻訳の実績、現状、課題をも示すことにある。この意味で、監修者のひとりである坂井セシルの日仏翻訳交流を的確に概観する特別寄稿、フランスにおける日本文学の翻訳の問題点を鋭く指摘するアンヌ・バヤール＝坂井の論考、さらに新世代の文化・文学の仏訳の意義を説くパトリック・オノレの指摘と考察は刺激的であり、この国の読者に驚きをあたえ、きわめて新鮮な視点・展望をもたらすものとして貴重である。また、ダニエル・ストリューヴ、ディディエ・シッシュの報告は源氏物語から水上勉、太宰治にいたる日本文学の仏訳をとおして、じつに具体的で含蓄に富む精緻な比較文学・文化論を展開している。

ただ、百三五年にわたる日仏翻訳交流にも問題がないわけではない。それは坂井セシルの論文でもすでに言及されている、日仏間の翻訳交流の非対称性という問題である。この課題はいわゆる狭義の「文学」の分野ではやや解消されつつあるものの、人文科学、哲学をふくむ広義の〈文学〉に関しては、相当に嘆かわしい欠落、ないし不在が明らかに認められる。これについては、第二部担当の編者三浦信孝の情熱的な「解題」を参考にしていただきたい。

悪貨が良貨を駆逐する、とは高校生レヴェルの知識としてだれでも知っていることだが、強力でも粗雑な単一文明が諸文化を衰頽させ、精神生活の画一化・貧困化をもたらす、いわゆる「グローバル化」の趨勢に強い抵抗感、さらにはある種の危機感をおぼえる者の数はかぎられているだろう。いくら神は細部に宿るとはいえ、紫式部、プルースト、ランボー、ヴァレリーなどの一言半句の解釈・翻訳にこれほどまでの情熱と努力を傾ける人間がいること自体、酔狂きわまると感じられても、あながち奇異ではない時代である。したがって、本書の副題にある「文芸共和国」という言葉に、どこかエレジーめいた響きしか感じない向きも少なからずあるにちがいない。たとえば、次のようなセナンクールの名高い文句中の「人間」を「文化」と読み替える形の嘆きに近いものとして。「人間は滅ぶものだ。そうかもしれない。だが、抵抗しながら滅びようではないか。そして、たとえ我々の落ちつく先が虚無であるとしても、それが正しいことにならぬようにしようではないか!」(渡辺一夫訳)。

だが、「思想においては悲観的に、行動においては楽観的に」(グラムシ)振る舞うことこそ公人としての最低限のモラルであり、編者のひとりとしては、序で塩川徹也が書いているように、本書が「国境と言語の垣根を越えて文芸と学問が交歓する理想の場である「文芸共和国」の建設の第一歩となること」を切に願う気持ちを共有し、十全に酌んでいただける読者も少なくないと信じる。

第1章　翻訳者の使命――古典の継承のために

宮下志朗

一　先人たちの情熱と苦労

「翻訳者の使命――古典の継承のために」というタイトルで、まず思い浮かぶのは、古典の翻訳をめぐる、ルネサンス時代の先人たちの苦労です。

たとえば、ペトラルカ（一三〇四～七四年）とボッカッチョ（一三一三～七五年）というイタリア・ルネサンスを飾る二人のユマニストのことを思い出します。キケロ書簡集の貴重な写本を発見して編集したように、ペトラルカは偉大な古典文献学者であり、もちろんギリシア古典にも憧れを抱いていました。アヴィニョン時代には、ギリシア人神学者についてギリシア語を学び始めますが、あいにく、その神学者が転任してしまい、ギリシア語の学習は中断を余儀なくされます。とはいえ、その後もギリシア古典への情熱は持続し、ホメロスやプラトンなどの写本を、苦労して入手しています。

ホメロスの原典写本をビザンチンにいる友人から贈られたペトラルカは、礼状でこう書きます。

　きみはわたしに、ヨーロッパの境界から、プレゼントを送ってくれました。きみにこれ以上ふさわしく、わたしにこれ以上心地よい、高貴な贈り物は考えられません。(中略)でも、ホメロスはわたしには押し黙ったままなのです。というかむしろ、わたしが彼の声を聞く耳を持たないのです。とはいえ、ホメロスの原典を眺めているだけで、わたしは喜びを感じています。(中略)驚くべきことに、わたしの手元には、以前西欧で入手した、哲学者の王プラトンがあります。きみも知ってのとおりです。(中略)そしていまや、きみの贈り物のおかげで、哲学者の王に、ギリシア詩人の王が合流したわけです。(ペトラルカよりニコラウス・シュゲロスへ、一三五四年一月一〇日、『親近書簡集』一八・二、拙訳)

ホメロスの写本を入手したものの、それは「押し黙ったまま」、つまりギリシア語で書かれていて、ペトラルカには読めないわけです。けれども、テクストを眺めているだけで、とても嬉しいというんですね。九歳年下で、ペトラルカを尊敬してやまないボッカッチョは、こうした師の心境をよく分かっていますから、奔走します。

ボッカッチョは決して裕福ではなかったのですが、自分もホメロスの原典を入手します。そして、フィレンツェ政府に働きかけて、ペトラルカに紹介された南イタリア出身のヘレニスト、レオンツィオ・ピラート(?~一三六七年)をフィレンツェ大学——正確にはその前身——に招聘します。彼をわざわざ自宅に住まわせてギリシア語を学び、ホメロスのラテン語訳に着手します。やがて大学でギリシア語の講義が始まりますが、受講生はボッカッチョを含めて、わずか三名でした。その後、『イリアス』『オデュッセイア』のラテン語訳が一応完成して、ボッカッチョの努力で写本も作成されて、ペトラルカもその写本を作成します。「古典」の「写本」を入手し、古典ギリシア語に堪能な人間を探し、しかるべき地位と収入を用意してと、大変な苦労を経てホメロスの翻訳が実現したのです。彼らの情熱と実行力には、感嘆するしかありません。

二　翻訳という「有力な支流」

では次に、「古典」を翻訳することの意義などについて、考えてみましょう。ここでも、ボッカッチョとペトラルカを例にとりましょう。ボッカッチョは『デカメロン』を一三五一年に書き上げますが、ラテン語ではなくイタリア語という世俗語による、散文の物語でした。また内容も内容ですから、師匠のペトラルカに謹呈する勇気がなかなか出ません。ようやく意を決して、「匿名」で写本をペトラルカに寄贈したのが一三七三年、詩人の死の前年なのです。すると詩人は、『デカメロン』最終章の「グリゼルダ物語」をラテン語に翻訳して、ボッカッチョへの書簡に添えました。当時、ペトラルカの名声はヨーロッパ規模のものでしたから、この「ラテン語訳」をきっかけとして、『デカメロン』はヨーロッパに広まっていくのです。『デカメロン』全体のフランス語訳が実現したのは一五世紀前半なのですが、これも実はラテン語経由の「重訳」なのです。ルネサンスという時代には、「重訳」が重要な役割を演じた事実を強調したいと思います。

もうひとつ、フランスの有名な例を紹介します。ジャック・アミヨ（一五一三～九三年）によるプルタルコス『対比列伝』の仏訳が一五五九年、アンリⅡ世への献辞を添えて出版されます。そして、このアミヨ訳から、トマス・ノース Thomas North の英訳が誕生するのです（一五七九年）。この「重訳」プルタルコスが、シェイクスピアの『ジュリアス・シーザー』『アントニーとクレオパトラ』『コリオレーナス』といった史劇の重要な素材となるわけです。「重訳」はけしからんという考え方が、きわめて近代的な発想であることはいうまでもありません。

シェイクスピアといえば、これは「重訳」ではありませんが、モンテーニュ『エセー』のジョン・フロリオ John Florio による英訳（一六〇三年）も、シェイクスピアに影響を与えました。さらに、英訳『エセー』の影響によって、イギリスで「随筆（エッセー）」という新たなジャンルが誕生します。「翻訳」が、ひとつの文学ジャンルの生みの親となったわけです。要するに、「重訳」も含めて、「翻訳」とは、文学の発展に欠かせない大切な要素なのであります。ここでは、英文学者の外《と》山滋比古《やましげひこ》のことばを引用します。

> 作品を河にたとえると、原稿至上主義は（中略）源泉主義である。流域には目をつむる。（中略）しかし、河は流れる。（中略）どこからともなく、水量が増す。支流、分流の水を集めて、河は流れていく。作品にも同じように、少しずつだがふくらんでゆく生命を認めてやってよいのではあるまいか。（中略）作者の手元で古典になって世に送られる作品はひとつも存在しない。（中略）有力な支流がいくつも流入してこないと大河にはならない。支流をまるで目のかたきのようにするのは、古典成立の実際を無視するものである。（外山滋比古「読者の視点」、『異本論』みすず書房、一九七八年、七頁）

要するに、「源泉」から流れ出た作品は、それがいかに優れた作品であっても、その後、しかるべく受容されることの歴史の流れを通じて「古典」になるのです。ですから、「翻訳」も、「重訳」

をも含めて、おおらかな気持ちで、「古典」成立のための、「有力な文流」だと考えたいと思います。「源泉」の価値にのみこだわって、「支流」を軽んじるのは、「文学」にとっては決して幸福な状況ではありません。

三　渡辺一夫訳ラブレー、抵抗の証か

さて、渡辺一夫によるラブレーの翻訳という偉業に話を移します。渡辺は、第二次大戦以前からラブレーの翻訳に着手しており、最初の『第一之書ガルガンチュワ物語』が白水社から出版されたのは、戦時中の一九四三年（昭和一八年）一月でした。

『第一之書』には、「ピクロコル戦争」という有名な挿話があります。作者は、故郷シノンの村どうしの小競り合いを、当時のヨーロッパにおけるフランソワI世とカールV世の覇権争いとオーバーラップさせて、おもしろおかしく描きました。渡辺は、この「挿話」を、戦時体制の日本で翻訳したわけです。そして渡辺は、「ピクロコル戦争戦場図」というイラストを描いて、挿入しています（一二頁、図版二）。右下に、「一九四一年九月」と、わざわざ日付が記してあります。あの一二月の真珠湾攻撃の少し前なのです。そして渡辺は、このイラストに、《Ce non opstant, je n'entreprendray guerre que je n'aye essayé tous les ars et moyens de paix》という、ガルガンチュアの父親グラングジエ王の台詞を、フランス語で書き込みました。渡辺訳ですと「だがしかし、ありとあらゆる媾和の手段を方法を試みた上でなければ戦端は開くまいぞ」となりますが、これは開戦直前の日本の状況に対する、密やかな批判ではないでしょうか？　渡辺にとっては、ラブレーを訳すことも、

ある種の抵抗の証であったように思えてきます。

さて渡辺は、『第二之書パンタグリュエル物語』の翻訳をいち早く終えて、一九四三年六月には原稿を白水社に渡します。しかしながら、戦時中ゆえ、印刷・製本は困難を極めたらしく、製本が終わったのは一九四五年に入ってからでした。ところが、一九四五年三月一〇日の「東京大空襲」によって、製本済みの『パンタグリュエル』は、すべて燃え尽きてしまうのです。渡辺が、日本語とフランス語で、いわゆる『敗戦日記』を付け始めたのは、その翌日からです。この『敗戦日記』の三月一五日の箇所には、「先日の空襲で Pantagruel の印刷所がやられ、刷り上がりのものが一切焼けた。ラブレーはついに日本に無縁なのだろう」(一二頁、図版二)と書かれることになります(串田孫一・二宮敬編『渡辺一夫　敗戦日記』博文館新社、一九九五年。日記のファクシミリ版も掲載されている)。

なお、この『敗戦日記』は、当時大学院生であったわたしが、二宮敬先生にお供して、二宮先生のお宅に運んだところの、亡き渡辺一夫のラブレー関係の蔵書から発見されたものです。今思い出しても、まことに感慨深いものがあります。

ところで、『パンタグリュエル』は幸い「紙型」が残りまして、一九四七年(昭和二二年)に出版されます。「戦時中、拙い訳書をして祖国の何ものかの為にあらしめたいと念願」したけれど、戦後となった現在、「本書が出るべきものか、用があるものかどうか、まったく自信はない」という渡辺の「あとがき」が興味を引きます。抵抗の証として、むしろ「戦時」にこそ出したかったのにという無念さがあるのかもしれません。渡辺は一九四九年には『第三之書』を上梓しますが、その後、長いブランクが生じます。それは、「底本」とすべき「ラブレー協会版」の刊行をひたすら待

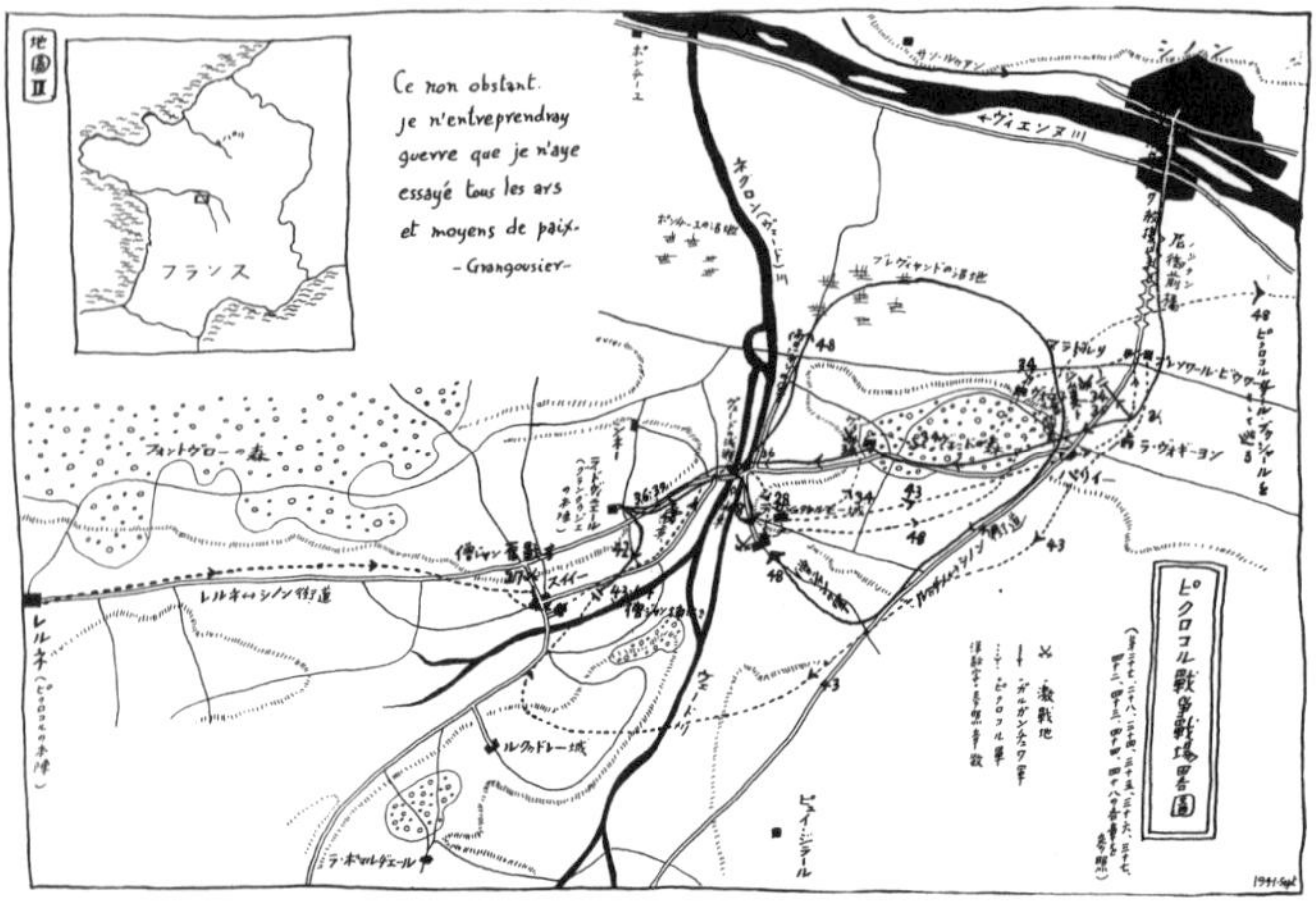

図版1：フランソワ・ラブレー『第一之書　ガルガンチュワ物語』渡辺一夫訳、
白水社、1943年、より。

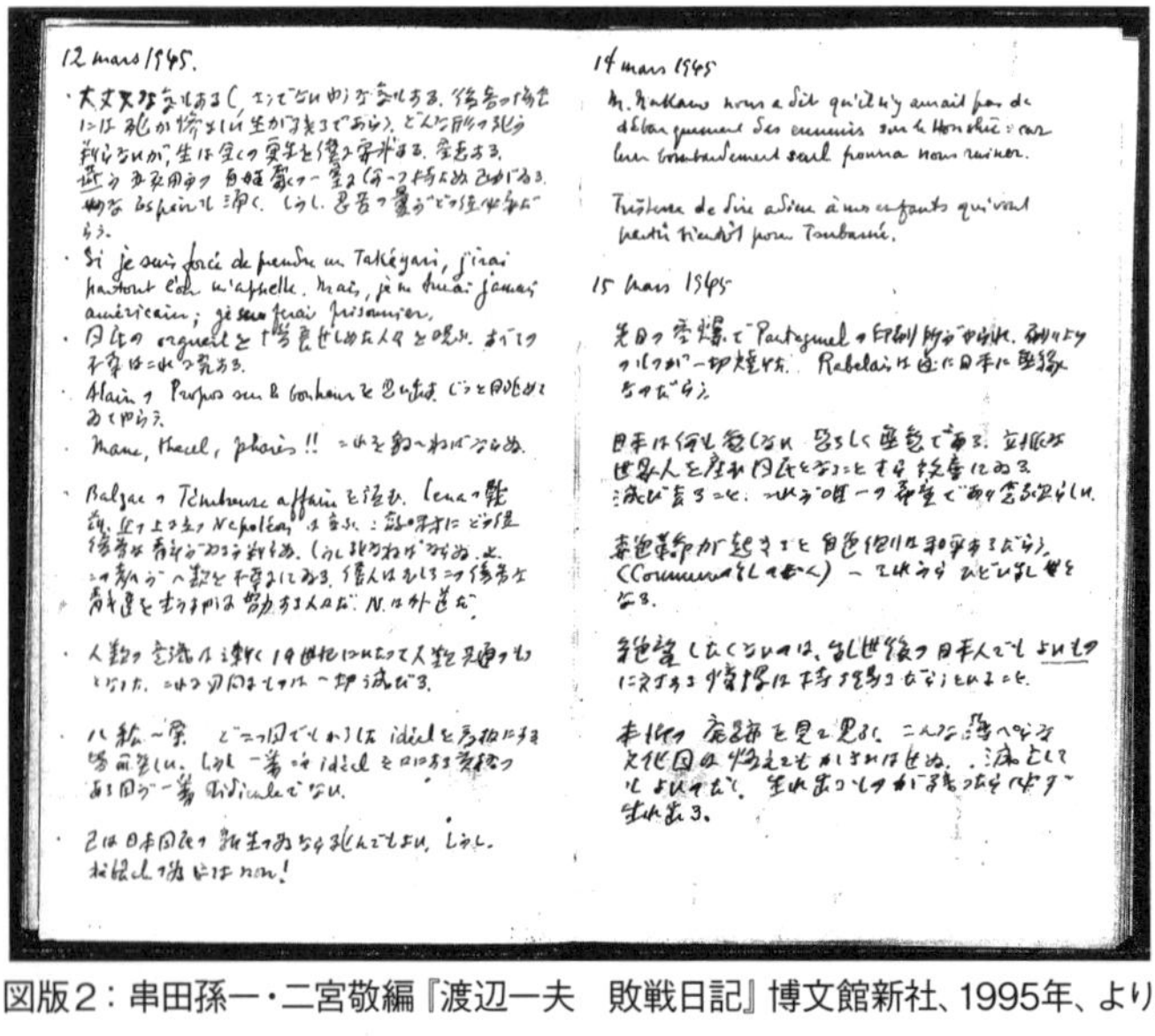

図版2：串田孫一・二宮敬編『渡辺一夫　敗戦日記』博文館新社、1995年、より。

ち続けたためです。結局、この「ラブレー協会版」『第四之書』は完成にいたらず、渡辺は他の刊本を使って、一九六四年に『第四之書』を出します。そして『第五之書』が出て、渡辺一夫訳ラブレーが完成したのは、一九六五年のことです。[1] 大戦前に出た『第一之書』から数えると、完成までにほぼ四半世紀を要したことになります。せっかく出来上がった本が空襲で燃えてしまうなど、不慮の災難と長い年月を経ての偉業であります。

ペトラルカ、ボッカッチョ、アミヨ、ノース、渡辺一夫、われわれの「古典」の翻訳が、こうした傑出した先人たちによる、比較を絶する苦労と努力の上に成立していることを、ここでもう一度強調したいと思います。

四　古典の「死後の生」と翻訳

わたしは理論的な人間ではないので、苦手なのですが、トップバッターとして「翻訳」という存在について、もう少しだけ考えてみます。先ほどの、外山滋比古さんのたとえを借用しましょう。「古典」とは、まず「源泉」があり、そこから流れ始めて、さまざまな解釈・批評という「支流」が、そしてまた、さまざまな「翻訳」という「支流」が流れこむことによって「大河」となりえた作品のことです。そして「古典」は、「源泉」のレベルでも、「支流」のレベルでも、変容しながら、生き続けます。「源泉」のレベルでは、「校訂」によって「本文」が変化します。たとえば、パスカル『パンセ』ならば、われわれが学生の頃に習った「ブランシュヴィック版」は過去のものとなり、「ラフュマ版」「セリエ版」等を経て、「メナール版」の出現が待ち望まれています。モンテーニュの『エセー』も、「ボルドー本」一辺倒だったのが、最近では一五九五年版という死後版が復権を果たしています。学問研究の進展は、本文という「源泉」までも変えてしまうのです。さらに、「テクスト生成学」を使えば、「源泉」誕生のプロセスをうかがい知ることもできるでしょう。

一方、「支流」のレベルでは、新しい「解釈」や「批評理論」によって、テクストの意味・読みが変わることはいうまでもありません。要するに、「古典」とは「古くて新しい」のです。「古典」が変容しつつ、生き続ける姿を、ベンヤミンは「死後の生」と形容しましたが(「翻訳者の使命」一九二三年)、「翻訳」はまさに、この「死後の生」に深く関与する営みにほかなりません。

フランス語の interprétation に、「解釈」と「演奏」という二つの意味があることは、ご承知のとおりです。たとえばグレン・グールドは、バッハを斬新な「解釈」で「演奏」することで、バッハの楽曲に新たな生命を付与しました。音楽の場合は、「楽譜」という「源泉」が存在して、優れた曲ほど、「支流」としてのさまざまな「解釈」「演奏」が生まれるといえそうです。文学の「古典」についても、少なくとも理屈の上では、このことが成り立つと思われます。名演奏が複数あって良いのと同じで、名訳ならば、複数あってもおかしくありません、理屈の上では。さまざまな「解釈」「演奏」に相当する「翻訳」が複数存在した方が、作品の世界が広がるのですから。とりわけ、詩(ポエジー)についてはそうでしょう。また、「古典」の場合は通常は「著作権」がありませんから、法的にも複数の「翻訳」が可能なわけです。

もうひとつ、これが重要ですが、文学は言語芸術でありまして、その言語の共同体に組み込まれています。ところが、その共同体の言語は、時代と共に変化していきます。そうすると、「翻訳」

の場合、それがいかに優れたものであっても、「翻訳」の言語は、社会の言語の変化に取り残されていくわけで、相対的には古びていきます。坪内逍遙のシェイクスピア、二葉亭四迷のツルゲーネフやゴーゴリ、森鷗外の『即興詩人』にしても、「翻訳」としては古びてしまったといってまちがいではないのです。では、それらの名訳は無価値になったのでしょうか？　むろん、そのようなことはありません。むしろ、それらは「翻訳」という身分でありながら、つまり「文学」の主従関係においては従属する身分でありながら、主人たる「文学」の棚に配置換えされたのです。そして、「文学史」においても言及される栄誉に浴することになったのです。

さきほど、「古典」には複数の翻訳があってもいいし、むしろ望ましいといいました。では、実際はどうでしょうか？　たとえば、『アラビアン・ナイト』のように、従来はさまざまな「重訳」で受容されてきて、ようやくにして原典訳が実現した「古典」（一九六六〜九二年、前嶋信次＋池田修訳）もあります。しかしながら、ヨーロッパのメジャーな「古典」の多くには、すでに複数の翻訳が存在します。ギリシア悲劇しかり、アリストテレス、プラトンしかり、ウェルギリウスしかりです。ルネサンス文学でも、ダンテ『神曲』、ボッカッチョ『デカメロン』、モンテーニュ『エセー』等々、いずれも複数の翻訳が競合しています。

繰り返しになりますが、どれほどの名訳であっても、その言語自体が古びていきます。いわば「賞味期限」があるわけで、新しい翻訳によって、「古典」に新しい命を、「新生」を吹き込んでやらないと、新たな読者を開拓するのは困難になります。音楽ならば、歴史的名演をデジタル・リマスターという技術を使って蘇らせることも不可能ではありません。では、歴史的名訳のデジタル・リマスターは可能でしょうか？　せいぜい、漢字を開いて読みやすくすることぐらいしか、思い浮かびません。つまり、文学の「古典」の「死後の生」のためには、新しい優れた翻訳が必要なのです。

五　運命の力

しかしながら、渡辺一夫訳のラブレーは、これぞ唯一絶対の翻訳という、輝ける「例外」として君臨してきました。大江健三郎・加藤周一といった第一級の作家・評論家によって、ある意味で「神格化」されてきたともいえそうです。ここでは『日本文学史序説』における、加藤周一の評価を引用します。

渡辺一夫訳『ガルガンチュア物語・パンタグリュエル物語』（中略）は、ラブレーの本文解釈の最高の水準を示し、その意味では、現代フランス語訳を含めて、現存する各国語翻訳の最良のものである。しかも、流麗かつ明快な訳文は、現代日本語の散文の表現能力をほとんど極限まで拡大し（中略）、日本文学に全く新しい要素を付け加えた（無制限な想像力と知的な哄笑）。（加藤周一『日本文学史序説、下』筑摩書房、一九八〇年、四七二頁）

こうした評価に異議を唱えるつもりなどありませんし、わたし自身、この渡辺訳に魅せられて、いつのまにかフランス・ルネサンスの研究者となったわけです。けれども、この間、日本語はかなりのスピードで変化し続け、漢文学・江戸文学の素養に裏打ちされた、明治生まれの知識人による

「翻訳」は、若い世代にはアクセス困難なテクストになりかけています。そもそも渡辺本人も、「あとがき」では必ず、新しい翻訳の出現を願うと書いています。状況としては、まちがいなく、そうだったのです。けれども、いわば決定的な翻訳として、雲の上の存在になってしまうと、仮に新訳の必要性を理屈では認識してはいても、現実問題としてはなかなかに困難なのです。これは今回初めて公表することですが、わたしは最近、二宮敬先生が渡辺一夫に宛てた書簡を発見しました。それによると、渡辺は某社の世界文学全集において、実際に、二宮訳によるラブレーの新訳を実現すべく、きちんとお膳立てをしているのです。しかしながら、愛弟子は「師の影を踏まず」、この書簡の中で企画を固辞してしまいました。かくして生涯、渡辺の注釈者であり続けたことになります。

これに対してわたしは、いわば不肖の孫弟子で、渡辺を直接には知りません。その分、プレッシャーが少ないという有利さが最初からありました。おまけに、正式に新訳の依頼を受けたのは、二〇〇二年に二宮敬先生が亡くなる前後でした。ですから、恩師の分もと思ってがんばったという側面が確実にあります。新訳といっても、このようなタイミングで、編集者が強く背中を押してくれなければ、ラブレーの新しい翻訳などが実現したはずがありません。そこには、ある種運命の力が働いたわけで、この最初の一歩こそが決定的でした。その先の、翻訳の出来栄えなどは、やってみないとわかりませんから。[2] こうして、とにかく、ほぼ半世紀ぶりに、ラブレーの新訳を完成することができました。

最後に、「古典」の新訳を行う人間の、心構えや義務について述べてみます。繰り返しになりますが、われわれは、苦労を重ねてきた偉大な先達の肩の上に乗って、新しい仕事をしていることを深く心に銘記すべきでしょう。奢りは禁物です。「源泉」の研究も進んでいますし、豊かな「支流」が何本も流れこんで、取捨選択に困るほどなのですから、恵まれすぎているといっても過言ではないかもしれません。でも、こうして大河となり滔々と流れる「古典」をしっかりとわが身で受け止めて、新訳に挑まなければなりません。何よりも肝心なのが、訳文であることはいうまでもありません。このあたりは非常に難しい問題で、いろいろと議論のあるところでしょうが、正確さを求めつつも、新たな訳文が、昔の翻訳と比較して、ぎくしゃくしていたり、貧弱な日本語であったなら、新訳の意義を問われかねません。自戒を込めていえば、われわれ翻訳に携わる人間は、日々、日本語の研鑽を積まなくてはいけないのです。専門書や、局限された地域・時代の文学にだけ接するのではなく、より開かれた精神で、「文学」を広く深く、貪欲に吸収して、これを「翻訳」に活かさなくてはいけないと思います。困難な課題ですが、そうした心意気が伝わるような清新な翻訳を行うことで、「古典」を次の世代に引き継いでいく義務を、われわれは負っているのです。

1　渡辺訳ラブレーは、一九六四年に第一六回読売文学賞（研究・翻訳部門）を受賞している。偽作の疑いの濃い『第五之書』の刊行（一九六五年）を待たずして、いち早く偉業に対する顕彰を受けたものと思われる。

2　拙訳のラブレーはちくま文庫で出た。『ガルガンチュア』（二〇〇五年）に始まり、『第五の書』（二〇一二年）で完結した。奇しくも、渡辺訳と同じ第六四回読売文学賞（研究・翻訳部門）を受けた。また、第一八回日仏翻訳文学賞を受賞した。

第2章　モリエールを翻訳する

秋山伸子

　ここでは、二〇〇〇年から二〇〇三年にかけて、京都の臨川書店から刊行された『モリエール全集』についてお話ししたいと思います。尾崎紅葉がモリエールの『守銭奴』を翻案して『夏小袖』として日本に紹介したのは一八九二年（春陽堂）のことでしたが、『全集』として刊行された邦訳としては、一九〇八年、草野柴二訳（金尾文淵堂）が最初のものです。これは英訳からの重訳で、この『全集』に収められたのは、モリエールの全戯曲三三のおよそ半分の一五でした。一九二〇年に坪内士行によって出された『全集』（天佑社）もまた、英訳からの重訳で、わずか六作品を収めるのみでした。フランス語から直接翻訳されて、しかも、モリエールの戯曲すべてを収めた全集が初めて刊行されたのは、一九三四年（中央公論社）のことです。日仏会館創立時の評議員の一人でもあり、早稲田大学仏文科の創設者でもある吉江喬松をはじめとして、川島順平、奥村實、恒川義夫、井上栄三の五人の手になる偉大な訳業でした。その後、一九七三年に鈴木力衛訳による『全集』（中央公論社）が刊行されましたが、ここに収められたのは二〇作品のみでした。全集以外にも重要な翻訳を挙げれば枚挙にいとまがありませんが、これらの偉大な訳業の成果を受け継ぎつつ、最新の研究成果も盛り込むかたちで構想されたのが、臨川書店から刊行された『モリエール全集』です。

　この全集の特徴としては、モリエールの戯曲を上演年に従って配列しつつも各巻ごとにテーマを定め、これに従って内外のモリエール研究者に依頼した原稿の翻訳を収めたことがあります。たとえば、第一巻のテーマは「バレエと笑劇」とし、ロジェ・ギシュメール氏には「モリエールと笑劇」について書いていただき、「モリエールとイタリア喜劇」についてはイタリア人研究者ダニエラ・ダッラヴァッレ氏に書いていただくという具合です。また巻末資料として、フランスの笑劇とイタリアの笑劇の抜粋の翻訳を収めてもあります。

モリエールの作品としては、『タルチュフ』『ドン・ジュアン』『人間嫌い』『守銭奴』などが有名で、これらの作品は、白水社から一九五一年に刊行された『モリエール名作集』に収められた九つの作品の中心をなしていますし、日本で上演されるときもこれらの作品が好まれるようです。近代社から一九二七年に刊行された『世界戯曲全集』第三一巻は、「仏蘭西古典劇集」と銘打たれているのですが、その中に収められたモリエール作品はすべて井上勇訳で、『タルチュフ』『ドン・ジュアン』『人間嫌い』『守銭奴』の四点セットに加え、『似而非才女』と『女学者』の合計六作品を収めています。一九四八〜四九年に南北書園から刊行された二巻物の『モリエール選集』は、『タルチュフ』『ドン・ジュアン』『人間嫌い』に加え、『亭主学校』と『女房学校』の合計五作品を収めています。また、一九六五年に河出書房新社から刊行された『世界文学全集』第三集第六巻はモリエール作品の選集となっていますが、ここでも、『タルチュフ』『ドン・ジュアン』『人間嫌い』『守銭奴』の四点セットを中心として、『女房学校』『病いは気から』の二つを加えた合計六つの作品が選ばれています。

ちなみに、臨川書店の新しいモリエール全集ではいくつかの作品について、タイトルについてもこれまでの定訳の枠を踏み越える試みを行っています。たとえば『亭主学校』や『女房学校』はそれぞれ『お婿さんの学校』『お嫁さんの学校』とし、『才女気どり』は『滑稽な才女たち』に、『女学者』は『学者きどりの女たち』にという具合です。これまで『飛び医者』とか『にわか医者』と訳されてきた作品については『トンデモ医者』とし、『恋は医者』は『恋こそ名医』に、『うるさ方』については『はた迷惑な人たち』としました。

小説家石川淳は、春陽堂から世界名作文庫として、『タルテュフ』（一九三四年）『人間嫌ひ』（一九三四年）『ドン・ジュアン』（一九三三年）の翻訳を出しています。これらの作品については、複数の訳者による翻訳を読み比べることができます。『タルチュフ』については、井上勇訳、石川淳訳、吉江喬松訳（『モリエール全集』第一巻、中央公論社、一九三四年）、川口篤訳（『モリエール選集』第一巻、南北書園）、小場瀬卓三訳（『モリエール名作集』白水社）、井村順一訳（『世界文学全集Ⅲ—六 モリエール』河出書房新社）、鈴木力衛訳（岩波文庫、一九五六年）など、七人の訳者がいます。『ドン・ジュアン』については、井上勇訳、石川淳訳、川島順平訳（『モリエール全集』第一巻、中央公論社、一九三四年）、鈴木力衛訳（岩波文庫、一九五二年）、金川光夫訳（『世界文学全集Ⅲ—六 モリエール』河出書房新社）、鈴木康司訳（『世界文学全集』第十一巻、講談社、一九七八年）、一之瀬正興訳（『ベスト・プレイズ 西洋古典戯曲』白凰社、二〇〇〇年）など、やはり七種類の翻訳があります。

モリエールが翻訳されるとき好んで選ばれてきたのは、『タルチュフ』『ドン・ジュアン』『人間嫌い』『守銭奴』の四点セットが中心となってきたわけですが、笑劇作家としてのモリエールの姿を浮かび上がらせる選集が『モリエール笑劇集』として白水社から一九五九年に刊行されました。

『にわか医者』に加え、『才女気どり』や『スガナレル』を収めるかたわら、むしろ今では、コメディー＝バレエに分類するのがふさわしいと思われる作品、たとえば『強制結婚』『恋は医者』『ジョルジュ・ダンダン』なども収めています。ただし、幕間の音楽劇については軽んじられがちで、もうひとつのモリエールの顔、音楽劇の作者としての顔は長らく忘れ去られていたと言わなければなりません。ところがモリエールは後のフランス・オペラにつながるような音楽劇の作者でもあったのです。ただし、この側面に光が当てられるようになったのはフランスにおいても比較的最近のことです。モリエールが創り出した新しいジャンルの音楽劇、コメディー＝バレエは、喜劇の幕間に宮廷バレエを挟むことを出発点としています。モリエールは十二のコメディー＝バレエとひとつの悲劇バレエを書いていますから、全戯曲のうち、およそ三分の一を占めるこれらの作品の重要性はおのずと明らかだろうと思います。

コメディー＝バレエの多くは、宮廷祝祭の枠組みの中で上演されることを想定したものでした。『パストラル・コミック』や『シチリア人』などの作品は、宮廷バレエ『ミューズたちのバレエ』の一部分を成すものとして構想されました。そこで、新しいモリエール全集では、『ミューズたちのバレエ』台本の翻訳も収録することにしました。このバレエは、サン＝ジェルマン＝アン＝レーにおいて、一六六六年十二月から翌年の二月まで何度か踊られるうちに、場面の入れ替えが行われ、当時人気の劇団の俳優や音楽家たちも参加して、さながら演劇フェスティヴァルの様相を呈しました。バレエ台本を紹介することで、その雰囲気の一端なりとも伝えたいと願ったのです。

『ジョルジュ・ダンダン』は、「ヴェルサイユにおける王の盛大なる祝祭」において初演されていて、この祝祭では、牧歌劇的な筋書きのバレエに縁取られるかたちで演じられました。このバレエ台本についても、新しいモリエール全集で初めて翻訳を紹介することができ、気の毒な寝取られ亭主というジョルジュ・ダンダンのイメージを少し変えることができたのではないかと思います。喜劇部分だけを見ると確かに、ジョルジュ・ダンダンは、妻の浮気の証拠をつかんだと確信して、妻をこらしめようとするたびに逆に屈辱的な目にあわされてしまい、最後には、絶望の叫びを発します。「ああ！　もうおしまいだ。どうしようもない。この俺さまみたいに、どうしようもない女と結婚したら、水の中に頭から飛び込むのが一番だ」（『全集』第七巻、九二頁）と。ですが、この喜劇を縁取る牧歌劇バレエはジョルジュ・ダンダンの悩みを愛の神と酒の神の力を讃える歌とダンスで押し流してしまうのです。

鈴木力衛が全集を構想したときに切り捨ててしまった作品には、牧歌劇的味わいの典雅なコメディー＝バレエ、『エリード姫』や『豪勢な恋人たち』といったものがありました。この二つの作品は、吉江喬松編集の全集にそれぞれ『エリード姫』『堂々たる恋人たち』のタイトルで翻訳があります（いずれも奥村實訳）が、どちらの作品も、宮廷祝祭の枠組みの中で演じられ、登場人物の姿に貴族たちが自らの姿を重ねて見たという点からも興味深い作品です。初めて味わう恋に戸惑う姫の心のうちを語る台詞などは、モリエールに対する一般的なイメージを大きく裏切るものではないでしょうか。たとえばこんな調子です。「でも、今感じているこの気持ちが恋でないのなら、これはいったいなんなの？　身体中を駆け巡るこの毒はどこから注ぎ込まれたのかしら？　おかげで少しも気持ちが休まらない。さあ、私の心の中に隠れてないで出てらっしゃい、おまえが誰かはわからないけれど、私の敵であるのは間違いないわね」(『全集』第四巻、一三一〜二頁)。この役を演じたのは、二二歳のアルマンド・ベジャール、ヴェルサイユ庭園を舞台に盛大に繰り広げられた宮廷祝祭「魔法の島の悦楽」の一環としてのことでした。『タルチュフ』もまた、この同じ祝祭の枠組みにおいて演じられたことを考えると、『エリード姫』を味わえないとしたら、片手落ちになるような気さえしてきます。

コメディー=バレエ『豪勢な恋人たち』には、当時大流行していた仕掛け芝居への批判的眼差しもまた取り込まれています。『ドン・ジュアン』もまた、仕掛け芝居の流行を取り入れた作品であることが近年の研究によって明らかになっていますし、仕掛け芝居もまたフランス・オペラ誕生に関わったジャンルでもあることを考えると、このジャンルについての論考(「仕掛け芝居の流行について」『全集』第八巻所収)をやはりこの研究分野での第一人者クリスティアン・デルマス氏に書いていただけたことは大変貴重な財産です。

そして当時、大がかりな仕掛けが大評判となり、音楽劇の魅力も最大限に発揮されて大成功を収めた芝居、それが悲劇バレエ『プシシェ』でした。この作品には、コルネイユも参加していますし、これまでモリエールと手を携えてコメディー=バレエの制作を行ってきたリュリが劇作家キノーの、音楽劇の台本作家としての才能に目をつけたのも、もしかすると、この作品における共同作業がきっかけとなったのかもしれません。リュリとキノーのコンビで次々と生み出されていく音楽悲劇、つまり、フランス・オペラ誕生につながる作品として、この作品もまた、再評価されるべきであると思われます。これもまた、吉江喬松による翻訳があるくらいで、鈴木力衛版全集には収められていないのです。

音楽劇としての側面が翻訳においてもいかに軽んじられてきたかをモリエール最後の作品となったコメディー=バレエ『病いは気から』を例にとってお話ししたいと思います。この作品について主な翻訳を見てみると、内藤濯訳（『モリエール名作集』白水社）にしても、鈴木力衛訳（岩波文庫、一九七〇年、『モリエール全集』中央公論社、一九七三年）にしても、幕間のバレエや音楽劇の部分に関しては、ほとんど問題にされていないことがわかります。幕間についてもすべて訳出しているのは、吉江喬松監修の『モリエール全集』（中央公論社、一九三四年）第三巻に収められた井上英三による訳（『気で病む人』）のみで、コメディー=バレエのバレエ部分や音楽がこれまでいかに軽んじられてきたかがよくわかります。

新しいモリエール全集においては、第六巻のテーマを「宮廷のための芸術」と定めて、十七世紀フランスにおける宮廷のイメージを主題とする博士論文の著者であるアラン・クプリ氏に依頼して「モリエールと宮廷」というテーマで論考を寄せていただきました。これに加え、宮廷バレエについてフランス随一の専門家マリー=フランソワーズ・クリストゥー氏の書き下ろし論文を収めるとともに、ルイ十四世自らが「昇る太陽」の役で踊ったことでも名高い宮廷バレエ『夜のバレエ』（一六五三年）の台本を資料として収めるなど、宮廷バレエにも目配りをして、モリエールのコメディー=バレエがどのような状況の下に生まれたのかを浮き彫りにしようとしています。『病いは気から』を収めた第九巻においては、この時代の音楽についての研究の第一人者、ジョルジー・デュロゾワール氏に依頼して、「モリエールの時代の舞台音楽」についての論考をお寄せいただだいて、宮廷バレエにおける音楽、コメディー＝バレエにおける音楽、音楽付き牧歌劇について概観した後に、フランス・オペラ誕生の軌跡をたどるという力業をわずか三〇頁ほどに凝縮していただいたりもしています。劇作家モリエールの多面的イメージにさまざまな方向から光を当てるこうした論文や資料についても翻訳することによって、モリエール作品の総合的理解に役立てたいと考えたためです。

コメディー＝バレエの魅力を訳文にもできる限り反映したいと願ったわけですが、その思いを汲み取ってくださったのか、二〇一二年十一月二三日、二五日、東京都北区の北とぴあさくらホールで、『音楽付きコメディ　病は気から』が宮城聰のステージングで上演されたことは、大変喜ばしいことでした。新しいモリエール全集の翻訳を基にして、ノゾエ征爾潤色の台本を用い、幕間の音楽劇に関する部分に、私の訳を字幕というかたちで使ってくださったのですが、やはりこの作品は、シャルパンティエの音楽を伴ってこそ、本来の魅力を発揮できるのだなという思いを新たにしました。喜劇部分だけを取り出すと、自分が病気だと思い込んでいる男は実際にはピンピンしているわけですから、そのズレから笑いが生み出されるわけです。けれど、自分が病気だと思い込む男アルガンに、病気に苦しんでいたとされるモリエールの姿を重ね合わせることで、この男は本当に病気なのに、周りの人は誰もそれを理解してくれないという陰鬱そのものの芝居にすることもまた可能で、そのような解釈が好まれる場合も少なからずあります。

けれど、幕間の音楽劇で声高に讃えられるのは、恋の歓びなのです。まずはプロローグ、鈴木力衛訳では、「フロール、パン、クリメーヌ、ダフネ、ティルシス、ドリラス、二人の西風《ゼフィール》の精、羊飼いの男女の群れが登場し、オランダ遠征から凱旋した国王ルイ十四世の偉業を讃えて、歌い、かつ踊る。／やがて、これらの人物は、つぎに始まる喜劇の準備をしながら退場する」（岩波文庫、七頁）とあるのみですが、ここで展開されるのは、羊飼いの男女によって繰り広げられる典型的な牧歌劇であり、恋愛礼賛なのです。牧歌劇の決まりごとに従って、女性は最初つれない態度を見せます。そのせいで、羊飼いティルシス、ドリラスは嘆くのです。「でもせめて教えてくれないか、つれないあなたは、／僕の気持ちに少しは優しく応えてくれる気はあるの？」（『全集』第九巻、二五七頁）と。

牧歌劇に特徴的なこの恋愛賛歌は、喜劇第一幕の終わりに配された第一幕間劇では、イタリア即興喜劇の登場人物ポリシネル（プルチネッラ）によって、滑稽な調子に転じて変奏されます。こんな感じです。「ああ恋、恋、恋よ！　かわいそうなポリシネル、なんでまたこんな気まぐれを起こしちまったんだ？　何にうつつを抜かしてるんだ、惨めな野郎だ、頭がおかしくなっちまったのか？　てめえの商売も放ったらかしで、てめえの世話もおっぽりだしたまんま。食うもんも食わなくなって、ほとんど一滴も飲まねえ。夜もおちおち眠れねえ。で、こりゃいったい誰のためだ？お堅くてガチガチのあの女のせいじゃないか」（『全集』第九巻、三〇三頁）。愛する女性を喜ばせようとポリシネルはセレナーデを歌おうとするのですが、ヴァイオリンの音に邪魔されて、腹を立てたあげく、最後には自らがヴァイオリンの音と化してヴァイオリンを黙らせる珍妙なやり取りが観客の笑いを誘うはずなのですが、ここもまた、鈴木力衛訳では、骨組みだけが示されるにとどまります。

二幕終わりに配された第二幕間劇については、アルガンの「憂さ」を晴らすための音楽療法として、ジプシーの歌と踊りが披露されるのですが、ここも鈴木力衛訳では「一同、歌いながら踊る」(九七頁)とそっけなく処理されていて、ムーア人に扮装したジプシーの女たちが歌う恋愛賛歌がそこにあることさえうかがい知ることができません。「恋の炎に身を焦がさなければ／どんなに素敵な喜びの／魅力も物足りなくて／心は満たされない」(『全集』第九巻、三五八頁)。これは、喜劇の若い恋人たち、アンジェリックとクレアントの恋への応援歌でもあるのですが、このメッセージがこの出し物を見ているアルガンには伝わらないさまを見て、観客はやきもきして楽しむのではないでしょうか。

アンジェリックとクレアントは、第二幕第五場において、自分たちを牧歌劇の登場人物になぞらえて、互いの思いを確認し合うのですが、喜劇の中に組み込まれた牧歌劇と、喜劇を包み込むように展開するプロローグや幕間劇を構成する牧歌劇、これら二種類の牧歌劇が呼応し合って『病いは気から』というコメディー=バレエの美しい均衡を創り出しているとしたら、幕間劇を訳出しないという選択肢はありえないと思うのです。

とりわけ、この戯曲全体をしめくくる第三幕間劇について、「せりふと歌と踊りで、ある男を医者にする滑稽な儀式」(二四八頁)という説明だけを与えられると、想像力だけはかきたてられますが、モリエールが意図したことは伝わりません。「以下の歌とせりふは、フランス語化された怪しげなラテン語で演じられる」(二四八頁)との一文で読者は宙に放り出されて戸惑うしかありません。喜劇部分のベラルドの台詞によると、「医学界に新しい医者を迎える儀式を真似て役者たちが作ったちょっとしたお芝居」(『全集』第九巻、四〇二頁)、しかも「ダンスと音楽つきの」この芝居で「主役」を演じるのは、自分が病気だと思い込んでいる男アルガンです。モリエールの喜劇において、狂気にとりつかれた主人公は、周りの人間から疎外されてひとり取り残されるという展開が多い中で、コメディー＝バレエが開いた新境地、それは、周りの人間が主人公の思い込みに歩調を合わせて、その狂気のダンスに参加してくれるところにあります。この作品は、この最後の場面のためにこそあるといってよいかもしれません。医者として認められるため、アルガンは、医者たちの質問に答えていくのですが、「浣腸を与え、/つぎに血を抜き、/続いて下剤をかけます」を繰り返すたびに、コーラスが「いいぞ、いいぞ、いいぞ、よくぞ答えた。/博識なる我らの仲間となるに/ふさわしい、ふさわしい」(『全集』第九巻、四〇八頁)と繰り返すやり取りが積み重ねられて、何とも言えないおかしさ、陽気な気分が高まってこのお芝居は幸福な気分のうちに幕を下ろすべきであって、翻訳はそこをしっかりと伝えるべきではないでしょうか。

新しいモリエール全集は、最新の研究成果を踏まえて、作品理解に役立つ学術論文や資料を収める一方で、舞台上演における効果も見据えて訳文を練り上げています。その努力が、第十回日仏翻訳文学賞受賞(二〇〇三年)につながりました。授賞式において選考委員のお一人、清水徹先生からいただいたお言葉をご紹介して結びとしたいと思います。

『人間嫌い』のアルセストの台詞「あんなのは許せないね。『何でもお申しつけください』とか大きなことを言って、身体をねじっておおげさな身振りをしてみせる連中が一番我慢ならないんだ」(『全集』第五巻、六二頁)を辰野隆訳(「何がいやだといって、信実ぶりを見せびらかす身振りだくさんな奴ら」『孤客』岩波文庫、一九五〇年、八～九頁）と並べて紹介して、意味の正確さを保ちながら生き生きとした日本語としていると評してくださり、この翻訳で上演されるならば、「みんなが笑いだすと同時にモリエールの偉大さもよくわかる」であろうと評してくださったのです。清水徹先生のこの言葉を裏書きするように、田中秀彦演出による『トンデモ医者』の舞台（森ノ宮プラネットホール、二〇〇〇年十二月五日から七日まで）、簗正昭演出による『プルソーニャク氏』の舞台（玉川大学芸術学部パフォーミング・アーツ学科演劇実習公演、二〇〇三年十一月八日、九日）は、大きな笑いの渦に包まれました。これからもこの新しい上演の波が広がっていくことを願わずにはいられません。

第3章　今なぜ『レ・ミゼラブル』を翻訳するのか

西永良成

これからプログラムにある「今なぜ『レ・ミゼラブル』を翻訳するのか」という題目で、六点ばかりアットランダムにお話しいたします。

一　ユゴーに関するコロックはこれまでフランスその他の国で数え切れないくらいありましたが、そのひとつの記念論文集『ヴィクトール・ユゴーの現代性　Les modernités de Victor Hugo』（二〇〇四年、パリ－ソルボンヌ大学出版）に掲載された論文には、発表者のマイアミ大学の教授が献辞をつけ、A la mémoire de Michel de Certeau としています。これに倣って私は、この発表にA la mémoire de Inoue Kyûichiro という献辞を冠したいと思います。井上先生は私の東大仏文の学部・大学院の指導教官で、生涯忘れがたい恩師です。論文指導だけでなく、奈良やイリエへの旅行にお伴させていただくなど、さまざまな形で薫陶を受けました。懐かしい先生の思い出を話しだすと切りがありませんから、ひとつだけにします。それはカミュの恩師ジャン・グルニエ先生の著書『孤島 *Les îles*』を翻訳されたとき、その頃カミュを専攻していた私にカミュの序文を訳してみなさいという課題を与えてくださったのです。私は早速、喜び勇んで悪筆の仏文和訳調の訳をお見せしたら、それを実に美しい字で懇切丁寧に添削して返してくださいました。これが私の最初の翻訳の経験で、学生の稚拙な仏文和訳と名訳者の薫り高い文学翻訳の違いを、汗顔の思いで痛感したものです。

数年まえ、たまたま『レ・ミゼラブル』をほぼ半世紀ぶりに完訳するにあたり、もちろん既訳を尊重するのは当然の礼節で有益な義務ですから、先人の訳業をいろいろ参考にしましたが、中でも絶えず参照したのは河出書房刊の井上究一郎訳でした。ユゴーの原文を通して、泉下の先生と対話することが最大の楽しみだったのです。まして先生が『レ・ミゼラブル』を訳されていたことを、うかつにも学生時代は知らなかっただけに、なおさら痛恨と赤面の思いを重ねながらのことでした。その結果として、ちくま文庫の私の新訳には井上先生の影響がずいぶん見られるはずです。

二　井上究一郎先生には独自の翻訳論があり、それを律儀に実践されました。これはユゴーのみならず、プルーストの場合、あるいはロンサールからヴェルレーヌにいたるフランス抒情詩の翻訳の場合でも一貫しています。先生の翻訳論は、あくまで原文に即した徹底的な逐語訳主義でした。原文の文節、語順、句読点までも尊重し、それを忠実に日本語に移して、そのことによって日本の文学に何か新しい豊かさを加えるべきだ、それこそが外国文学翻訳の存在理由だと考えておられたようです。これはベンヤミンが、「翻訳者の使命は翻訳の中に原作の谺を呼びさます志向にある」と考え、ヘルダーリンがドイツ語のシンタックスを無視する形で行った、ソフォクレスの徹底した逐語訳こそ翻訳のモデルにすべきだと言ったのに似ています。これとほぼ同じことを、二葉亭四迷が「予が翻訳の基準」というテクストの中で述べています。翻訳者は「先ず根本たる原作者の詩想をよく呑みこんで、然るのちに、詩形を崩さずに翻訳せねばならない」というのですが、この「詩想」を「原作の谺」に近い言葉と見なせば、二葉亭もまた徹底した「逐語訳」の信奉者だったと言えます。ところが、この「翻訳の基準」をみずから適用すると、「実際にはなかなか思うように行かぬ。中にはどうしても自分の基準に合わすことができない」ばかりか、そのようにして作成した訳文が、「ぎくしゃくとして如何とも出来栄えが悪い。したがって世間の評判も悪い。たまたま賞美してくれた者もあったけれど、おしなべて非難の声が高かった」と述懐しています。要するに徹底した逐語訳は当時の読者・編集者から「翻訳調」として忌み嫌われたというわけです。これは現在でも私を含め、多くの翻訳者がさまざまな苦渋を味わいながら経験していることだと思われます。

では、翻訳は「こなれて」、「自然な」、まるで翻訳ではないかのようなもの、つまりフランス語でいう「les belles infidèles（不実な美女）」のような訳が理想かと言えば、必ずしもそうではありません。私はミラン・クンデラの作品の大半を訳していますが、そのクンデラはこの点に関してほぼこう述べています。翻訳者にとっての「最高の権威とは原作者の個人的な文体」であり、ある国語の規範化された共通の文体ではない。なぜなら、「いくらかの価値のあるどんな作家もいわゆる〈美しい文体〉に違反するのであり、その違反の中にこそ彼の芸術の独創性（したがって存在理由）がある以上、翻訳者の第一の努力はその違反の理解に向けられるべきだ」と、つまり逐語訳でない翻訳は原作者への「裏切り」に他ならないというのです。いずれにしても、どの国でも翻訳者はイタリアの格言〈traduttore, traditore「翻訳者は裏切り者」〉という運命を免れがたく、これは翻訳者の永遠のジレンマだと思われます。つまり、文学翻訳という仕事は心理的に間尺が合わず、義侠心もしくは犠牲心、言い換えれば二葉亭四迷の言うように「文学にたいする尊敬の念」がよほど強くなければできないということです。

三　ユゴーの『レ・ミゼラブル』はフランスでは聖書に次いで多くの人々に読まれている古典の代表作ですが、日本でこの作品の全訳が四度もなされた半世紀前に比べ、現在の翻訳者に有利なところがいくつかあります。まず、他のフランス作家の場合と同じく、作品の研究が蓄積され、その成果を翻訳に活かすことができるという点です。また、インターネットの時代には検索が飛躍的に容易になりました。ここでその一例を挙げておけば、十九世紀の隠語のことがあります。『レ・ミゼラブル』の中でユゴーは自分こそ小説に初めて隠語を導入した作家だと自慢して、とりわけ裏社会に関係があるテナルディエが登場する場面で隠語を多用するばかりか、延々と「隠語論」（第五部第七篇）まで展開し、読者（それ以上に訳者）をうんざりさせるのですが、半世紀前の邦訳ではだいたいそこの部分が不正確か不充分で、中には単に省略されている場合も見られます。ところが、インターネットにはargojiという、お誂え向きのサイトがあって、一八二七年から一九〇七年までに公刊された「古典隠語辞典」（一三巻、二万四千語）が直ちに調べられるのです。私は車の免許をもたず、いまだに携帯電話を嫌悪し、エクセルとかパワーポイントなどという言葉にさえ怖気をふるう機械・技術恐怖症の老人ですが、たまたまこのargojiに出会ったときには、手放しで電子技術、インターネット礼賛をしたい気持ちになり、少なくともこの部分だけは既訳のどれにも自分の訳が優ったと自惚れています。

四　この発表を「今なぜ『レ・ミゼラブル』を翻訳するのか」と題しました。その理由を述べるために、しばしば映画やミュージカル、あるいは漫画、あるいは児童文学などの原作になり、世界的に名高いこのフランスの十九世紀小説はどんな性格の作品なのか、手短に述べてみます。これは冒険小説なのか、探偵小説なのか、恋愛小説、社会小説なのか。私はそのいずれをも包摂する歴史小説、もっと言えば政治小説ではないかと思っています。

ふつう小説の読者はストーリーの展開に文学の醍醐味を味わうわけですが、ユゴーはそんなことを百も承知のうえで、小説の中に人間観、宇宙論、哲学論、宗教論、政治論、社会論、死刑反対論、歴史論、歴史的人物論などをためらわずに長々と導入しているので、『レ・ミゼラブル』という長編小説にユゴー思想の全体が見られるといっても決して過言でありません。では、なぜユゴーはあえてこれほどにも読者を興ざめさせ、困惑させる小説を意識的に書いたのか、あるいは書かねばならなかったのか。フロベールはこれを「柄にもなく思想家たらんとした男」の「大衆に媚びる作品」にすぎないと切って捨てていますが、果たしてそうでしょうか。

まず、こんなテクスト上の事実を確認しておきましょう。この小説の登場人物にはジャン・ヴァルジャン、その養女コゼット、コゼットの母親ファンチーヌ、ジャン・ヴァルジャンを元徒刑囚として執拗につけ回す警視ジャヴェール、コゼットの恋人マリユス、ジャン・ヴァルジャン一家を脅す悪党のテナルディエ夫妻、その子どものエポニーヌとガヴローシュ、それに革命的な愛国者のアンジョルラスらがいますが、これら小説の登場人物の他に、もうひとり歴史的人物への言及が頻繁にあって、その名はナポレオン・ボナパルトです。ユベール・ド・ファレーズ著『レ・ミゼラブル事典』（一九九四年、ニゼ社）を頼りにナポレオンへの言及・参照箇所を数えると、百十一箇所ほどあります。これは作中人物以外の固有名として最も頻度が高いのみならず、ファンチーヌの四十九箇所はもとより、ジャヴェールの六十九箇所の倍近い頻出ぶりです。しかもこのことはただ数字だけでなく、小説の筋にも密接に絡んできます。第二部の冒頭にワーテルローの決戦の長大な記述があるだけでなく、ナポレオンはこの小説の最初の一行から登場しているのです。

「一八一五年、シャルル＝フランソワ＝ビヤンヴニュ・ミリエル氏はディーニュの司教だった」

この一八一五年という年はまさしくナポレオンのエルバ島脱出、フランス上陸、百日天下、ワーテルロー敗戦と二度目の皇帝退位の年です。そして間もなく、ミリエルは皇帝戴冠の年、すなわち一八〇四年に教区の用事でパリに赴き、皇帝の叔父であるフェッシュ枢機卿宅でナポレオンみずからの目にとまり、その後しばらくして「自分がディーニュの司教に任命されたことを知って、すっかり仰天した」とあります。さらにその後、この「正しい人」ミリエルは一八二一年に天寿を全うし、モントリユ・シュル・メール市長マドレーヌことジャン・ヴァルジャンが喪に服することになりますが、これはナポレオンがセント・ヘレナで死んだ年です。このように、ジャン・ヴァルジャンとナポレオンの記述に関わる年代的符合はきわめて意図的になされ、小説の第一部でも、ジャン・ヴァルジャンがトゥーロンの徒刑場で一九年過ごした後、ディーニュの町に姿を現したのが「一八一五年十月初旬」とありますが、これはまさにナポレオンが三月にエルバ島を脱出してカンヌのジュアン湾に上陸した七か月後、最終的にセント・ヘレナに配流された三か月後です。さらにジャン・ヴァルジャンが「ディーニュの町に入ってきた道筋は、七か月まえ皇帝ナポレオンがカンヌからパリに向かうのが見られた道筋［いわゆるナポレオン街道］と同じだ」とテクストに明記されています。

また『レ・ミゼラブル』のさまざまな記述を勘案すると、ジャン・ヴァルジャンはファヴロルで一七六九年に生まれたことになりますが、これはまだナポレオンにはなっていないナポレオーネ・ブオナパルテが、コルシカのアジャックシオで生まれた年、つまりジャン・ヴァルジャンとナポレオンは同い年なのです。ジャン・ヴァルジャンがパンを盗んで逮捕されるのは一七九五年冬ですが、革命軍の士官に昇進したナポレオンは同年十月の王党派反乱を鎮圧して国民公会を救い、その後内国軍最高司令官になってさまざまな軍功を立て、周知のように、ついに皇帝にまで登り詰めます。これに関してユゴーはこんなエピソードを書いています。

一七九六年四月二十二日、パリではみんながモンテノッテの勝利の凱歌を挙げていた。この勝利は革命暦第四年花月二日の、五百人議会に宛てた執政政府の通達でブオナ・パルテと呼ばれているイタリア遠征軍総司令官によって得られたものだった。これと同じ日に、ビセートルの刑務所では、大きな列をつくっている徒刑囚たちに鉄鎖がはめられた。ジャン・ヴァルジャンもそのなかにいた（第一部第二篇第六章）

このように語られているのはジャン・ヴァルジャンとナポレオンの影と光、陰と陽の対照関係ですが、小説が進むにつれてこの関係が徐々に逆転していき、最後にはナポレオンがジャン・ヴァルジャンの影になる、つまりナポレオンは歴史的には確かに偉大な役割を果たしたかもしれないけれども、人間的にはジャン・ヴァルジャンのほうがずっと偉大であり、尊敬すべき人物だと主張されているようです。そしてここまでなら、『レ・ミゼラブル』は十九世紀前半のことを書いた歴史小説だと言ってもいいでしょうが、私はこれをさらに政治小説だと考えたいのは次のような理由からです。

五　ユゴーは『レ・ミゼラブル』で絶えずボナパルトに言及するのに反して、みずから第二共和国大統領に擁立するのに相当協力しておきながら、その甥のルイ・ナポレオン、ナポレオン三世の名前が出てくることはありません。それはなぜか。ここでこの小説の執筆の経緯、そして出版の年代のことに注目しなければなりません。ユゴーが『レ・ミゼラブル』の前身『レ・ミゼール（貧困）』を書きだしたのは一八四五年でしたが、四八年の「二月革命」、「六月暴動」など政治的理由から執筆を断念し、五一年暮れのナポレオン三世のクーデターに反対して国外追放され、十七年間亡命を余儀なくされました。彼はその亡命先の英仏海峡のガーンジー島で六〇年になってようやく『レ・ミゼラブル』の執筆を再開、ほぼ二年間をかけて改稿（『レ・ミゼール』のほぼ倍にあたる加筆）をしました。そして脱稿した日に秘書のオーギュスト・ヴァクリーに、「親愛なるオーギュスト。わたしは今朝、一八六一年六月三十日八時半、窓に注ぐ麗しい太陽に包まれながら、『レ・ミゼラブル』を書き終えた（……）わたしはワーテルローの平原で、ワーテルローの月に、みずからの戦いを開始した。この戦いが敗北でなかったと思いたい」と書き送ったのです。刊行は一八六二年四、五、六月に十巻本として、フランス、ベルギー、プロシアの三国で同時出版されました。やや大げさな言い方をすれば、ナポレオン三世の第二帝政に抗議する同時多発文学テロ――ワーテルローから始まる「戦い」の最後の乾坤一擲の勝負――のようにして、です。この点で示唆的な『レ・ミゼラブル』の一節を引用しておけば、第二巻第七篇第八章にこんな文章が見られます。

過ぎゆくこの時期、幸いなことに十九世紀に痕跡を残すことはないこの時期、多くの人間たちがうつむき、気高い心を忘れているこの一時期、生きている多くの者たちが享楽することのみを道徳と心得て、手っ取り早く歪んだ物質的事柄ばかりに気を取られている中で、あえて自分の祖国から亡命する者は誰でも筆者は畏敬する。

このテクストの語りの現在は一八六一年ですから、これは明らかにルイ・ナポレオン治下の第二帝政時代の政治・社会への痛烈な批判です。しかし、ユゴーは間違ってもルイ・ナポレオン、第二帝政といった固有名詞を口にすることはありません。なぜか。そのいずれもが「十九世紀に痕跡を残すことはない」と、なんとしても信じたいからです。私がこの小説を「政治小説」と見なすのは、ここだけではなく他にも作者の政治的意図――自分を追放し、国内の政治的自由を弾圧したルイ・ナポレオンを決して許さず、非難・糾弾し続けるという不屈の意図――が明瞭に見られるからに他なりません。ここでその詳細にわたる余裕はありませんが、私は以上のようなテクスト的確認から、『レ・ミゼラブル』は、それなりに偉大であったナポレオン・ボナパルトの第一帝政の精神を批判的に継承すること――ユゴー一家はナポレオン麾下の軍人でした――と同時に、その非本来的な、偽りの継承のうえに立つ小心・卑劣なルイ・ナポレオン Napoléon le Petit の第二帝政の歴史的基盤を全面的に否定すること、したがって一八一五年（ボナパルト失脚）から五一年（ルイの天下取りとみずからの屈辱的な亡命）までの歴史を全面的に否認し、徹底的に書き替えようとする苛烈きわまる執念があったと考えます。そのためユゴーには、いつも同じ愚行を繰り返す退屈で悲劇的な「歴史（ヒストリー）」に対して、所詮一度しか生きない人間にしばし時を忘れさせるような、血湧き肉躍る壮大な「物語（ストーリー）」を対置する必要があったわけで、フロベールの憤慨にもかかわらず、同時代の「読者に媚びる」実際的な必然性が確かにあったのです。

六　『レ・ミゼラブル』の有名な序文には「今世紀の三つの問題、すなわち無産のせいで男が零落し、空腹のせいで女が淪落し、蒙昧のせいで子どもが矮小になるという問題が解決されない限り（……）この地上に無知と貧困がある限り、本書のような書物も無益ではあるまい」とあります。ここで「無産」の原語は「プロレタリア prolétariat」であり、「貧困」は「ミゼール misère」、つまり『貧困の哲学』（四六年）のプルードンを批判したマルクスの『哲学の貧困』（四七年）の「貧困」と同じ言葉です。また、ユゴーにもマルクスにもさんざん酷評・罵倒されることになったルイ・ナポレオン自身でさえ、『貧困の根絶』（四四年）という著作をものしていました。これは要するに、「貧困」が資本主義による産業革命が本格化する十九世紀中葉のフランス喫緊の社会・政治問題だったからに他なりません。ところが、「一パーセントの富裕者に九九パーセントの貧困層」と言われて久しく、政治が経済の召使いに成り下がった二十一世紀初頭の地球的な「貧困」は、十九世紀中頃のフランスの「貧困」よりはるかに深刻かつ広範なことは言を俟ちません。

このようにユゴーの小説には驚くほどの先駆性と今日性が見られ、意外にも十九世紀前半のことが、まるで二十一世紀の日本その他の「先進国」のことのようにリアルに書かれているのです。これはなにを意味するか。そのようなことが可能であるのは、まさに文学には時空を越える普遍的な力があるからだということです。そして、翻訳という行為の存在理由のひとつはこのような「文学の力」を再確認し、それを再提示することにあるのだと私は信じています。

第4章　プルーストをいかに日本語に翻訳するか

吉川一義

私はここ数年、プルーストの『失われた時を求めて』の新しい全訳（岩波文庫）に取り組んでいます。全十四巻の予定で、二〇一〇年の刊行開始から現在に至るまで、全体のおよそ半分にあたる七巻を出しました（『スワン家のほうへ』二巻、『花咲く乙女たちのかげに』二巻、『ゲルマントのほう』三巻）。

日本におけるプルーストの翻訳には、すでに九十年の歴史があって、一九二三年三月に雑誌「明星」に『囚われの女』の抜粋「眠る彼女を見つめる」が翻訳されたのを嚆矢とします。その後、『失われた時を求めて』のさまざまな部分訳が試みられましたが、完結した全訳としては三種類があります。最初の完訳は、一九五〇年代に新潮社から刊行された生島遼一、市原豊太、井上究一郎、伊吹武彦、中村真一郎、淀野隆三の六氏による共同訳です（五三～五五年、新潮社、五八～五九年「新潮文庫」）。私にとっては、十九歳の夏に初めてプルーストの長編と出会った貴重な訳本となりました。日本におけるプルースト受容の隆盛を決定づけたと言うべき訳業は、一九七〇年代から八〇年代にかけて出版された井上究一郎氏の個人全訳です（七三～八八年、筑摩書房、九二～九三年「ちくま文庫」）。これに九〇年代に、新たに鈴木道彦氏による個人全訳が加わりました（一九九六～二〇〇一年、集英社、二〇〇六～〇七年「集英社文庫」）。

このようにそれぞれ特色のある優れた翻訳がありながら、なお『失われた時を求めて』の新訳を出す意義はあるのでしょうか。それは読者の判断に委ねられるべきことで、訳者自身が云々することではありません。ただ私としては、原文の理解とその訳文による表現という両面において、先行訳よりもいっそう原文に忠実たらんと努めています。昨年（二〇一三年）は、『失われた時を求めて』の第一篇『スワン家のほうへ』が出版されて百年という節目の年でした。一年遅れではありますが皆さまとこの百周年を祝う意味でも、これまでに刊行された拙訳のうち、「スワン家のほう」をめぐる最初の三巻（『スワン家のほうへ』の二巻、および第二篇『花咲く乙女たちのかげに』第一部「スワン夫人をめぐって」の一巻）からいくつか例を挙げ、新訳の意図する一端をお話しいたします。

まず翻訳の基本として留意したのは、言うまでもないことですが、プルーストの原文のひとつひとつの表現を正確に理解することです。この点、先行訳と異なる例をいくつか挙げてみます。レオニ叔母の寝室にただよう自然の匂いの描写に、次のような一節があります。« odeurs naturelles encore, certes, et couleur du temps comme celles de la campagne voisine » (*RTP*, I, 49. 以下プレイヤッド版の巻数と頁数を併記する)。この箇所を井上訳は「なるほどまだ自然の匂であり、すぐ近くの野原の匂と同じように季節の景物」とし、鈴木訳は「なるほどやはり自然の匂いであり、近くの田園の匂いのように、その時々の色を帯びたもの」としていますが、この箇所ではすべての語句が自然を指し示しているので、私としては « couleur du temps » は辞書にいう形容詞句「スカイブルーの」と解すべきではないかと考え、拙訳では「すぐそばの田園の匂いと同じで、いまだ確かに自然の、空色の匂いをとどめている」としてあります（① 121-122、以下岩波文庫の拙訳の巻数と頁数を併記）。

また『失われた時を求めて』では、さまざまな単語が現在とは異なる意味で用いられていますが、その歴史的コンテキストが訳文に反映されるよう配慮しました。たとえば第二篇『花咲く乙女たちのかげに』の第一部「スワン夫人をめぐって」における昼食の場面で、ノルポワ侯爵はフランソワーズの「冷製牛肉のニンジン添え」に感嘆し、語り手の母親に「第一級のシェフをおかかえですな、奥さま［…］。これは cabaret でも、申しあげているのは一流のという意味ですが、とうてい口にできません」（*RTP*, I, 449-450）と絶賛する。この cabaret という語を井上訳は「キャバレー」、鈴木訳は「ナイトクラブ」としていますが、当時の言葉の意味は、現在の cabaret とは多少異なっていました。当時の辞書『二十世紀ラルース辞典』（一九二八年刊行の第一巻）は、「こんにち cabaret という語はずっと広い意味をもち、ときには流行のエレガントなレストランを意味する」と解説しています。私がこの語を「粋なレストラン」（③ 79）と訳した所以です。

一般的に当時の辞書は、忘れ去られたり廃れたりした意味をできる限り復元するのにきわめて有効な働きをしてくれます。たとえば小説冒頭「不眠の夜」の場面で、次のように訳した箇所があります。「［馴染みのない部屋での不安に］終止符が打たれたのは、習慣がカーテンの色を変え、振り子時計を黙らせ、ななめに置かれた残忍な鏡台に憐憫を教え、防虫剤の臭《にお》いを完全に追い払わないまでも覆いかくし、天井の高さを目にみえて低くしてくれたからである。習慣とは、腕は立つが、じつに仕事の遅い改装業者というべきで、まずは何週間にもわたる仮住まいでわれわれの精神を苦しませる」（*RTP*, I, 8 ; ① 35）。ここで私が「改装業者」と訳したのは aménageuse という語です（女性形なのは直前の「習慣」という女性名詞に合わせたから）。この語は、現代ではふつう「国土開発や都市整備の責任者」という意味ですが、プルーストの時代にはこの用法はいまだ存在していませんでした。もちろん『プチ・ロベール仏語辞典』は、使用は稀としたうえで、プルーストのこの箇所を例文に掲げて「aménager する人」と説明しています。井上訳や鈴木訳の「調整者」という訳語はこれに適合するように思えます。

しかし問題なのは、動詞 aménager の当時の意味でしょう。十九世紀末から二十世紀初頭にかけて出版された数種のフランス語辞典には、森林の「施行《せぎょう》をする」、灌漑などで「水路を規則正しく配置する」、「船や家の内部を改装する」という語義しか記載されていません（一八九六年刊行の『ヌーヴォ・ラルース・イリュストレ辞典』に拠りますが、『プチ・ラルース・イリュストレ辞典』一九一一年版および一九一三年版でも同様）。その名詞形 aménageur (se) は当時の辞書には記載されておらず、いわばプルーストの造語ですが、その意味はいま検討した動詞の意味から類推すると「家の内部を改装する人」、つまり「改装業者」でしょう。このように理解して初めて、「改装業者」aménageuse に付された形容詞、「腕は立つが、じつに仕事の遅い」habile mais bien lente や、すぐ後に出てくる「仮住まい」installation provisoire という表現も腑に落ち、大胆で具体的なプルーストの比喩の醍醐味が味わえるのではないでしょうか。

このように拙訳では、プルーストの原文をできる限り同時代の資料によって理解し、それを訳文に反映するよう努めています。『失われた時を求めて』に頻出する百科項目についても当時の用法を伝える事典を援用し、『二十世紀ラルース辞典』（一九二八〜三三年）から多くの図版を借用しました。たとえば芝居を見たことのない主人公の少年が、「観客は、ステレオスコープみたいにめいめい自分だけの舞台装置を見ていて、それでもほかの観客がそれぞれに見ている無数の舞台装置と同じものが見えると信じこんでいた」という一節があります（*RTP*, I, 72；①171）。この箇所では、もはや消滅した「ステレオスコープ」の図版（『二十世紀ラルース辞典』）を掲載するとともに「わずかに異なる二枚の写真を並べ、左右二つのレンズで見て立体視をえる装置。イギリスの物理学者が一八三八年に発明し、一八五〇年代にホルムズが開発した方式のものが普及した」（①173）という注をつけました。

第三巻の「スワン夫人をめぐって」において作家ベルゴットが、コタール医師のことを「ふらふらと平衡を探し求める浮沈人形」（*RTP*, I, 542；③276）だと言う箇所では、同じく『二十世紀ラルース辞典』から借用した「浮沈人形」の図版を掲載したうえ、同辞典による次の解説を注につけました。「アルキメデスの原理を説明するための器具。水をみたした円筒形のガラス容器のなかに、上部に空気をつめ下部に穴をあけた人形をつるして浮かせたもの。容器のうえの膜を押すと球体内の空気が圧縮されるため浮力が減少して人形が沈み、放すと浮力が増加して浮きあがる。」

これと同様、もはや馬車が存在しない今日では、それにまつわる語彙はなかなか理解できないでしょう。主人公の少年が目撃する、「額革にバラの花を飾りつけた馬にひかれて通りかかった二人乗四輪馬車《クーペ》」（①174）とか、「二頭の馬の目隠し革には、御者がボタンホールに挿すのと同じ赤いカーネーションが飾られていた」（*RTP*, I, 74；①177）とかの箇所を読んでも、現代の読者には「額革」frontail や「目隠し革」œillère がどんなものか想像もつきません。そこでこの二点についても同様に『二十世紀ラルース辞典』から図版を借用して掲載しています。

プルーストの原文をできる限り同時代の資料によって理解しようとする本訳の方針を端的に表しているのは、小説中に頻出する美術への言及にかんして、プルーストが参照していた『ラスキン全集』（ライブラリー・エディション、三十九巻、一九〇三〜一二年）やローランス版「大画家」シリーズ（数十巻、二十世紀初頭）から多くの図版を掲載したことです。作中の美術への言及の典型例は、「コンブレー」で祖母が主人公の孫に画の複製図版を与えようとする一節でしょう。「祖母は、シャルトル大聖堂とか、サン＝クルーの大噴水とか、ヴェスヴィオ山とかの写真ではなく、それを描いた大画家がいないかとスワンに訊ねたうえで、私にはコローの描いたシャルトル大聖堂とか、ユベール・ロベールの描いたサン＝クルーの大噴水とか、ターナーの描いたヴェスヴィオ山とかを与えようとした。芸術度が一段と高まるというのである。［…］そしてスワンに、その画が版画になっていないか、できることなら古い版画で、版画それ自体をこえた価値がなおも存在するもの、たとえば（レオナルドの『最後の晩餐』が損傷する前にモルゲンが作成した版画のように）名画の今では見られない状態を描いたものがないかと訊ねるのだ。じつを言うと、このような考えにもとづいて芸術作品をプレゼントした結果は、かならずしも望ましい成果を収めたわけではない。私の場合、背景にラグーナが見えるというティツィアーノのデッサンによって想いうかべたヴェネツィアは、凡百の写真が与えてくれるイメージと比べると、間違いなく、はるかに正確さを欠いていた」（*RTP*, I, 40 ; ① 98–99）。

カミーユ・コローの描いた『シャルトル大聖堂』（一八三〇年）や、ユベール・ロベールの描いたサン＝クルーの大噴水の画は、ルーヴル美術館で容易に見つけることができます。ところが「ターナーの描いたヴェスヴィオ山」は、印象派の先駆者でエルスチールのモデルとされるこの画家のさまざまな画集にもあまり収録されていません。これはフランシーヌ・グージョンが指摘したように、プルーストが愛読していた『ラスキン全集』第十二巻（一九〇六年）に掲載された図版に基づく記述なのです。「背景にラグーナが見えるというティツィアーノのデッサン」もまた、『ラスキン全集』第六巻（一九〇四年）に掲載された図版が典拠で、この眺望の非現実性についてもラスキン自身がプルーストの小説本文と同様の指摘をしていました（『ラスキン全集』第三巻、一九〇三年）。拙訳にはこれらターナー二点の版画（①101）とティツィアーノのデッサン（①103）を収録しています。

プルーストが絵画に言及するにあたり参照していたのは『ラスキン全集』ばかりではなく、とりわけ二十世紀初頭にローランス社から刊行された「大画家」シリーズがありました。その確証となるのが「モルゲンによる『最後の晩餐』」の図版です。私の調査では、当時モルゲンの版画を賞讃していたのは哲学者ガブリエル・セアイユで、その著書『レオナルド・ダ・ヴィンチ——芸術家にして科学者』（一八九二年）のなかで、「一番有名な版画は、トスカーナ大公のためにラファエロ・モルゲンが一八〇〇年に作成したもので、オリジナルの姿を忠実に伝えているという評判である」と語っています（同書、五九頁）。プルーストはこの著作を読んでいたうえ、同じセアイユが「大画家」シリーズのために著したべつの『レオナルド・ダ・ヴィンチ』（一九〇四年）も参照していました。特に後者には『最後の晩餐』の損傷した現状を伝える二点の図版（同書の四五頁、四九頁）とともに、オリジナルに近い状態を示す「ラファエロ・モルゲンによる」版画が掲載されていました（同書、四一頁）。プルーストが愛読した「大画家」シリーズに鑑み、拙訳にこの図版を掲載したのは言うまでもありません（① 102）。

「スワンの恋」には、主人公がオデットの生活を想いうかべる次のような一節も出てきます。「スワンから見たオデットの生活は、ヴァトーの習作紙片さながら、淡黄色の紙という彩色を欠いた冴えない背景に、三色の鉛筆で、あちこち、あらゆる向きに無数の微笑みが描かれている図に思えた」（*RTP*, I, 236 ; ② 131）。「三色の鉛筆」で描かれた「ヴァトーの習作紙片」がどういうものか、一介の美術愛好家にすぎないプルーストがそれをどのように知ったのでしょう。どんなプルーストの刊本にも注記されていないことですが、問題の「ヴァトーの習作紙片」はローランス版「大画家」シリーズの一冊として出版されたガブリエル・セアイユの『ヴァトー』（一九〇一年）に掲載された図版に基づいています。同書に掲載された図版のキャプション「習作紙片（三色の鉛筆によるデッサン）」« feuille d'études (dessin aux trois crayons) » (p. 109 et p. 113) という説明が、プルーストの小説における「三色の鉛筆」で描かれた「ヴァトーの習作紙片」という本文と一致するからです。

以上はすでに拙著『プルーストと絵画』（岩波書店、二〇〇八年）や *Proust et l'art pictural* (Champion, 2010) で指摘したことですが、その後も、プルーストが参照したべつの出版物に掲載されていた図版をいくつか見つけることができました。たとえば「スワンの恋」の終わり近くには、ミルリトンで展示されたマシャールの肖像画が出てきます。コタール夫人がこう言うのです。「スワンさんのように時流に通じておられるかたにお訊ねするまでもありませんが、ミルリトンでマシャールの肖像画をご覧になられましたでしょう」（*RTP*, I, 368；② 406）。ミルリトンは一八六〇年創立の美術家サークル（本拠はボワシ＝ダングラース通り五番地）で、一八八七年から毎年、展覧会を開催していたようです。これも拙訳以外のどの刊本にも出ていませんが、「パリじゅうの名士」がミルリトンに駆けつけたという肖像画は、どうやら一八八七年に展示されたアバディ夫人の肖像画（② 408）のようで、翌年これを掲載したクロード・ヴェント著『婦人画』（一八八八年）は、画のモデルは「美貌でブロンドのブラジル人女性」で、「肖像画の大好評はいまだ記憶に新しいところ」だと記しています。

「スワン夫人をめぐって」において語り手は「いまではＰ＝Ｊ・スタールのお年玉用本のグラビア製版の版画でしかお目にかかれない温室」、つまり「本のヒロインであるリリ嬢」に贈られた「新年のもうひとつの贈りもの」に言及します（*RTP*, I, 582；③ 359-360）。スタールとは、ジュール・ヴェルヌの作品や「リリ嬢」シリーズの版元として知られるピエール＝ジュール・エッツェルのペンネームです。エッツェルの専門家のご教示により、拙訳には「リリ嬢の温室花壇」を描いた「フルーリックのデッサン」（「教育娯楽雑誌」一九〇二年、新年号所収）を掲載することができました（③ 362）。

もとより『失われた時を求めて』翻訳の最大の難関は、ときに暗黙裏に示されるこのような歴史的・芸術的言及の典拠を探索することよりも、むしろプルースト特有の延々と続く長文を、そのリズムや微妙なニュアンスを損なうことなく、いかに日本語の訳文に最大限反映するかにあります。日本語の構文（主語／目的語／動詞、および従属節／主節という語順）が、原文のフランス語の構文（主語／動詞／目的語、および主節／従属節という語順）と正反対であるだけに、これは難関というほかありません。この点、作家の長文を尊重し、できるだけ句読点も変えないという方針を全編にわたり貫いた井上究一郎訳（特に一九八四年刊行の筑摩版『プルースト全集』以降）の野心と工夫には、心底、頭がさがります。そのひそみに倣って拙訳でも、できる限りプルーストと同じような長文訳をつくるよう努めた箇所は少なからず存在します。「コンブレー」では、教会の鐘塔が街なかでさまざまな角度から異なる相貌を見せるのを描いた箇所（①155–158）や、フランソワーズ自慢の料理が次々と列挙されるくだり（①166–167）などがそれにあたります。

とはいえ極端な直訳はやはり読みにくく、これを全編の長文に適用するのは私の力量からすると困難と判断しました。さりとてぶつぶつ切って訳したのでは、プルースト特有の文体を踏みにじる冒瀆行為となります。プルーストの文体の独自性は、世界のべつな見方のあらわれとして、深く理解される必要があるでしょう。あれこれと悩み、さまざまな試行錯誤のあげく私が到達したのは、長文に出てくる元の語順を可能な限り尊重するという方針でした。プルーストにあっては、後に出てくる関係詞節は、先行詞の補足説明ではなく、むしろ先行するイメージの発展であることが多い。できる限り原文の語順を尊重して、先に主節（や動詞）を、その次に従属節（や目的語）を訳出すれば、日本語構文の要請にしたがい後の従属節（や目的語）を主節（や動詞）より先に出すという教室でよく見られる不自然な訳を避けることができるうえ、翻訳された長文の途中で句点を打っても、元のフランス語テクストのイメージの連鎖は保持されるのではないか、と考えたのです。もとよりフランス語の語順と完全に一致する日本語訳をつくるのは不可能ですから、これはあくまで基本方針にすぎません。
この方針は、工夫を凝らして本文の多くの箇所に適用するよう努めましたが、「コンブレー」から顕著な二例を挙げておきます。ひとつは、雨の降り始めの印象を描いたセンテンスです。「小さな音」がして、それが「雨」だと認識されるまでのわずか数刻の、知覚から認識にいたるその過程は、原文の語順を尊重するのでなければ言い表すことは困難かと思われます。形容詞であれ、名詞であれ、動詞であれ、あらゆる語の順序をできる限り日本語でも再現しようとしたのが以下の試みです（原文と訳文を対照して掲げます）。出来栄えはともかく、翻訳としてこんな実験もありうるとお考えください。

« Un petit coup au carreau, comme si quelque chose l'avait heurté, suivi d'une ample chute légère comme de grains de sable qu'on eût laissés tomber d'une fenêtre au-dessus, puis la chute s'étendant, se réglant, adoptant un rythme, devenant fluide, sonore, misicale, innombrable, universelle : c'était la pluie. » (*RTP*, I, 100)
「小さな音が窓ガラスにして、なにか当たった気配がしたが、つづいて、ばらばらと軽く、まるで砂粒が上の窓から落ちてきたのかと思うと、やがて落下は広がり、ならされ、一定のリズムを帯びて、流れだし、よく響く音楽となり、数えきれない粒があたり一面をおおうと、それは雨だった。」（① 230–231）

これよりも長いセンテンスで、しかも知覚から認識への過程がさらに詳しく描写されているのは、家族の夕食後、スワンが訪ねてくるときの木戸の鈴の音を描写した次の一文です。これも原文と訳文を対照して掲げます。

« Les soirs où, assis devant la maison sous le grand marronnier, autour de la table de fer, nous entendions au bout du jardin, non pas le grelot profus et criard qui arrosait, qui étourdissait au passage de son bruit ferrugineux, intarissable et glacé, toute personne de la maison qui le déclenchait en entrant “sans sonner”, mais le double tintement timide, ovale et doré de la clochette pour les étrangers, tout le monde aussitôt se demandait : “Une visite, qui cela peut-il être ?” mais on savait bien que cela ne pouvait être que M. Swann » (*RTP*, I, 13–14).

「夜、家の前の大きなマロニエの下で、私たちが鉄製のテーブルを囲んで座っていると、庭のはずれから聞こえてくる呼び鈴が、溢れんばかりにけたたましく、鉄分をふくんだ、尽きることのない、冷んやりする音を響かせる場合、その降り注ぐ音をうるさがるのは「鳴らさずに」入ろうとしてうっかり作動させてしまった家の者だとわかるのだが、それとは違って、チリン、チリンと二度、おずおずとした楕円形の黄金《きん》の音色が響くと、来客用の小さな鈴の音だとわかり、皆はすぐに「お客さんだ、いったい誰だろう」と顔を見合わせ、それでいてスワン氏でしかありえないのは百も承知なのだ。」(① 45–46)

フランス語と日本語では統辞法が正反対であるにもかかわらず、翻訳でもできるだけ原文と同じ順序で単語が出てくるよう工夫してあります。知的にも芸術的にもアクロバットというほかないこのような作業が必要だと考えたのは、プルーストのこの長文では語順に意味があり、そこに庭の戸から聞こえてくる音を聞いて訪問者を認識する知覚と精神の順序が反映されているからです。スワンの場合、まず「チリン、チリン」と二度にわたる音がして、その響きが「おずおずとした」音として家族の耳に届くと、みなの脳裏に音の発信源として「楕円形の黄金《きん》の」鈴がゆれるのが想いうかびます。その音と鈴が認識され、ようやくそれが「来客用の小さな鈴」だとわかり、スワン氏の来訪が明らかになるのですが、フランス語の原文もこの認識の順序どおり、まず「音」が、次いで「来客用の小さな鈴」が、そして最後に「スワン氏」が出てくるよう配慮されています。この語順は、前段に出てくる「家の者」がうっかり鳴らしてしまう「鉄分をふくんだ、尽きることのない、冷んやりする音」(このあたりの修辞には一貫して「水」への暗示があります)についても当てはまります。ここでも音を鳴らす主体は「家の者」であり、その結果としてうるさい「音」が出るのですが、やはり家族の認識の順序を反映して、まず「庭のはずれ」で鳴った音が提示され、次いで「鉄分をふくんだ、尽きることのない、冷んやりする音」が伝えられ、最後に音を立てた張本人として「家の者」が認識されます。プルーストの原文に忠実たろうとする訳文としては、この典型的なプルーストの長文において重要な役割を果たしている語順を尊重する必要があったわけです。

私がプルーストの翻訳において採用した方針は、およそ以上のようなものです。『スワン家のほうへ』の出版から百年後、このように原文と当時の資料への厳密な回帰を企てることは、現代の日本の読者にとって意味のあることなのでしょうか。フランス文学の人気が落ちている現在、いや文学全般が凋落傾向にある現在、日本でもてはやされているのは現代のスピードに合わせた読みやすいエンターテイメント文学です。私の翻訳のような原文への回帰は、経済効率至上主義のグローバリゼイションに支配されたインターネットの時代において、しかもそれとは逆説的に、むしろ自国の文化に閉じこもって外国の文化に無関心になる傾向がある現代において、なおも意味を持ちうるのでしょうか。できる限り原典に忠実たらんとする翻訳の作業が、そのような世の中の風潮のなかで、より良い国際的理解の一助になればと希望するばかりです。

第5章　翻訳の問い——ランボーの詩から発して

湯浅博雄

一　他なる言語と翻訳の過程

「永遠」と題された韻文詩（ランボーが一八七二年の五月ごろに書いた詩）を中心にして、ここでは、翻訳の問いという角度から考察したいと思います[1]。

そしてまず、フランス語で書かれているこのテクストを、日本語を母語とする私（筆者）が読み、理解するということはどういうことなのか、考えてみましょう。他なる言語に基づくテクストに関わること。たとえば外国語によって書かれた文学作品を、別の言語（母語）によって育ち、自己形成してきた読み手である私が読むこと、そして深く理解しようとすること。そのことは、私が、通常の意味あいにおいて翻訳者であろうとなかろうと、必ず訳読の過程（ヴェルシオン的な修練）を含んでいると言えるでしょう。

一方で、私はフランス語という言語（異国の、他なる言語）をよく知ろうとします。一所懸命に文法を学び、語彙を十分に把握しようとする。それだけではありません。フランス語に特有の語り口、言い回し、固有な語法や慣用句・成句、比喩法、表現法（特にイディオム的表現の仕方）をさらに広範に探り、いっそう深く習熟しようとします。他方で私は、それと同時に、自分にとって唯一の母語である日本語もまた新たに勉強し、その可能性を広げようと努めることも忘れてはなりません。フランス語で書かれている詩をよく読み、理解するために、私は、自分の母語である日本語をさらによく知ろう、日本語独特の語法、固有な言い方、比喩法、表現法をもっと深く探索しようとします。

このことは、もし私が実際に翻訳者になって翻訳しようとするなら、さらに深く、広い程度にまで追求されなければならないでしょう。

たとえば、私が《O saisons, ô châteaux ! / Quelle âme est sans défauts ? 》というフランス語の詩句(「永遠」とほぼ同時期に書かれたランボーの韻文詩のなかの一行)に向き合うときのことを考えてみましょう。私はこの詩句をいかに読み取り、どのような日本語によって言い換えようとするでしょうか。小林秀雄がそうしたように、「ああ、季節よ、城よ、/無疵なこころが何処にある」とするのはどうでしょう。[2] 確かに上手な日本語になっていると思えます。ただし、少し巧すぎるかもしれません。つまりフランス語によるランボー詩の〈表現＝意味する仕方〉を、あまりにも日本語的な文脈のなかに引き込んで読んでいるかもしれません。日本語の表現として、やや俗っぽい文脈においてですが、「心の傷」という言い方があります。どうしても読者はその言い回しを連想するのではないでしょうか。

《Quelle âme est sans défauts? 》というフランス文は、「心に傷＝疵のないような人はいない」といった意味あいとはかなり違うでしょう。Défauts というのは、欠如、欠乏、不足という意味あいでしょう。どんな魂(の人間)も、必ず欠けるところがある、完結してはいない、充足した統一性(まとまり）ではない、というニュアンスだろうと思われます。そうだとすれば、「おお　季節よ、城館よ、／欠けるところのない魂《こころ》などどこにあろう？」という日本語の文によって、とりあえず言い変えられるのではないでしょうか。

あるいはまた、「錯乱Ｉ　狂える処女《おとめ》——地獄の夫」（『地獄の一季節』のひとつの断章）のなかに出てくるキー・センテンスである « l'amour est à réinventer, on le sait. » という言い回しをまえにして、私はどう読み、いかに日本語にすればよいのでしょうか。小林秀雄がそう訳したように「恋愛というものは、承知だろうが、でっち上げるものなんだ」という日本語にふさわしいのか。それとも、この断章全体の読み方、解釈に即して、「愛というのは創り直すべきものなのだ、知ってのとおりね」という日本語にするほうが、もっとふさわしいのか。私はあれこれ迷い、このテクスト総体の意味するやり方やこの文章の位置している文脈なども含めていろいろ考え、探るという仕方で、フランス語の文章（原文＝原語）と日本語との関わり方を探究していきます。

二　原語と母語との関わりを探る

こういう探究は奥の深いものです。つまり、もし読み手である私が、さきほど触れた「永遠」と題された韻文詩やそのヴァリアントが引用されている「錯乱Ⅱ　言葉の錬金術」というテクストに（とりわけ、その謎めいたところ、密かな、不可解さに）惹き寄せられつつ、自分の母語へと翻訳しようとすれば、それも日本語として読むに値する作品に仕上げようとするならば、こんな探究はいっそう先まで進むでしょう。もともと他なる言語によるテクストを読んでよく理解することは、訳読の過程がそうであるように、自らの母語へと（その原文テクストを）関連させることと切り離せず、半ば一体であったのですが、実際に翻訳することを考慮に入れつつもっと意識的に日本語の文脈やスタイルに移そうとするならば、原文における言い方＝語り口と母語による言い方＝語り口との関わり方をさらに徹底的に考えていくことになります。

こうした作業過程は、他なる言語によるテクストに、特にその謎めいた部分、未知なる部分、不可解な、読み取りにくいところに近づいてゆく過程であり、よりよくわかるようになろうとする過程です。いわば私にとって他なるもの（言葉として到来する他なるもの）に接近し、他者を（他なる言語・文化・宗教・モラル・習俗・慣習などを）理解してゆく過程であって、確かに並々ならぬ苦労はあるにせよ、興味深いことであり、楽しみや喜びであると言ってもよいでしょう。ただし同時に、のり超えがたい困難に出会い、苦悩する過程でもあるでしょう。

三　困難、ためらい

すぐにわかる困難は、音や響きに関わります。

aveu（告白）と feu（火）、suffrage（賛同）と dégage（抜け出す）という脚韻の響きは、日本語には移せないでしょう。science（学問）と patience（忍耐）という豊かな脚韻の音響、supplice（苦痛）と sûr（確かな）といった頭韻法や半階音の響き、同音、類音の繰り返しのなす律動《リズム》の心地よさ、音楽性の持つ快さも移送できないと思えます。最初の詩行である «Elle est retrouvée. » は、五つのシラブル（音節）によって構成されており、次の詩行 «Quoi ?――l' Éternité. » も、そうです。こうしたシラブルの数によるリズム感、旋律の快感を、日本語の文章に移すことは難しいでしょう。真に転移させるのではなく、やむをえない弥縫策であることは承知のうえで、なんとかして日本語のリズムに載せようとするならば、たとえば五音と七音による音数律、つまり日本古来の和歌（短歌）や俳句の基盤をなす音数律に拠りどころを求めることになります。例を挙げると、「永遠」と題された韻文詩が「錯乱Ⅰ　言葉の錬金術」のなかで（いくつかのヴァリアントとともに）引用されているヴァージョンの第一ストロフを、筆者は次のように訳しています。

またみつかつた（七音）。／なにが――えいえん（七音）。たいように（五音）／とけあううみ（六音）。

この箇所の小林秀雄による訳は、次のようになっています。

またみつかつた（七音）。／なにが――えいえんが（八音）。／うみにとけあう（七音）／たいようが（五音）。

フランス語の構文、統辞法《シンタックス》により忠実に沿おうとするなら、拙訳のとおり「太陽に溶け合う海」という日本語になるでしょう。しかし詩における語たちの（そのイメージ＝像の）展開の順序を守ろうとすれば、統辞法を少し変えても、「海に溶け合う太陽」という語順のほうが適しているかもしれません。また、そのほうが日本語のリズム、響きとして優っているように耳に聞こえます。主として七音と五音との音数律のおかげで、耳に快く感じるのです。それにもかかわらず、拙訳をそうしなかった理由は、できる限り原文の統辞法に忠実であろうとしたからであり、それゆえまたシニフィカシオン（意味する仕方・作用）により忠実でありたいと願ったからです。ただし、この点は微妙であり、いまでもどちらがよいか――よりよいか――、迷っています。

少々、原文のシンタックスへの忠実さを犠牲にしても、日本語として通りがよいほうがいいかもしれません。そのほうが、よくこなれた翻訳と言えるかもしれない。近代日本で、明治以来、「名訳」と言われている翻訳作品は、森鷗外の『即興詩人』、上田敏の『海潮音』を初めとしてほとんど全部、みごとにこなれた、達者な、また流麗な日本語訳になっています。どちらかと言えば、小林秀雄訳『ランボー詩集』も、その系統に属していると言えるでしょう。

筆者自身も、たとえばバタイユの『宗教の理論』や『エロティシズムの歴史』、ドゥルーズの『ニーチェ』を訳したとき、またデリダの『滞留』（その冒頭には、ブランショの短編物語『私の死の瞬間』がおかれている）や『パッション』などを翻訳したとき、できる限りこなれた訳文になるよう心がけました。日本語として読みにくい文章にはならないように工夫しつつ、原文を参照しなくても思考の動きや論理の展開を理解できる、そして十分に脈絡をたどることのできる日本語訳にしようと努めました（ただし、その努力が、残念ながら、十分にむくわれなかった箇所も、皆無とは言えないのですが）。

これらのテクストは、深い思想性と高い文学性を兼ね備えたある種の力業であり、常識的な思想を破って、考えようのないものを考えようとする思考の試みに即した言い方、書き方、文体となっています。そこでは、並外れた論理力と鋭敏な感性の動きが駆使され、その論旨は、通念をのり超えて、逆説的な説得力をもつような仕方で展開されています。そして、それに応じて、独特な言葉づかい、言い回しが工夫され、按配されています。こうした語り口によって構成されている思想・哲学テクストが持っている、特有な味わい、つまり思想的であると同時に詩的な、意義深い味わいを、日本語訳のなかでも同じように持たせることは、困難極まりありません。

肝心要の、核心をなす部分は、必然的に（書き手にとっても）語ることの難しく、また、読み手にとってきわめて読み取りにくい、難解なにかです。そういう晦渋な部分が、フランス語に特有な言い方、リズム、呼吸の仕方、拍動などによって暗示されている。そうやって示唆されているなにかは、日本語にふさわしい語り口、リズムや呼吸、息継ぎなどとまったく異なっているので、どうしても日本語に適した文脈のなかにおさまりません。ほとんどむりやりに、というのに近いやり方で、日本語らしい音色、調子、口調などに移そうとすると、原文＝原語のかたち《フォルム》から遠く離れて、翻訳者が自分で創作してしまうことになります。

四　原文への忠実さ

ここにはよく考えてみるべき問題点がある、と言ってもよいでしょう。

原文の意味するところをよく理解し、微妙な含意やニュアンスも汲み取ったうえで、こなれた、達意の日本語に翻訳するということ。それは、確かに翻訳にとって必要なことです。ただし、そうすることを目指すのは当然であっても、そこにはのり超えることのきわめて難しいアポリアが潜んでいるでしょう。

　フランス語で書かれている詩作品や思想作品を翻訳するということは、その詩や思想を読解し、解釈することを当然ながら含んでいます。ただし、翻訳するということは、あくまで異邦の言葉と母語とを関係させることですから、同じ母語の間で読み解き、解釈することとは異なる面をもちます。翻訳することは注釈することではなく、けっして翻案することであってはならないでしょう。この原則は、できる限り厳守すべきものです。翻訳することに強く抵抗する箇所（晦渋で、難解であり、日本語へと訳しにくい箇所）をリライトすること、うまく言い換えること、調子よく流れる日本語へとパラフレーズすることは、翻訳とは別のことになってしまう。それゆえ、こなれた、通りのよい日本語にするという課題とはほとんど相容れない、気の遠くなるほど難しい、もうひとつの課題、任務があります。それは、あくまで原文に忠実である、という根本的な任務です。

　もちろん翻案的な部分を多く含む翻訳も、自分では、原文に忠実であると思っているでしょう。原作のテクストが意味していること、言いたいこと、つまりそこで意味されている内容・概念の面をよく理解し、汲み上げて、それを読みやすく、わかりやすい日本語に移しているのだ、だから原作の意図、意志、志向に忠実なのだと考えているでしょう。そしてそう考えることは、一面では当然であり、理もないわけではありません。しかし、他面では、どうしても忠実ではありえず、不実になってしまうところがあります。すなわち原文＝原語に忠実であるということは、最も基本的な原則から言うならば、原作の〈かたち《フォルム》〉の面に忠実であろうとする、ということなのです。原文の言葉づかい＝書き方（その語法、構文、シンタックス、表現法、比喩法など）をあたう限り尊重するということです。例を挙げてみましょう。
第九詩行（以下、詩行という語は略す）、第十、第十一、第十二はひとつの文をなしています。これらの詩行は、とりあえずこう訳せるでしょう。

世の人々の賛同も、
共通の躍動も、
まさにおまえは抜け出して、
　のままに飛んでいく。

「おまえ」とは、文脈から判断すれば、「（私の）見張りに立つ魂」です。それゆえこの詩節の大意は、私の魂は、世の中の人々の賛同からも、共通の躍動からも離脱し、独りで、自由に飛翔していく、ということでしょう。それにしても、第十二詩行である « Et voles selon » は、どう訳せばよいのか、翻訳者を悩ませ、躊躇させ、迷わせせます。« selon » という前置詞は、selon Descartes（デカルトによれば）とか、selon les circonstances（状況に応じて）とかいう具合に、後に置かれた名詞とともに用いられます。この詩行のように selon だけで放置され、何も名詞を伴わないのは、通常の語法ではありえません（少なくとも、近・現代フランス語では、そうです）。
「錯乱Ⅱ　言葉の錬金術」（一八七三年四月〜八月）において、この韻文詩が書き変えられつつ引用されているヴァージョンによれば、この箇所は次のようになっています。« Tu voles selon ..... »

一八七二年五月のヴァージョンに比べると、ランボーは« Et voles selon »とだけ書いて止めるのではなく、« Tu voles selon ..... »という仕方で« ..... »を付け加えているわけです。この詩行を、小林秀雄は、「お前は、そんなら手を切って、飛んでいくんだ…」と訳しています。[3] つまり、selon を字句通りに訳出することはほぼ断念して、「……」を生かしています。また、平井啓之は、「さあきっぱりと手を切って、お前はままよと飛んでゆくんだ」と訳しています。[4]

これらの訳は、よく工夫しており、達者な、うまい言い回しと言ってもよいでしょう。ただ、微妙な点を承知で言うならば、原文の言葉づかいをもっと尊重し、より忠実であろうとするほうがよいかもしれません。ジャン＝ピエール・リシャールは、『詩と深さ』のなかで、この言い回しには強い意味があると主張しています。[5] 筆者も、そこには、なにかを暗示する、密かな志向が込められていると解釈します。おそらく魂は、自らの誓願や願望のままに（というよりもむしろ、自らの欲望と決断に応じて）単独で飛翔するのでしょう。だが、詩人はそれを指し示す語を書き記すことなく、黙し、いわば宙吊りのまま投げ出しています。このことは注目に値します。この詩がこうした表現形態《かたち》を取っていること、こんな〈志向する仕方〉をしていることに注意を凝らし、それをできる限り尊重するべきでしょう。

いま述べた例は、やや細かな点にこだわり過ぎているかもしれません。もっと大きな観点から見れば、こう言えるでしょう。詩人―作家が文学作品を（むろん言葉として）書くことによって言おうとすること、語ろうとすること、志向することを、その書き方、言い方、語り口、志向する仕方と切り離してはならないのです。つまり、その作品で言われていること、言おうとされていること、意味されていることが、まるでそれだけで独立し、自立して意味している（そして、志向している）かのようにみなしてはならない。詩人―作家が言葉によって語り、書き、告げようとしていることは、あくまでその書き方、言い方、語り口、志向する仕方に即して意味されているのですから、そこで〈意味されている内容・概念〉のみを抜き出して、つまりそういう側面のみを読み取ったと信じて、それを、今度は日本語によって（翻訳者の母語によって）等価的に言い換えればよいと思ってはならない、ということです。

五　逐語性を気づかうこと

このことをもっと突きつめてみると、翻訳者は、ベンヤミンが示唆しているとおり、ある種の〈逐語性〉をつねに気づかうべきである、すなわち〈字句通りであること〉を可能な限り追究すべきである、ということになるでしょう。[6]それはなぜなのでしょうか。

原文のテクストは確かにシニフィカシオン（signification, つまりシーニュ signe による作用や働き、意味する作用）を行なっており、それを伝えてきます。ただ、ここでよく考えなければならないのは、次の点です。ソシュールが指摘したとおり、言葉はきわめて特異なシーニュ＝しるしであって、それがどのようにして意味するのかと言えば、シーニュのかたちの側面と内容の側面がちょうど一枚の紙の裏表のように一体化してのみ意味するのです。つまり語たちによって縦横に織られている織物であるテクストが伝えてくる〈意味する作用〉は、あくまで〈意味するかたちの側面〉と〈意味される内容の側面〉とが切り離しがたく結ばれつつ一体となって初めて伝わってきます。それゆえ私たちが原文のテクストを読むとき、内容・概念的なもの（つまり、ふつうそのテクストの言おうとする思想・意見・感情などと思われているもの）を、それだけで独立し、自存しているかのようにみなして受け取ってはならないのです。言葉という特異なシーニュ＝しるしを構成する両面のうちの、一方の側面である意味された内容の側面（すなわちシニフィエ的側面）が、それだけで分離され、まったく独立した仕方で意味する働きを行ない、伝わってくるわけではない。そうではなく、他方の側面、すなわちかたちの側面（意味するフォルムの側面）が同時に共に働き、一緒になって意味することによってのみ、意味作用が行なわれ、伝わってくるのです。内容・概念的なものは必ず表現形態の側面、意味するかたちの側面（シニフィアン的側面）と一体となって作用しつつ、シニフィカシオンを行なっています。

したがって、詩人―作家が言おうとすること、いやむしろ、正確に言えば、その書かれた文学作品が言おう、言い表そうと志向することは、それを告げる言い方、表し方、志向する仕方と切り離してはありえないのです。人々はよく、ある詩人―作家の作品は「しかじかの主張をしている」、「こういうメッセージを伝えている」、「彼の意見、考え、感情、思想はこうである」、と言うことがあります。筆者も、ときに（長くならないよう、短縮し、簡潔に省略するためにせよ）それに近い言い方をしてしまう場合がある。しかし、実のところ、ある詩人―作家の書いた文学作品が告げようとしているなにか、とりあえず内容・概念的なものとみなされるなにか、言い換えると、その思想、考え、意見、感情などと思われているなにかは、それだけで切り離され、独立して自存していることはないのです。〈意味され、志向されている内容〉は、それを〈意味する仕方、志向する仕方〉の側面、表現形態の面、意味するかたちの側面と一体化して作用することによってしか存在しないし、コミュニケートされない。だから〈意味されている内容・概念・イデー〉のみを抜き出して「これこそ詩人―作家の思想であり、告げられたメッセージである」ということは、厳密に言えば、できないのです。

六　翻訳者の取るべき態度について

それゆえまた、詩人―作家のテクストを翻訳する者は、次のような姿勢を避けるべきでしょう。つまり翻訳者が、むろん原文テクストの読解のために、いったんそのテクストの語り方の側面、意味するかたちの側面を経由して読み取るのは当然なのですが、しかしこのフォルム的側面はすぐに読み終えられ、通過されて、もうこの〈意味するかたちの側面〉を気づかうことをやめるという姿勢は取るべきでない。もっぱら自分が抜き出し、読み取ったと信じる意味内容・概念の側面に注意を集中してしまうという態度を取ってはならないでしょう。そうやって自分が読み取った意味内容、つまり〈私〉へと伝達され、〈私〉によって了解された概念的中身・内容が、それだけで独立して、まさにこのテクストの〈言おう、語ろう〉としていることをなす（このテクストの志向であり、意味である）とみなしてはならないのです。

このようにして翻訳者は、自分が読み取り、了解した概念的中身・内容が、それだけで独立して（もうそのフォルム的側面とは無関係に）、このテクストの告げる意味であり、志向であるとみなしてはならず、また、そういう意味や志向を自分の母語によって読みやすく言い換えればよい、と考えてはならないでしょう。

自分が抜き出し、読み取った中身・内容を、自らの母語によって適切に言い換えれば首尾よく翻訳できると考え、そう実践することは、確かに読みやすく、理解しやすい翻訳作品を生み出すことになるかもしれません。ただし、そこには、大きな危うさが内包されています。原文のテクストがその独特な語り口、言い方、表現の仕方によって、きわめて微妙なやり方で告げようとしているなにかを十分に気づかうことから眼をそらせてしまうおそれがあります。少し極端に言えば、たとえばある翻訳者が「これがランボーの詩の日本語訳である」として読者に提示する詩が、ランボーのテクストの翻訳作品であるというよりも、はるかに翻訳者による日本語作品であるということもありえるのです。

それを避けるためには、やはり翻訳者はできる限り原文テクストを逐語的にたどること、〈字句通りに〉翻訳する可能性を追求するべきでしょう。原文の〈意味する仕方・様式・かたち〉の側面、つまり志向する仕方の面に注意を凝らし、それにあたう限り忠実であろうとするのです。ただし、そうすることが、特にヨーロッパ語と日本語の間では、このうえなく困難であり、不可能に近い場合も多いのは認めなければならないと思われるのですが。

その点を踏まえて、もう一度考えてみましょう。ランボーが、« Et voles selon » と書いたことのうちには、つまりこういう語順、構文、語法として〈意味する作用や働き〉を行なおうとし、なにかを言い表そうと志向したこと、それをコミュニケートしようとしたことのうちには、なにかしら特有な、独特なもの、密かなものが含まれています。翻訳者は、この特有な独特さ、なにか密かなものを絶えず気づかうべきでしょう。なぜならそこにはランボーという書き手の（というよりも、そうやって書かれた、このテクストの）独特さ、特異な単独性が込められているからです。すなわち、通常ひとが〈個性〉と呼ぶもの、芸術家や文学者の〈天分〉とみなすものが宿っているからです。

七　二つの要請に同時に応える

こうして翻訳者は、相容れない、両立不可能な、とも思える、二つの要請に同時に応えなければならないでしょう。そのひとつは、原文が意味しようとするもの、言おうとし、志向し、コミュニケートしようとするものをよく読み取り、それをできるだけこなれた、達意の日本語にするという課題・任務です。そして、もうひとつは、そのためにも、原文の〈かたち〉の面、すなわち言葉づかい（その語法、シンタックス、表現法、比喩法など）を「逐語的に」尊重するという課題・任務です。

そういう任務に応えるために、翻訳者は、見たとおり、原文＝原語と母語との関わり方を徹底的に考えていきます。翻訳者は、原文の〈意味する仕方・様式・かたち〉の側面、表現形態の面、つまり志向する仕方の面を注意深く読み解き、それを自らの母語の文脈のなかに取り込もうとします。つまりそうやって、あえて自らの母語を変えようとするところまで進んで、双方の志向する仕方どうしを照応させようとするのです。しかし、フランス語における志向する仕方は、日本語における志向する仕方と一致することはほとんどなく、むしろしばしば食い違い、齟齬をきたし、摩擦を起こす。それゆえ翻訳者は諸々の食い違う志向する仕方を必死になって和合させ、調和させようと努めるのです。あるやり方で自らの母語の枠組みや規範を破り、その言葉づかいを変革するところまで踏み込みながら、ハーモニーを生み出そうとするのです。

こうして翻訳者は、絶えず原語と母語とを関係させ、対話させることになります。この対話は、おそらく無限に続く対話、終わりなき対話でしょう。というのも諸々の食い違う志向の仕方が和合し、調和するということは、来たるべきものとして約束されることはあっても、けっして真に到達されることや実現されることはないからです。こうした無限の対話、すなわち他なる言語・文化・宗教・慣習などに（その違い、差異に）、細心の注意を払いながら、自らの母語と他なる言語とを関係させ、競い合わせる対話のうちに、まさしく翻訳の喜びと苦悩が表裏一体となって存しているでしょう。

もしかしたら、翻訳という対話、この終わりのない、絶えず再開始する対話は、ある新しい言葉づかい、新しい語り方や文体へと開かれているかもしれない。だからある意味で原作に新たな生命を吹き込み、成長を促し、生き延びさせるかもしれない。翻訳という試み、原文と（翻訳者の）母語との果てしなく反復される対話は、ことによると新しい言葉の在りようへとつながっているかもしれない。そう約束されているかもしれない。こういう約束の地平こそ、ベンヤミンが示唆した翻訳者の使命を継承する地平ではないでしょうか。

注

1　「永遠」、『ランボー全集』（平井啓之・湯浅博雄・中地義和他編・訳、青土社、二〇〇六年）。« Eternité », *Œuvres complètes de Rimbaud*, Bibliothèque de la Pléiade, éd. par André Guyaux, Gallimard, 2009.

2 『ランボー詩集』(小林秀雄訳、創元社、一九四八年)を参照されたい。

3 同書。

4 『ランボー全集』、前掲書を参照されたい。

5 Jean-Pierre Richard, *Poésie et profondeur*, Le Seuil, 1955.

6 ヴァルター・ベンヤミン「翻訳者の課題」(『暴力批判論、他十編』野村修訳、岩波文庫、一九九四年)を参照されたい。この論考では、ベンヤミンに関しては、本訳書、および『ベンヤミン・コレクション1・2・3』(浅井健二郎、久保哲司、三宅晶子ほか訳、ちくま学芸文庫)を参照させていただいた。さらに、Gesammelte Schriften von Walter Benjamin, Suhrkamp Verlag, Frankfurt am Main, 1972–1989, および Œuvres de Walter Benjamin, tome I, « La tâche du traducteur », traduit par Maurice de Gandillac, Gallimard, folio essais, 2000. も参照した。〔なお、この論考の骨子は、雑誌『文学』二〇一二年七〜八月号(特集「翻訳の創造力」)に発表したことがあるが、本論は全面的に書き直している。〕

第6章　ヴァレリーと石川淳――〈精神〉をめぐって

塚本昌則

ヴァレリー（一八七一～一九四五年）を翻訳する際の最大の問題は、テクストの魂となっている《esprit》という言葉が日本語に訳せないということです。

対応する言葉がないというわけではありません。訳語として定着している「精神」という日本語自体には古い歴史があります。小学館の『日本国語大辞典』には、「心の働き」という意味で『万葉集』の用例、「たましい。霊魂」の意味で『太平記』の用例が引用されています。息吹きとしての心、魂や霊を指す言葉としての「精神」は、近代のはるか以前から存在していました。それにヴァレリーが第一次世界大戦後フランスで脚光を浴びたとき、同時代の小林秀雄や石川淳、次の世代の加藤周一は、ヴァレリーの使う言葉の意味を正確に理解していました。時代に制約されながら自律した自己展開をもつものという、ドイツ観念論の「精神 Geist」とは明確に異なる言葉として受容されたのです[1]。

ではなぜ「精神」という言葉で、ヴァレリーの《esprit》を翻訳できないのでしょうか。それはヴァレリーがこの言葉を、身を引き裂くような苦痛と切り離せない形で使っていて、この感性に関わる語感を訳すことができないからです。テクストが隅々まで知的に理解できるなら、そのテクストは翻訳の壁を超えないでしょう。すぐには理解できない、不可解な情熱がなければ、翻訳者を駆りたてる原動力がないからです。ヴァレリーの場合、その情熱が「明晰さ」という、一見知的な操作にすぎないものに見えるところに問題があります。《esprit》に、不透明な情念が深く絡みこんでいる点が、この作家の汲み尽くしがたい魅力となっているのです。では日本語の「精神」に、現実から遊離した空論というニュアンスをぬぐい去って、この感性に関わる意味を持たせることは可能でしょうか。

ここではこの疑問を、「精神の運動」という言葉を核としながら小説、評論、エッセーを書いた石川淳の試みを通して考えてみたいと思います。石川淳の「精神の運動」には、ヴァレリーだけでなく、ジッドやアランからの影響も認められます。その意味で、ヴァレリーの翻訳可能性を考える素材としては、間接的なものにとどまります。しかしこの間接的な検証は、「精神」という日本語の持つ窮屈さが、日本語そのものが持つ制約なのか、それとも「精神」という言葉に能動的であると同時に受動的であり、知的でありながら感性的であるような、複雑な色合いをあたえることが、少なくとも歴史的に一回は可能だったのかどうかを教えてくれます。狭義のヴァレリー翻訳論の枠は逸脱しますが、石川淳が「精神」という日本語をどのように使ったのか、可能な限りテクストに即しながら考えてみたいと思います。[2]

はじめに、石川淳の「精神」という言葉の使い方を検討し、次に石川淳がこの「精神」の生成そのものをとりわけ初期において小説の主題としていること、それもヴァレリーの「テスト氏との一夜」に比肩する形で小説化していることを確認し、最後に石川淳が、この「精神」の眼差しを、ヴァレリーの文脈からは予想できないような方向に展開したことを見ることで、「精神」という言葉の可能性を考えてみたいと思います。

一　運動体としての精神

石川淳の大きな特徴は、評論においてだけでなく、小説においても自在に「精神」という言葉を使いこなした点にあります。とりわけ本格的な作家活動の出発点である昭和十年発表の「佳人」から、戦後混乱期を描いた短編にいたるまで、「精神」という言葉は小説のさまざまな細部に入りこみ、多様な用法を通して、この言葉がつねに作家の緊張がむかうひとつの極をなしていたことがわかります。現代の作家で、この言葉を小説の核として使いこなせる作家がはたしているでしょうか。

石川淳の場合、あまりに用例が多いため、その用法を逐一追うことはできません。しかしそこには自ずからある共通した使い方が認められます。それは石川淳が、「精神」という言葉を、明確に何かに対比させながら用いているということです。「無尽燈」の次の一節がこのことを端的に示しています——「人間精神がいかに美しいはたらきをするか、まのあたりに知ろうとすれば、精神が物質とたたかってついにそれを征服したところの形式に於て見とどけるほかない。[3]」

この対立は、石川淳においては、物質だけでなく、心理や心情、さらには観念にまで及びます。ひとつだけ典型的な用例を見てみましょう。

精神はかつて心理とまぎらわしくあつかわれた歴史をもっている。それはあたかも個人の体内に幽閉されているに似ていた。多分肝っ玉という荒唐無稽の臓器にでも配当されていたのだろう。そういっても、精神の受付は実在の器官よりはまだしも架空の仕掛けにまかせておいたほうがよい。けだし精神はすべての体内的なるものを、生理をも心情をも切断したところに顕現するのである。[4]

石川淳によれば、精神は物質とぶつかって乗り越え、個人の心理と生理を切断したところに現れる――それは実生活というより、「架空の仕掛け」において発揮されるものだというのです。「作者は心理を切断することなくして精神につながることはできず、精神は現実との対決に於てのみ作品に示現される」（XIII, 288）と石川淳は『文学大概』で述べています。小説は散文という方法によって書かれていて、その虚構の世界でこそあらゆる抵抗を一身に受けながらそれを乗り越えてゆく精神の運動が顕在化する――この考え方はひとたび定式化されると、石川淳の筆に繰り返しあらわれるようになります。

以上に略述したところを一括すると、人間のことばが文章に於て実現されるとき、そこに物質、自然、人間の諸発明による抵抗がおこるということ、それらの制約が課されるということだ。この避けがたい制約を前にして尻ごみしていたのでは一行も書けぬ。まさしく、ことばにとって、すなわちことばに示現する精神にとって、これはやっかいな千万な制度であるが、この強制に於てしか人間の精神は解放されるすべをもたぬ。また、この強制よりほかに、ことばのはたらきが生かしきられる場所はない。[5]

「精神」は、物質、心理、予め抱いていた観念等と対決するものであり、そのエネルギーが発揮される場所は現実生活というより、虚構によって組み上げられる散文においてしかない――これが石川淳の使う「精神」という言葉の基本的な意味です。なぜ散文なのか、という点には、アランの『芸術の体系』第十章「散文」が影響を及ぼしています。詩の言葉でも、雄弁術の言葉でもなく、無味乾燥な「活字」こそが思考を立ち上げる力をもつ、そこに立ち上げる思考こそ精神であるという考え方を、アランを参考に述べていることを石川淳自身が認めています。[6]

　しかし、なぜ石川淳がこのような考えに至ったかという点を考えると、ヴァレリーから二つの点で本質的な影響を受けていると思われます。ひとつは自己の心的活動にむけられる眼差し、もうひとつは決して終わらない運動という見方です。後者については、ヴァレリーを実際に引用しながら、石川淳自身がいくつかの場所で強調しています。「ヴァレリイの假定」では、「人間はその表面に於いてしか人間ではない。皮膚を剝げ。解剖せよ。ここに機械がはじまる[7]」という『テル・ケル』の言葉に次のようなコメントを付しています。「この考え方にも、表現にも、ヴァレリイは固定していない。いはば精神がなにかに固定しないために、そこから運動しかおこらないような元の機構を前もってきめておいたけしきである。ヴァレリイが考えたのはこの仕掛けで、それは原理ではなかった。したがって、そう考えたことによって、運動が迷惑千萬にもなにかの規定に附きまとわれるおそれはない」(XII, 402)。人間が機械である、という考え方が問題なのではなく、人間のなかにある非人間的な部分を「假定」し、そこから起こる精神の運動をどこまでも追跡したところにこの作家の核心があるというのです。これはたとえば、「固定されていないものは何ものでもない。固定されたものは死んでいる[8]」という断章に表れているヴァレリーのもっとも基本的な運動を捉えた見方です。これは相互テクスト性が比較的はっきりしている部分と言えるでしょう。

何かを固定しながら、その固定されたものを乗り越えようとするこの「精神の運動」は、ヴァレリーにおいては自己にも向けられます。「精神の人」は「何であろうと何ものかであることのかぎりない拒絶[9]」に追い込まれるというのです。自分でさえ自己とは無縁のものとみなすこの奇妙な眼差し、「純粋自我」« le moi pur »[10]と呼ばれることもあるこの眼差しを、石川淳は評論の言葉で展開するだけでなく、小説でも繰り返し語りました。ヴァレリーにとって、この眼差しの生成こそが「レオナルド・ダ・ヴィンチ方法序説」、「テスト氏との一夜」の主題となっていたものですが、石川淳もまたこの眼差しがどのようにして形成されたかを、小説の形で語っているのです。とりわけ、小説家としての出発点となった「佳人」は、この眼差しの生成そのものを物語っているので、少し詳しく見てゆくことにしましょう。

二　眼差しとしての精神

昭和十年の「佳人」は、石川淳が本格的に作家活動をはじめるきっかけとなった重要な作品です。作品の筋は、酒場あがりの女性と同棲し、その女性の母親を小説に描こうとしながら、結局は何も書けずにいる小説家の話と要約できます。しかしよく読みこむと、一人称で語られるその文章は、己の空虚さ、死の脅迫観念にとらわれながら、そのような自己の姿をどこまでも見つめようとする眼差しそのものに同一化しようと決意する、一人の作家の誕生を語っていることがわかります。死の想念にとらわれた自己と、それを見つめる眼差しとしての自己が最初から明確に分かれているわけではありません。文章はむしろその分離から、一人の作家が生まれようとする苦闘の記録として読むことができます。「精神」という言葉が現れる次の箇所はその典型的な部分です。

さりながらその精神（＝「どうやらわたしが生まれつきもっているらしい苦行者の精神」）は今やわたしの息の根を止めようとするほど獰猛な相を示し来り……だがここに苦行などと勿体ぶったことばをもち出したとたん、わたしのいうことは無慙にも支離滅裂になりかけている。そもそもわたしの苦行とはいかなる義にかなうものであったのか、いずれの道のための精進であったのか、わたしは何か途方もなくめちゃくちゃなことをわめき出しそうな気がする。[11]

己の虚しさ（「空虚。そうだ、空虚。わたしは空虚でいっぱいなのだ。わたしというものがそもそもがらんどうなのだ」（I, 169））を前にして、その虚しさと闘うのではなく、そのなかでどのような言葉が湧きあがってくるかをとらえようとする「わたし」の姿は、自己を一個の劇場としてそこで起こる変動を見つめようとするテスト氏の姿と重ね合わせることができます。[12] テスト氏と同様、「佳人」の語り手も、語る自己と語られる自己との分裂をそのまま受け入れ、俗世間の中に身を浸しながら、そこから分離してゆく動きを確保しようとします。次の一節は、語り手が意図的にそのような態度を取ろうとしていることを示しています。

わたしはみずからを殺すということは思わなかった。つい、ばったり死ぬ。しかし重要なことは、わたしは死につつ死ぬことを意識していなければならなかった。（かの催眠薬に依ってまず眠に入り眠りから死につながろうとするような死に方はわたしにとって死ぬことではなかった。）剣尖が肉を裂き骨を断つのを感じつつ、弾丸が脳髄に食い入るのを感じつつ、わたしは明らかなる鏡の中にわが最期を見とどけねばならなかった。（I, 170–171）

「死につつ死ぬことを意識する」――この言い方は、眠りに落ちてゆくテスト氏の言葉――「わたしは存在しながら、存在する自分を見ている、自分を見ている自分を見ている」[13]――を強く喚起します。何より、「精神」を個人の心理や感情に対立するものと捉える石川淳の見方が、テスト氏の示す劇に通じていることを示唆しています。実際、ヴァレリーは「精神」を、現実に生きる自己と、そこから分離し、それをまるで自己とは無縁のもののように見つめる自己という、自己の分裂とそこからの新しい眼差しの生成というひとつの劇が行われる場所と見なしていました。石川淳が一人称で書く小説は、「佳人」の後しばらくこのヴァレリー的な分離と生成の劇を何度も取りあげ、命をかけた道化として、現実生活ではさまざまな劇を演じる人間だが、同時にそのすべてを見つめ、語る精神の人でもあるという劇を上演してゆくことになります。ここにヴァレリーの、眼差しとしての精神が大きな影響を及ぼしていることは確実です。

同時に「佳人」は、ヴァレリーにおける「精神」が、生活を生きる人間として死に、ことばの中で再生するというプロセスであることを教えてくれます。先に触れた散文論を参照すると、このことがさらに明確になります。石川淳によれば、無味乾燥に均一に並べられた活字という場こそ「精神」の運動が展開される場となります。「活字はことばに抑揚断続の差をつけないのとおなじように大小同異の別をつけることはなく、おなじ字形をもって紙の上にべたべた印刷すればよい。散文の形態上の秘密はこれだけである。[14]」その場に入ってゆくとき「精神」は、この作家によれば、これから起こることを何ひとつ知りません。「すでに判ってしまったものの後くされ[15]」を作品世界に持ちこむことはできないのです。「一寸先が闇だというところに、波はおこるのだ。[16]」――これは「精神の運動」として広く知られるようになった石川淳独特の小説作法ですが、「佳人」を通して見えてくることは、石川淳が活字という知られざる別世界に飛びこむ方法を、自己の存在の空虚さから得たということです。自己の存在そのものは虚しいが、その崩壊を見つめる眼差しそのものにはリアリティーがある――これこそヴァレリーが発見し、「テスト氏との一夜」や『覚書と余談』に書いたことであり、石川淳もまた、作品の中でこの経験を繰り返し生きようとしました。この文脈において「精神」という言葉は、生活する一人の人間としての死と、活字という「無味乾燥」なもののなかでの再生という二重の動きを表します。死の縁に立たされたと感じている「佳人」の語り手が、実際には無味乾燥な活字から立ちあがる世界に生きることを選んだ――これは、石川淳のどの作品の中にも見出すことのできる根源的な図式となります。それはエロスのモードでもあるヴァレリーの「精神」の最良の翻訳のひとつ、といって語弊があるなら、最良の翻案のひとつであるとわれわれは考えます。

　なぜ石川淳はこのように、活字の世界を生きた世界として立ち上げる「精神」の運動に、認識、美、倫理など、多様な次元での意味を認めることができたのでしょうか。この疑問には、言うまでもなく昭和十年代という時代が大きく関係しています。ここでは詳しく触れることができませんが、昭和十年は横光利一の「純粋小説論」、小林秀雄の「私小説論」が発表された年でもあります。それは昭和九年プロレタリア作家同盟（ナルプ）の解体を境として、マルクス主義知識人の大量転向によって、日本社会の表面から共産主義の「妖怪」が姿を消した時代でもあります。大正時代の『白樺』派に代表される、自然の中に無限に拡張されてゆく調和的自我に回帰することはもはや不可能であり、同時にマルクス主義という科学、美学、倫理学にまたがる体系的な思想を背景として出てきた文学も退潮を余儀なくされてゆくなか、文学においてどのような問題提起が可能なのかという問いが、石川淳の文章の中にはこだましています。体系的思想ではなく、活字という「無味乾燥」なもののうちに生きるという態度が、ひとつの思想的・倫理的な選択でありえた時代の緊張感は、石川淳のこの時代の作品の至るところに現れています。

　自己の空虚が、少なくとも一枚の紙に印刷された活字の世界においては生のエネルギーに変換される可能性がある――こうした見方こそ、石川淳がヴァレリーのうちに見出していたものです。それは「澄んだ心」としての「精」に限りない闇の広がりを見て「神」という言葉を加え、「精神《こころと》」という言葉を作り出した『万葉集』の使い方にも適っているのではないでしょうか[17]。

三　拒絶のもうひとつの形

　ヴァレリーと石川淳を比較できるのはここまでです。ヴァレリーは「何であろうと何ものかであることのかぎりない拒絶」を極限まで追求しようとしましたが、石川淳はこの拒絶の探究を、生活から遊離した次元にまで追求するのではなく、むしろ生活の中、それも汚穢と恥辱にまみれ、拭いきれない罪の意識にさいなまれる生活に向かう形で追求しました。眼差しとしての精神を、滅びゆく自己ではなく、滅びゆく世相から立ちあがる生命力に向けたのです。「精神」は、石川淳の小説においては、遊女、浮浪者、ごろつきなどの、マージナルな存在の中に顕現する聖なるものの追求を通して展開されることになります。なぜそうなるのかという疑問は、「精神」という言葉が日本語にどこまで浸透できる言葉なのかを考えるために、避けて通れない問題でしょう。日本という風土は、日常感覚から遊離した、純粋に思弁的で抽象的な探究を許さないところがあるという、さまざまな論者によって指摘されてきた論点がここでも試されているからです。「精神」は、それを物質、心理、生理を超える運動と捉える石川淳においてさえ、俗世間の騒擾から切り離しがたい形で探究するしかなかったのでしょうか。

ここで注目したいのは、天明（一七八一～一七八九年）の狂歌師たちを再評価した一連の仕事、とりわけ「狂歌百鬼夜狂」です。石川淳はここではヴァレリーの「サンボリスムの実在」を参照しながら、天明の狂歌師たちが、世俗的なものに背を向けたフランス・サンボリストたちと同じ姿勢を持っていたと主張します。その上で、活字に対する異なった姿勢が生じるというのです。石川淳の論証を短くたどり直してみましょう。

ここで提示される問題は、「天明狂歌はそもそも凡俗否定という極から発した精神の運動であった。そして、その運動の実現したところは、基本的には生活の場であった[18]」という逆説に凝縮されています。この同時代の社会が提示する価値観の拒絶という点で、石川淳はヴァレリーを参照しながら、天明狂歌をフランス・サンボリスムと比較します。ヴァレリーは、サンボリスムは美学的運動でありながら美学によっては定義できないものと考えていました。象徴派は「ある否定」において結ばれていたというのです――「かれらは多数投票の拋棄という共通の決意において一致していた。かれらは公衆の征服を軽蔑する」[19]。ひたすら拒絶し、「多数投票の拋棄という共通の決意」において参加者が一致した運動という点において、サンボリスムは確かに存在した――ヴァレリーのこの論旨を石川淳はそのまま天明狂歌にもあてはめ、それを「価値の秩序における一種の革命」、「新しい精神のメカニスムに参加するところのあたらしい公衆をつくった」運動と規定しています(XIII, 448)。

このように「凡俗否定の精神を運動の極に配置した」(XIII, 449) という点で、天明狂歌とサンボリスムは状況が似ている――石川淳はこう指摘した後、この二つがどのように異なるのかを詳しく検討しています。ここではひとつだけ、サンボリスムをささえた、文学の外にある芸術の次元の違いについてだけ見てみましょう。「マラルメを感動させたヴァグネルの音楽と、蜀山が好んだ河東節とでは、いかんせん、千里の差である。その差はまず生活にあらわれる。ヴァグネルの音楽は精神にひびいて生活全体を動かしたはずだが、河東節は心情にうったえて生活の雰囲気をつくったにとどまるだろう。」(XIII, 449)

ここから容易に導かれる、「凡俗否定の精神、たちまち手をひるがえしてサーヴィスの精神となる」ような、「二面の精神を一つに引受け」る態度を (XIII, 450)、石川淳は否定しているわけではありません。そこにはヴァレリーの論には現れない、ある生活美学、精神の運動が十全に発揮することを可能とするような、美学上の発明があると考えているからです。石川淳はその発見を生活の「俳諧化」とも呼んでいますが、より身近な用語としては「やつし」を多用しています。普賢菩薩が遊女に身をやつす、という場合のやつしです。これこそ石川淳の小説が、一方ではヴァレリー的な否定を原動力とする「精神の運動」でありながら、日常生活に深く沈潜し、そこに生きる周縁的人物たちを活かす文学となっている鍵だと思われます。

生活の場においてこそ、「凡俗否定という極から発した精神の運動」が存分に発揮されるというこの独特の方法論は、すでに昭和十一年の『普賢』で意識的に用いられています。『普賢』の語り手が憧れる共産主義活動家ユカリは、語り手の中ではジャンヌ・ダルクと重ね合わされています。ユカリはやつし普賢菩薩であり、逃亡生活によって荒れすさんだユカリの姿が語り手にもたらす落胆は限りないものです。生活をひとつの象徴に見立てるこの方法は、「黄金伝説」、「焼け跡のイエス」、「かよい小町」、「雪のイヴ」など、終戦直後堰を切ったように発表された一群の作品の中でさらに徹底した形で展開されます。「佳人」の「死につつ死ぬことを意識」しようとするヴァレリー的な眼差しは、江戸のやつしの美学発見を経た後では、生活の徹底した破壊と、そこに蠢《うごめ》く人々の中から再生するものを見つめようとする眼差しに変わったことに気づかざるをえません。自己の虚しさは、破滅的な状況の中でひたすら生きようとする人びとの活力へと置き換えられてゆくのです。卑俗なものが、語り手の眼差しひとつによって象徴となるという、天明の狂歌師たちの手法の根底にあったものを、石川淳は散文の世界に転化しました。一方には「凡俗否定の精神」、他方には破滅的な状況の中で蠢くものの苦痛と活力があり、この拒絶と再生の物語こそが、活字の世界に精神の運動を引き起こす力の象徴的な器となっているのです。

四　《esprit》を日本語に訳すことは可能か

ここからは、昭和三十年代以降、石川淳が自らの世界をどのように展開したかを、われわれが提示した問題系との関係で、二つの要点に絞って短く論じることにします。

第一点は、「精神」という言葉がその後どのように使われるようになったかという疑問です。評論では最後まで、石川淳はこの言葉を使いつづけますが、「佳人」や「無尽燈」のようにこの言葉を核として小説を書くことは稀になっていきます。「のぞみの絶えたところに、そなたは生きることをはじめよ」（VI, 196–197）という「修羅」（一九五八年七月）の言葉が端的に示しているように、避けようのない破滅に向かう存在と、その存在を見つめる眼差しという、「佳人」以降独特の進展を遂げた詩学は顕在ですが、それが「精神」という言葉ではもはや語られなくなるのです。

こうした中にあって、晩年の大作『狂風記』の中に、きわめて興味深い用例があります。ここでは「裾野」と呼ばれる屑の山が問題となっていて、この山を掘り進めると別の空間に通じるだけでなく、一千年を超える時間を乗り越えることが可能になるとされています。時を越えた生まれ変わりが中心的な主題であり、作品の中心となる言葉は「精神」ではなく「霊」です。しかし、石川淳は、次の箇所で「精神」という言葉に、夢と現実を容易に反転させ、過去と現実を自在に行き来し、生と死の境さえ踏み越えてしまう運動という新たな意味の広がりを与えています。

「……ここもまた裏がえしの世界かな。」

たちまち、ヒメは声きびしく、しかりつけるようにさえぎった。
「ちがいます、柳さん。あまったれた見方をして下さらないように。裏表という考はここでは通用しませんのよ。表側かとおもえばそこが裏側、逆もまたそのとおり、こちらの側にもすべり抜け自在で、つまりどちらかの側というものがない世界ですよ。たとえていえばメビウスの帯ね。そういう精神上の空間があるものと御承知ねがいましょう。」(IX, 580)

「メビウスの帯」は、『文学大概』で「活字」と呼ばれていた空間に対応するものでしょう。名前をもった「わたし」が住まう日常世界の物理、心理、生理を断ち切ったところに成立する虚構の空間は、『狂風記』では縦横無尽な動きを可能とする空間となっています。その空間を「精神上の空間」と言い切ったこの作家の遺産を、現在の日本語がどこまで活かし得ているのかが、ヴァレリーを翻訳する現場にまで響いてくる問題として現在もなお問われています。

第二点は、外来思想と日本文化の対決という問題の中で、ここまで見てきた石川淳の「精神」がどのような位置を占めるのか、という疑問です。加藤周一は『日本文学史序説』で、「日本の文化の争うべからざる傾向は、抽象的・体系的・理性的な言語の秩序を建設することよりも、具体的・非体系的・感情的な人生の特殊な場面に即して言葉を用いること」[20]にあるのではないか、という問題を提起しました。「狂歌百鬼夜狂」に典型的に現れているように、石川淳の世界にも、「此岸的な、合理的な、超越的な契機を入れない世界」[21]、つまり日本化の圧力がかかっていることは明らかです。しかし、石川淳が使う「精神」という言葉には、土着の美学に深く根ざした方向に変形するという力学には止まらない意味の広がりがあります。「意識はもはや、ふたつの本質的に未知の実体、「自己」と「X」しか、必然的な存在とみなさなくなるだろう」[22]とヴァレリーは言いました。「覚書と余談」のこの一節は、小林秀雄の強い影響力によって、自意識の極限を追求するものと解釈されてきました。それに対して石川淳は、ヴァレリーのこの見方が、自意識という閉域に閉じこもるものではないことを示しました。純粋自我の眼差しが向けられる「X」は、この作家にあっては滅びゆくあらゆるものに拡張されていき、破壊され、社会の周辺に追いやられ、押しつぶされるものへと姿を変えていきました。「自己」のほうもまた、その破壊と再生の運動の中でさまざまに姿を変えてゆく自在さを得ていきます。ヴァレリーの言う未知の「X」は、あらゆる時代、あらゆる地域の出来事、物語であり得るという見方こそ、石川淳という作家の根源的な姿勢ではないでしょうか。それは日本化、土着的思考への還元という現象では説明しきれない、未知のものにつねに開かれ、変化しつづける感性のあり方を示しているように思います。

結語

ヴァレリーの「精神」という言葉は、体系的な知識を構築するものではなく、心的活動を終わりのない運動の中に投げいれるものでした。この運動を、石川淳が実現したような形で実践することをヴァレリーは予想しなかったでしょう。しかし日本語という観点からみれば、石川淳の創りだした「メビウスの帯」を無視して、「精神」という言葉の日本語への翻訳可能性を考えることはもはやできないのではないでしょうか。

注

1 例えば、加藤周一の、和辻哲郎『日本精神史研究』（一九二六年）への解説を参照のこと。和辻が問題にしている「精神」がドイツ語の Geist であることを指摘した後、加藤周一はその研究内容以上に、「相手の知的世界を批判的に理解」しようとする態度に、精神のより深い意味を認めている（和辻哲郎『日本精神史研究』、岩波文庫、一九九二年、三九六頁）。

2 石川淳について、筆者は以下の研究書に多くを負っている。野口武彦『石川淳論』（筑摩書房、一九六九年）、井澤義雄『石川淳の小説』（岩波書店、一九九二年）、ウィリアム・J・タイラー『石川淳と戦後日本』（ミネルヴァ書房、二〇一〇年）。

3 石川淳「無尽燈」（一九四六年七月）、『全集』第二巻、四二四頁。なお、石川淳の作品からの引用は『石川淳全集』全一九巻、筑摩書房、一九八九年五月〜一九九二年一二月から行い、『全集』と略記、巻数をローマ数字、頁数をアラビア数字で記す。

4 石川淳「恋愛について」（一九五一年一月）、『夷齋筆談』（一九五二年四月）所収、『全集』XIII, 63。

5 石川淳「文章の形式と内容」（一九四〇年五月）、『文学大概』（一九四二年七月）所収、『全集』XII, 268–269。

6 『全集』XII, 266–267を参照のこと。Cf. Alain, *Système des Beaux-Arts* (1920), in *Les Arts et les dieux*, Gallimard, 1958, p. 439

7 石川淳による翻訳、「ヴァレリイ 二」（一九四一年三月）、『文学大概』所収、『全集』XII, 401。原文は *Valéry*, « Cahiers B 1910 » (1924), *Œ II*, 578。ヴァレリーの作品からの引用は次の略号で示す。

—*Œuvres*, édition intégrale établie et annotée par Jean Hytier, Gallimard, coll. «Bibliothèque de la Pléiade », 2 vol., 1957 et 1960, réédition 1980 et 1977 (*Œ I* et *Œ II*).

—*Cahiers*, fac-similé intégral, C.N.R.S., 29 vol., 1957–1961 (*C*, I...).

—*Cahiers*, édition établie, présentée et annotée par Judith Robinson, Gallimard, coll. «Bibliothèque de la Pléiade», 2 vol., 1973 et 1974 (*C1*, *C2*).

8 Valéry, *Autres Rhumbs* (1927, 1934), *Œ II*, 697.

9 Valéry, « Note et digression » (1919), *Œ I*, 1225.

10 *Ibid.*, 1228.

11 石川淳「佳人」（一九三五年五月）、『全集』I, 168。

12 「佳人」にヴァレリーの影響が見られることについては、すでに野口武彦の指摘がある。『石川淳論』、前掲書、一九～二二頁を参照。

13 Valéry, « Une soirée avec Monsieur Teste » (1896), *Œ II*, 25.

14 石川淳「仕事について」（一九五一年七月）、『夷齋筆談』所収、『全集』XIII, 147。

15 石川淳「短編小説の構成」（一九四〇年三月）、『文学大概』所収、『全集』XII, 287。

16 同書、XII, 288。

17 多田一臣『古代文学の世界像』、岩波書店、二〇一三年、二六頁を参照。

18 石川淳「狂歌百鬼夜狂」（一九五二年七月）、『夷齋清言』（一九五四年四月）所収、『全集』XIII, 443。

19 同書、XIII, 446–447（翻訳は石川淳、強調はヴァレリー自身によるもの）。原文は Valéry, *Existence du symbolisme* (1938), *Œuvres I*, 690–691。

20 加藤周一『日本文学史序説』、ちくま学芸文庫、一九九九年、上、一一頁。

21 同書、四三頁。

22 Valéry, *Note et digression*, *Œ I*, 1222–1223.

第7章　日仏間で文学を翻訳する——振り子と非対称のはざまで

坂井セシル

「…あらゆる翻訳は諸言語の異質性と対決するひとつの、ともかくも暫定的な方法であって…翻訳において、原作は言語のいわばより高次のより純粋な気圏へと生長していくのだが、原作はもちろんこの気圏のなかに長く生き続けることはできない…それにもかかわらず原作は、信じがたいほど強力なやり方で、諸言語のあらかじめ定められていながら拒まれたままの宥和と成就の領域として、この気圏を少なくとも指し示している。」

ワルター・ベンヤミン「翻訳者の使命[1]」

ベンヤミンはこの一九二三年の決定的なテキストにおいて翻訳の深淵な課題を明らかにしている。すなわち異質性と対決することである。ただし、翻訳の本質的な不可能性としての拒まれた領域を越えて原作の翻訳が諸言語の宥和と成就を可能とする時には、ひとつのユートピアをあくまで信じ続けながら、である。こうした倫理的な展望が、二〇世紀における文学の領域での日仏間の翻訳の関係に関するこの短い論考を導くことになろう。

一　始まり

一方ではゴンクール兄弟からセルジュ・エリセーエフを経てポール・クローデルまで。また他方では、ジュール・ヴェルヌの最初の翻訳者である川島忠之助、ヴィクトル・ユゴーとやはりジュール・ヴェルヌの翻訳者の森田思軒、詩人にして大学教授、なかんずくフランス象徴主義の詩の紹介者（『海潮音』）である上田敏、その後には偉大な作家永井荷風が続き、さらにその後には堀口大學――そのほか多くの人が続いている。日仏間の文化関係は、フランス側も日本側も、一連の傑出した伝え手たちによって担われてきたのである。

こうして文学の翻訳によって真の知的交流――発見と影響関係と再創造――の樹立が可能となった。ただし、日本においては非常に重要な文学の翻訳も、フランスではその重要性は限られていた。しかしそうは言っても、両者は鏡に映るように互いに連結しており、「グローバル・ヒストリー」の専門家たちのアプローチの一環をなす「接続された歴史」を構成するのである。こうした翻訳の歴史の主要な段階を紹介した後、私たちは一九六〇年代から一九八〇年代にかけての、日仏間の文化交流の成熟期における二人の著名な人物の功績を検討することにしたい。渡辺一夫教授とアカデミー会員の作家マルグリット・ユルスナールである。次いで現代の状況がどうなっているかを見る。そうすることによって文化移入の非対称の問題と、それによって引き起こされる振り子現象の諸結果の問題を提起したい。

二　二つの沿革

最初に歴史的文脈を想起しておく必要がある。いくつかの年代と作品名を選ぶことによって、翻訳が交差する短い歴史を素描することができるだろう。

初めにフランス語から日本語へ。フランス文学の最初の日本語訳が現れるのは一八七八年のことである。明治維新（一八六八年）以来国境が開かれたことにより、社会的・文化的大変動が招来された。つまり、言葉の改革（「言文一致」）、輸入された作品の直接的な影響の元でのテーマの刷新、文化的舞台における作家の真の社会的地位の創設である。

一八七八年に『八〇日間世界一周』（第一部）によって道を開くのはジュール・ヴェルヌ、先ほど挙げた川島忠之助がフランス語原作から翻訳したのである。[2] 原作によるこうした翻訳は当時としては例外だった。というのも、これに続く一連のジュール・ヴェルヌの小説はすべて英語からの重訳だからだ。当時の日本ではこの作家に対するまぎれもない心酔が生まれていたわけだが、いずれにしてもこの成功は偶然ではない。航海、発見、科学などに対する賞賛が新しい知識に飢えた大衆の関心と合致せずにはいなかったのである。

続いて一八八二年にルソーの『社会契約論』の最初の翻訳がなされたのが注目される。卓越したフランス語の使い手かつ政治界の論客であった中江兆民による。次いで一八八四年から九六年の間にヴィクトル・ユゴーの小説の多数の翻訳が様々な翻訳家によって世に出るが、一八八七年の『レ・ミゼラブル』の最初の版がそのひとつである。この一層政治的な受容は日本における進歩的な思想潮流、とりわけ「自由民権運動」によって説明できる。

次の段階はエミール・ゾラの作品の輸入に関わるもので、ゾラは影響力のある支配的なモデルとしての自然主義をもたらすことによって、日本文学史に永続的な刻印を残すことになるだろう。一八九〇年から一九〇三年の間に、尾崎紅葉、小杉天外、次いですでに挙げた永井荷風といった重要な作家たちの手によって、『居酒屋』、『ナナ』、『人獣』など多数の作品の「翻案」がなされている。

この段階では翻訳は事実ほぼ翻案であって、筋と人物を借りてきて日本的なものに仕立て上げられているが、英語からの重訳だった（仲介役としての英語は当時すでに支配的になっていた）。しかしながら、フランス文学が明治と大正の接点である一九世紀末から二〇世紀初頭のこの時代に大量にもたらされて、日本近代文学を造形するのに深甚なる貢献をしたということは議論の余地がない。他の西洋文学、そして中国と日本の古典の文化遺産との相互作用の結果であるのはもちろんのことである。

引き続く数十年間は、フランスの傑作を日本語で紹介しようと努力を傾注するフランス贔屓の大学人や作家がたくさんいた。一九六〇年代末にはこうした傾向が長く持続したが、それは実存主義の流行と日本の文学シーンにサルトルの形象が及ぼした強い影響による。[3] 最後の引き継ぎは一九七〇年代から九〇年代の構造主義とポスト構造主義の理論家たちによってなされた。レヴィ・ストロース、フーコー、デリダ、ドゥルーズ、バルト、ジュネットなどのすべての作品が翻訳されたのである。アメリカ合衆国で「フレンチ・セオリー」と呼ばれるものもまた日本に知的流行を惹き起こしたが、それは人文・社会諸科学を永続的に潤すことになった。

一九九〇年代以降の現代は波の谷間に当たっており、その出口はいまだにわからない。しかしながら注意すべきは、フランス文学の古典が二度、三度、あるいは場合によっては四度も訳し直され続けていることであり、このことはそれ自体例外的な、おそらくは世界でも唯一の現象なのである！　ラブレーあるいはバルザックからヴィクトル・ユゴー、さらには現在四度目の翻訳が進行中の『失われた時を求めて』のプルーストに至るまで、フランスの文学的遺産はいわば新訳ごとに再活性化されている。もちろん読者の問題を自らの問いとすべきではあろう。つまり、一体誰がこれらの作品を読むのか、またなぜ読むのか、と。しばしばひとつの「使命」と化しているこうした仕事に精魂を傾ける出版社と翻訳者たちは（みな大学人であるのだが）、どんな人たちなのだろうか、と。それにしても、フランスの作品の翻訳が二〇世紀を通じて日本にもたらされたのは、きわめて豊かな歴史によって、要するにごく最近の歴史によってであって、これらの翻訳が日本語による共通の文化遺産の構築に十全に貢献したのだということを認めないわけにはゆかないのである。

それでは、日本の作品のフランス語への翻訳はどうなっているのであろうか。初めての翻訳が出るのは一八七一年のこと、『撰文集、にっぽんの島人たちの古今の詩』と題された日本のテキストの抜粋集で、訳者はレオン・ド・ロニー、出版社はメゾンヌーヴ商会であった。ここでレオン・ド・ロニーの真に先駆者的な作品に対して敬意を表することができる。この人は並はずれた人物で、一八六三年に東洋語学校（現在のＩＮＡＬＣＯ）で初めての日本語教師となり、一八六三年に作られた教授職の最初の就任者となった。明治維新が約束した開国に対するフランスの国からのひとつの回答というわけであった。

強調すべきは、年代的にはこの翻訳が日本におけるフランス文学の翻訳に七年先駆けた、ということである。しかし違いはその後出版された翻訳点数にある。日本の版画がフランスに渡ったことによって引き起こされたジャポニスムの流行、相次ぐ万国博覧会にもかかわらず、日本文学のフランス語への翻訳は、たとえば劇団のヨーロッパ巡演の際、あるいは、セルジュ・エリセーエフ

（一八三九～一九七五年）のような専門家でない碩学の情熱のおかげでほんの時折現れるだけである。大戦の試練を経た一九六〇年代になって日本の作品紹介は第二段階を迎えることになる。

フランスの大出版社がアメリカのエージェントの勧めもあって大作家たち、とりわけ谷崎、川端、三島といった作家を押さえ、その作品を継続的に翻訳する方針を打ち出す一方、それと並行してアカデミックな領域では、国立東洋言語文化学院（ＩＮＡＬＣＯ）教授のルネ・シフェール（一九二三～二〇〇四年）の手によって、古典文学の翻訳が計画的に紹介されるようになる。かくしてフランスの読者は『源氏物語』（フランスの出版は一九七七年）から中世の叙事詩的物語や近松の町人ものを経て松尾芭蕉の俳句集に至るまで、古典に接することができるようになったのである。

最後に一九八〇年代以降であるが、日本が世界第二の経済大国として認められた時期に当るこの時に至って、新しい出版社に促されて日本文学翻訳に真の活力が漲ることになる。これら出版社は新しい翻訳者たちから助言を得、また自国の文化を外国で一層よく認知させるための日本の助成金の恩恵をしばしば受けていたのである。一九八五年以来毎年約二五冊の新しい文学書が刊行されており、その結果今日ではほぼ七〇〇冊の作品をフランス語で読むことができる。

三　偏った対称

しかしながら、両国の状況ははたして同じようなものなのだろうか。答えは明らかに否定的だ。というのもこれらの翻訳は同一の価値観には属していないからである。日本ではフランスの作品は長いあいだ西欧モデルの不朽の殿堂を成しており、近代の仲間入りができるためにはこのモデルに到達する必要があった。ところがフランスでは、日本の作品はある種の異国趣味、他者性の一つの表象、また別の美的秩序を象徴するものであった。そして、たとえこうした布置が今日では変容していようとも、根本的にはそのような非対称は存続している。というのも、この非対称は別の次元で見れば政治的・経済的な支配、そして——言語の領域も含めて——文化的な支配の深く根を下ろした歴史に属してもいるからである。文化の移し替えのでこぼこ、その不均衡、次いで再均衡化の諸現象は、常に文化の移し替えを越えた力関係の産物であって、厳密なメカニズムに従うわけではないのである。

それに、この問題を別の角度から検討することもできるのではないか。すなわち、次のような問い、真の対称ははたして可能なのだろうかという問いを立てることによってである。この対称なるものは、非対称についてのあらゆる熟考の背後に透かし彫りのように潜んでいるのだが、それ自体においては完全に抽象的かつ静的である。つまり一つの概念もしくは一つのモデルに過ぎない。コーパスをカテゴリーの中に閉じ込めるこうした二極的秩序から抜け出る必要があるだろう。したがって、このような非対称な観念を踏襲するよりむしろ、翻訳の往来の領域においては、思想の異種混交と可動性を受け入れることを可能にする、発展という輪郭のぼやけた論理《ロジック》については熟考する必要があろう。こうしたぼやけた線《ライン》は、認知された文化の伝播と正統性の探究の間、主導権を握るロジックと正面からのあるいは代替的な反応の間で交差するダイナミズムの淵源として機能するのだ。そうした線《ライン》こそ多様性と多彩さを産み出す様式を成すのであって、この様式の結果と効果と足跡を、その複雑性において推しはかる試みができるのである。

こうしたぼやけた線《ライン》に固有の創造性を説明するために、ほぼ同時代の二人の日本とフランスの翻訳者を検討することにしよう。二人は想像上の対話の中で国境を越えて呼応しあっているように思われるからだ。

四　渡辺一夫（一九〇一〜一九七五年）

日本の側から紹介すれば、渡辺一夫はおそらくフランス文学の日本で最も偉大な専門家の一人である。一九三六年以来東京大学に就職し、一九四八年に教授となった渡辺は、ラブレーとエラスムスの作品を、そしてまたボードレール、マラルメ、ヴァレリー、アナトール・フランス、ジード、ロティ、フローベール、ヴィリエ・ド・リラダンあるいはミュッセの作品を翻訳したが、これでも渡辺が関心を寄せた作家のごく一部を挙げたに過ぎない。渡辺はまたルネッサンスの哲学と文学に関する多数の作品を出版した[4]。第二次大戦前に始められ相次いで刊行されたガルガンチュワとパンタグリュエルの冒険の完訳は、一九六五年に白水社から五巻本となって現れたが、一九七五年に岩波書店から増補訂正版として再刊された。三〇年以上続いたこのプロセスを眺めるだけで渡辺の翻訳家としての仕事の豊饒さと野心がわかるが、一旦完成した後も、渡辺はその巨大な仕事を改定することを躊躇しなかった。ラブレーの作品の翻訳ノートを読むこともできるが[5]、そこでは細部に細心の注意を払いながら文化的な諸問題や文体上の困難が論じられている。この翻訳は並ぶもののない名声を得た。優れたエクリチュール（滑稽味や劇的要素、グロテスクさや叙事詩的感興などあらゆる調子を表現する彫琢された古典的言葉遣い）、内省、博識、リズム、要するに完璧に成功した移し替えが見られるこの翻訳は、何世代もの日本の知識人と作家たちに永続的に強い印象を与えたのである。
ひとつ具体例を見てみよう。『大ガルガンチュワの世にも畏怖すべき生涯の物語』冒頭の読者への呼びかけである。[6]

この書《ふみ》を繙《ひもと》き給う友なる読者よ、
悉皆《しっかい》の偏見をば棄て去り給えかし。
また読み行きて憤怒すること勿《なか》れ、
この書は禍事《まがごと》も病毒も蔵《おさ》めざれば。
げにまことなるかな、笑うを措《お》きては、
全きものをここに学ぶこと僅かならむ。
我が心、他の語草《かたりぐさ》を撰び得ざる所以《ゆえん》は、
卿《けい》らを窶《やつ》れ衰えしむる苦患を見ればこそ。
涙よりも笑いごとを描くにしかざらむ、
笑うはこれ人間の本性なればなりけり。

この偉大な作品の見事な翻訳はこのように始まっているのだが、これによって日本語の内部に豪放さ、カーニバル性、滑稽味が導き入れられることとなった。ところでこの翻訳がもたらした影響のもっとも偉大な証人は他ならぬ作家大江健三郎である。

渡辺はそれまで国境の外ではほとんど知られていなかったのだが、今では彼の名は有名である。というのも大江が一九九四年のノーベル文学賞受賞演説で渡辺にオマージュを捧げたからだ。以下、いくつか意味深い抜粋を挙げる。[7]

…渡辺一夫のフランソワ・ラブレー研究は、実り豊かな達成であったのです。若い渡辺が、大戦前に留学したパリで、研究の指導者にラブレーを日本語に訳す決意を打ち明けた時、老成したフランス人は、野望に燃える若い日本人にこういう評価を与えました。…翻訳不可能なるラブレーを日本語に翻訳するという、前代未聞の企て、と。

この少し先では、

私は、人生と文学において、渡辺一夫の弟子です、私は渡辺から、ふたつのかたちで、決定的な影響を受けました。ひとつは小説について。ミハイル・バフチンが「グロテスク・リアリズム、あるいは民衆の笑いの文化のイメージ・システム」と呼んで理論化したものを、渡辺の…翻訳からすでに具体的にまなんでいたのです。物質的、肉体的な原理の重要さ、宇宙的、社会的、肉体的な諸要素の緊密なつながり、死と再生の情念の重なり合い、そして、あらわな上下関係をひっくりかえしてみせる哄笑。これらのイメージ・システムこそが、周縁の日本…に生まれ育った私に、そこに根差しながら普遍性にいたる、表現の道を開いてくれたのです。…渡辺からあたえられた影響の、もうひとつはユマニスムについて。それを私は…ヨーロッパの精神と受け止めています。…そのようにして、もっとも人間的なユマニスムを、とくに寛容の大切さ…を、渡辺は日本人に教えようとしたのです。

大江はこのように師であり友人でもある渡辺のことを何度も書いている。[8] 一九八四年の渡辺に捧げられた作品でも同様で、そこでもやはりラブレーの翻訳に一章が割かれている。彼はとりわけこう書いている。「僕は渡辺一夫訳の『ガルガンチュワとパンタグリュエル』がもっと広く読まれるといい、そして日本文学を変えてゆく力になればいいと、それこそ熱望しています。」次いで大江はラブレーによって表現意欲を掻き立てられた日本や韓国や世界中の（たとえばガブリエル＝ガルシア・マルケス）作家たちのリストを作成してみせる。大江自身はと言えば、デビュー当初ラブレー風のカーニバル的思想から大いに汲むところがあり、やがてウィリアム・ブレイクに辿り着いたのだと付け加えている。こうした論述は、翻訳というものをいわば世界規模で表現意欲を掻き立てる仲介者として是認するものと言ってよい。

明示的にせよ暗示的にせよ徹底した間テキスト性において繰り広げられる大江自身の作品は、明らかにパンタグリュエル的な宇宙と強固に結びついている。人間に対するグロテスクな見方、笑い、逸脱、アイロニー、ラブレー的世界のミハイル・バフチンによる再読を内包するこうした諸要素のどれ一つとっても、大江の求心力を逃れるものはない。

かくして、作家大江の最も美しい中編小説の一つである『われらの狂気を生き延びる道を教えよ』の次の有名な書き出しにラブレーの豊かな反響が認められるだろう。[9]

ある異様に肥《ふと》った男が、一九六＊年冬、白熊の水浴する穢《きた》ないプールに投げこまれそうになり、ほとんど発狂する辛《つら》い経験をした。そのおかげで、かれはそれまで自分を束縛していたひとつの固定観念から自由になったが、いったん自由になってみると、憐《あわ》れなひとりぼっちの気分が肥った男の内部の瘦《や》せた魂をなおも委縮《いしゅく》させた。そこで肥った男は、まったく不連続的に、かっと逆上してしまう性癖であることも作用してではあるが、かれを束縛しているもうひとつの重荷からも自由になってやろう、と決心した。（…）白熊のプールに、彼の躰のかわりに投げこまれた大石のしぶきをしたたかあびて、腐った鰯《いわし》の匂《にお》いとウロコのこびりついた穢ならしい全身に自暴自棄の勇気をみなぎらせ、遠方の郷里にいる母親に真夜中の電話をかけて（…）

大江によって増幅され再読されたラブレーの遺産は、日本でもっと若い作家たちにも広まっている。今日では議論の的となっている複雑な概念である影響という用語を用いるのは避けることにしても、ここでは日本において受容され再創造された普遍的文化の基本的なレファレンスが問題になるだろう。また、最近出版された再度の完訳がこの遺産を再活性化している。宮下志朗の『ガルガンチュアとパンタグリュエル』新訳である[10]。

五　マルグリット・ユルスナール（一九〇三〜一九八七年）

ルネッサンスに対する情熱とユマニスムに対する共感は渡辺と共通しているが、マルグリット・ユルスナールの場合それらは全く別の方法によって再出現する。彼女の作品は『ハドリアヌス帝の回想』（一九五一年）から『東方綺譚』（一九六三年）を経て『黒の過程』（一九六八年）に至るまで、空間的にも時間的にも遠い地平によってたっぷりと表現意欲を掻き立てられているのである。『三島あるいは空虚のビジョン』と題された重要なエッセーを発表するのは一九八〇年のことだが、まるで一〇年前の三島の派手な死に対する追悼文のようだ。このエッセーの中でユルスナールは伝記的な脈絡を用いて三島由紀夫の作品を文化の交差する地点に、ラシーヌ、モンテーニュ、カミュその他大勢の間に位置付けている。黒の傑作である『仮面の告白』、赤の傑作である『金閣寺』、光の傑作である『潮騒』に関する彼女の注釈は、最後の『豊饒の海』四部作に対する長いオマージュで結ばれる。このエッセーは聖人伝に陥ることを避けながらも共感的な調子を備えているが、次のような特異な点が見られる。つまり二人の著者の間に死、愛、世界という関心の共有が察知される、ということだ。疑いもなく出会いがあったのであり、ある意味においてユルスナールは、彼女自身の文学的正当性をもってして三島の立場をフランスにおいて聖別しているのである。

　ユルスナールは一九八四年にジュン・シラギ（シッラ）の直訳を元に、ある入念な翻訳を出版することによって三島に対する熱中ぶりを確認している。三島の『近代能楽集』[11]の翻訳である。まえがきで彼女は収められた各作品について注釈しているが、その前に仕事の枠組みを明らかにしている。日本において練り上げられた、しかも「本物の詩人」によって見直された「偉大な」演劇形式に対するオマージュだと言うのである。

　多くのフランス人が能のことは話に聞いて知っている。翻訳でいくつか読んだり、パラパラと頁をめくったりした人もいるだろうし、日本で、あるいは能楽師の一行が来演した折に見たことのある人もいるだろう。とりわけクローデルの見事でセンセーショナルなエッセーのおかげで多くの人たちがなんとなくわかっている気になっている。エッセーは次のように、単純化すると同時に誇張しているからだ。「ギリシアの劇、それは到来する何かだ。能、それは到来する誰かだ。」忘れ難い言い回しを求めるなら、こうしたいい方で満足することもできるだろう。三島の『近代能楽集』は本物の詩人の作品がどれもそうであるように、遠い過去の能を参照することなく、それ自体として評価できるし評価されねばならない、と請け合うこともまたできるだろう。しかしながらそれでは詩人が保持しえた、あるいは誕生させえた倍音現象を自らに禁ずることになろう。[12]

倍音現象。この美しい観念は翻訳に呼応するものである。というのも、ここで三島は古典の出し物を現代に置き換えており、ユルスナールはこうした移し替えを美的操作の驚くばかりのハイブリッド現象の中でフランス語にアレンジしているからである。

それでは、そこに収められた作品群はどのように展開するのであろうか。以下は三島の近代能である「葵上《あおいのうえ》」の短い一節だが、これは世阿弥の能によって表現意欲を掻き立てられた紛れもないパリンプセスト〔二重写本〕であって、それ自身が『源氏物語』の名高い挿話に表現意欲を掻き立てられたものである。

六　きっと、あなた、きっとうちの庭が好きにおなりになるわ。芝生のはずれに春には芹《せり》が生えて、いい匂いが庭じゅうにひろがるの。梅雨《つゆ》の時分には、水びたしになって、庭が消えてしまうの。芝生の草《くさ》間《ま》をしのび足で水が上がって来ると、紫陽花《あじさい》の花が溺れてゆくのがみえるの。あなたは溺《おぼ》れた紫陽花をごらんになって？ そうして、今は秋だわ、庭の蘆《あし》のあいだから、蜻蛉《とんぼ》がたくさん飛び立つ。蜻蛉が湖の上を、氷滑りの橇《そり》のようにかすめて飛ぶのよ。
光　君の家は、あれですね。
六　ええ、あの青磁色の屋根。夕方だと、夕日のかげんで、もっと遠くからはっきりわかるの。屋根も窓もきらきら光って、その光が遠くからも燈台のように、家のありかを知らせるの[13]

象徴的な効果と悲歌の調子が見事に再現されており、二人の作家の間の美的、文体論的一致が明瞭に表わされている。『近代能楽集』はその後何度もフランスで上演されることになるのだが、そのことは時間と場所と文化と演劇コードを超越したこの翻訳の計画の成功を物語っている。

六　出会いの奇蹟

対話はこのように無限に続くかもしれない。三島の作品でもうひとつ思い出されるのは、あたかもフランスで待ち受けている特別の受容を予感させるかのごとくであった『サド侯爵夫人』である。日本では一九六五年に発表された演劇作品であるが、フランスでは一九七六年に三浦信孝の逐語訳を元にして高名な作家アンドレ・ピエール・ド・マンディアルグによって改訂され、フランス語の戯曲としてガリマール出版から出版された。三島があとがきで指摘するように、「日本人がフランス人の芝居を書くのは、思えば奇妙なことだが、それには、日本の新劇俳優の翻訳劇の演技術を、逆用してみたいという気があったのだ」[14]。いずれにしてもこの作品のフランス語版はそのマニエリズムと残忍さによって注目すべきものであって、侯爵の身体的不在の上に築かれた独特の構造が一層際立っているのだが、日本に属するいささかの細部もコードも記号もどこにも沁み込むことを許していない。そしてこの作品はフランスで頻繁に上演されたのだが[15]、演出はと言えば、日本に対する直接的、あるいは暗示的なレファレンスとその絶対的な隔たり、すなわちフランス一八世紀への直接の置き換え、との間を揺れ動いたのだった。

翻訳による変貌は完全であり、実験は完璧だ。著者の三島はそれを見るまで生きなかったが、このようにして類まれなものに存在を与えることを三島が予見していたかのようにすべてが進行する。それは一種の「完璧な翻訳」であり、ポール・リクールが書いているように、「文化的制約と共同体的限界から完全に解放された合理性の夢」なのである。ここにスケッチした日仏間で交差する翻訳の歴史の道のりは、ベンヤミンに親しいあの「あらかじめ定められていながら拒まれたままの領域」に実例の恩恵を得て僅かでも触れることを多分許してくれるであろう。

七　結論——将来の展望

この短い論考はとりわけ二〇世紀を扱った。けれども今や二〇一四年である。翻訳のフィルターを通して文化移動の領野で描かれる道筋はいかなるものであろうか。

どんな価値判断からも離れて最も意味深い現象を観察できるのは、おそらくフランスにおいてだろう。漫画の翻訳が博している華々しい成功（そしてそれと切っても切り離せない副産物、すなわち、アニメ映画、ビデオゲーム、関連グッズ、コミケットなど）のことだ。フランスは日本に次いで世界第二の漫画市場となっている。現況を数字でまとめたものに注目したい。二〇〇七～二〇〇八年以来日本語はフランス語に翻訳される第二の外国語となった。たとえば二〇一〇年には英語が翻訳の五九・一％を占めて支配的な位置を維持していたが、日本語は一〇％を占め、次いでドイツ語が七・四％、イタリア語が四・二％、スペイン語が三・六％だった（『リーヴル・エブド』八五七号、二〇一一年三月一八日参照）。この驚くべき数字は翻訳された漫画の華々しい成功に基づいており――毎年数百冊も出版される――、これに対して日本文学は毎年約二五作品翻訳されるにすぎない。

けれどもこうした総合的な翻訳力はある種のダイナミックに繋がる。その活力のおかげで日本文化は異質でありながら、親しみのもてる、重要で確実な文化的選択肢となっているのである。『世界の終わりとハードボイルド・ワンダーランド』や『海辺のカフカ』あるいは『ＩＱ８４』の著者である村上春樹（一九四九年生まれ）の類例のない国際的な人気は、[16] フィクションの仕掛けの巧妙さや登場人物の謎、あるいはセンチメンタルな雰囲気によって説明し切れるものではない。こうした人気は村上現象の到来に先立つ翻訳の上げ潮現象によってもたらされたのであって、それが村上現象をいわば可能としたのである。この成功は漫画文化の成功と競合するものではなく、むしろ漫画文化の成功によって培われたと言ってよい。フランスでは明らかに、漫画の人気は不確実な揺れ動きを伴った振り子運動の枠内ではあるが現代日本文学の直接的受容にとって好都合なひとつの環境を創り出しているのである。

（永見文雄 訳）

〔訳註〕本稿は二〇一四年四月一六日に中央大学で行われたフランス語による講演の原稿を基に本書のために特別寄稿されたものである。

1 〔訳註〕『ベンヤミンコレクション2』ちくま学芸文庫、一九九六年、三九八〜三九九頁、内村博信訳、によって引用した。

2 より明確な情報については『八〇日間世界一周』の日本語翻案である『新説八〇日間世界一周』に付随した中丸宣明の註参照。「翻訳小説集二」、『新日本文学大系明治編一五』岩波書店、二〇〇二年、四九七〜五〇七頁。川島はこの作品をフランス語から翻訳したが、他の翻訳は英語版から翻訳された。

3 渡辺一民の『フランスの誘惑』(岩波書店、一九九五年)参照。たとえば、このあと問題とする大江健三郎の初期の作品は実存主義的な問題提起をはっきりと思い起こさせる。

4 『渡辺一夫著作集』筑摩書房、一九七〇年、第一四巻中の渡辺の著作目録参照。

5 「ラブレー翻訳覚書」I(一九五六〜一九五七年)、II(一九六四〜一九六七年)。『渡辺一夫著作集』第一巻、第二巻、筑摩書房、一九七〇年。

6 〔訳註〕渡辺一夫の翻訳原文で引用する。『第一之書ガルガンチュワ物語』岩波文庫、一九七三年。

7 〔訳註〕この部分の引用は大江の原文から行う。大江健三郎『あいまいな日本の私』岩波新書、一九九五年、一一三〜一一五頁。

8 大江健三郎『日本現代のユマニスト渡辺一夫』岩波書店、岩波セミナーブック八、一九八四年。とりわけ第5章「ガルガンチュアとパンタグリュエルの翻訳と研究の文体について」、同書、一七三〜二〇七頁。次の引用は同書二〇三頁。

9 〔訳註〕原文ではマルク・メクレアンの仏訳で引用されているが、ここでは大江の原文から引用しておく。『われらの狂気を生き延びる道を教えよ』新潮文庫、二〇一一年、三九六頁。

10 二〇一二年完訳、ちくま文庫、全五巻。

11 この能楽集の原書は一九六五年に新潮社から出版された。各作品は最初雑誌に発表されたものである。同能楽集の日本における後の諸版には三作品が追加されているが、フランス語には訳されていない。

12 この引用部分はユルスナールのフランス語原文の拙訳。

13 〔訳註〕この部分はフランス語翻訳がいかに見事であるかを示すための引用であるが、フランス語翻訳をそのまま日本語に訳しても翻訳の見事さは残念ながら伝わらないので、三島の原文を引用しておく。中央公論社、「日本の文学六九」、一九六五年、四五二頁。

14 原書は一九六五年一一月に『サド侯爵夫人』と題されて『文芸』誌上に発表された。〔訳註〕この部分の三島の発言は原文から引用した。『サド侯爵夫人・わが友ヒットラー』新潮文庫、一九九〇年、二〇九頁。

15 現在でもこれを補足する証拠がある。三島由紀夫の劇作品『サド侯爵夫人』は二〇〇八年一〇月八日から二五日までアベッス劇場(パリ市劇場の付属劇場)でジャック・ヴァンセーの演出で上演されたが、強調すべき偶然によって同じシーズンに日本でも上演されている。鈴木勝英の演出で二〇〇八年一〇月一七日から二六日まで、東京グローヴ座にて。

16 村上春樹の一五ばかりの小説はかくしてスイユ社とベルフォン社から翻訳されている。『海辺のカフカ』(コリーヌ・カンタンによる翻訳、ベルフォン社、二〇〇五年)はベストセラーとなり、数か月で七万部を売り上げた。

第8章　いま日本文学を流布させる

アンヌ・バヤール＝坂井

今日、文学の翻訳について論じるには、対象とする言語や文学が何であろうと、この主題に関して実にさまざまな言説があるだけに、私たちはその幅の広さに困惑するほどです。これは、翻訳に関わる問題が、文学、人文科学、社会科学、さらに芸術といった多数の領域において、さまざまな言説の移動、変容、置き換え、移し替えについての絶え間ない考察をする際に重要なものとなってきていることを示しています。こうして解釈学、美学、言語学といった側面からの多彩なアプローチが表れます。アングロ・サクソンでは、カルチュラル・スタディーズや翻訳研究（translation studies）によってさまざまなアプローチが練り上げられてきました。また他方で、私たちは、翻訳者の伝記、その仕事、情熱、苦しみ、喜びにかかわる記録にも事欠きません。

これらの試みはそれぞれ意義をもちますが、今日、私たちの翻訳の実践と、翻訳することについての分析方法とを総合的に、つまりグローバリゼーションというより広い枠組みに置き換えて考察することが不可欠でしょう。グローバリゼーションは、結局のところ、今日の翻訳が引き起こす多様な関心を確かに説明してくれるものだからです。それは、テクストとテクストの関係、翻訳者の作法、翻訳の現れ方といった考察を無効にするのではなく、それらを異なる視点に置き、重層化するのです。そうすることでテクストは、その国際的な流通のなかで、循環する要素として捉えなおすことができ、また国内の文学界《シャン》と、世界的かつ階層化された文学界を、総合的に構造化する力関係の中で捉えることができるでしょう。そうすると問題は、たとえば、二つのテクストを重層化できるかどうかに起因する感覚的な影響をどう評価するかとか、あるテクストを翻訳することがそもそも可能かとか、あるいは翻訳がもたらす困難は何かについて議論することではなくなります。この現象の文化的・社会的なより広い争点を取り上げ、言語と文学の世界的な階層化のなかに、他のさまざまな行為者と要因を介入させることが問題となるでしょう。

こうしたアプローチは、とりわけヨハン・ハイルブロン、ジゼル・サピロ、パスカル・カサノヴァといった研究者が、ピエール・ブルデューの考察を延長させることで実現したものですが、ここから、世界的な文学遺産の構成について、その問題、可能性、限界についてのさらなる理解がどのように可能となるでしょうか。もしそうした構成が、国際的な文学界を組織化する力関係の全体にかかわるのであれば、日本文学はそこでどのように位置づけられるでしょうか。テクストの世界的な流通にかかわる制約を考慮に入れて、日本文学を、とりわけその古典的な構成要素を可視化することは、非常に微細な戦略を露わにしないかぎり困難でしょうが、まさにこの戦略こそ今日私たちが考察すべき対象でしょう。

今日、日本文学の翻訳は、数字上では何を示すでしょうか。ユネスコによる『翻訳書目録（*Index translationum*）』を参照すると、次のように指摘することができます〔表1〕[1]。このデータは、二〇〇〇年から二〇〇八年を対象としています。二〇〇八年は『翻訳書目録』におけるフランスの

	『翻訳書目録』				
	フランス語への翻訳	日本語からフランス語への翻訳	そのうち文学	フランス語から日本語への翻訳	そのうち文学
2000	10115	314	260	464	161
2001	10680	314	220	433	130
2002	10821	421	310	481	141
2003	11729	600	485	413	156
2004	13367	763	243	475	170
2005	15049	1159	492	494	232
2006	13922	1160	990	530	245
2007	13611	1228	1141	462	227
2008	10289	967	946（マンガ以外は34）	341	163

表1　『翻訳書目録』（ユネスコ、2008）による日仏翻訳作品数

データ処理の（当時からすると）最終年度です。

このデータベースの特徴として、データの収集方法が整理されていないことがしばしばあるだけに、ここに提示されている情報について慎重を期すことが必要となります。正確な数字よりも、そこからあきらかになる傾向のほうが信頼できるでしょう。一見すると、うれしいことに、日本語からフランス語への翻訳が、フランス語への翻訳全体において五％（二〇〇三年）から九％（二〇〇七年）に伸びています。しかし、このデータは次の二つの点からただちに相対化されることになります。一つは、主要言語の翻訳、すなわち特に英語からフランス語への翻訳と比較した場合、もう一つは、翻訳の構成自体の問題です。周知のように、マンガは、日本語からフランス語への翻訳において大変重要な位置を占めています。具体的には、たとえば二〇〇八年を見てみると、九六七点の翻訳書のうち、九四六点が文学に分別されていますが、この九四六点のうち九一二点がマンガであり、マンガ以外の文学は三四点なのです。

『翻訳書目録』は、比較できるように、フランス語から日本語への翻訳について、次の数字を挙げています〔表1〕。これらの数字は、お分かりのとおり、まやかしです。年ごとの絶対数を見ると、日本語からフランス語への翻訳がより多いと思われるとしても、年ごとの総計からマンガの翻訳を差し引くと、ただちにまったく正反対の結果になるのです。たとえば二〇〇八年については、マンガが含まれた九四六点を対象とするのではなく、一六三点のフランス文学の翻訳と、三四点の日本文学の翻訳を比較しなくてはなりません。こうしていつものごとく私たちは、フランス文学が、文学の中心として、輸出向けの文学であり、象徴的な知的財産を、輸入する側の文学界にもたらすと

	『翻訳書目録』		「刊行物目録」	
	日本語からフランス語への翻訳	そのうち文学	日本語からフランス語への翻訳	そのうち文学
2000	314	260	23	23
2001	314	220	22	22
2002	421	310	29	29
2003	600	485	34	31
2004	763	243	25	23
2005	1159	492	24	24
2006	1160	990	23	22
2007	1228	1141	23	22
2008	967	946（マンガ以外は34）	32	27

表2 『翻訳書目録』（ユネスコ、2008）と「刊行物目録」（フランス日本学会）の対比

いう構図に出くわすわけです。

もう一つの資料として、フランス日本学会（Société Française des Etudes Japonaises）による年ごとの刊行物の目録には、次のような数字の傾向が認められます〔表2〕。これらの数字は、常に一定の低い値を指しており、ある意味では、フランスにおいて日本文学は名声を享受していない、言い換えれば象徴的価値を享受していないのではないかと思われます。このことは日本文学が出版市場において占める具体的な位置から想定されること以上に重要な事柄です。フランス語に翻訳された日本文学の経済的価値と、その翻訳に結び付けられた象徴的な価値の間にはねじれがあるように思われるのです。

この象徴的価値は何に基づくのでしょうか。その要素は多々ありますが、だいたいは歴史的なものであり、現代の翻訳の積み重ねによ

るものです。この積み重ねの結果として、まず一九六〇年代には、少なくとも川端、三島、そして谷崎といった名前に光が当てられることになりました。川端が一九六八年のノーベル文学賞の授与によって国際的に認知されると、やはりフランスにおいても、作家が世界的な人物として認められることになりました。しかし、この積み重ねを理解するには、一九八〇年代に始まる翻訳の波を考慮に入れることが欠かせません。一九八〇年から二〇〇八年の間にフランス語の翻訳の数は二倍になるのです。[2] 日本文学は、ラテン・アメリカ文学など他の文学と同様に、この流行の波に乗りました。たとえば、フィリップ・ピキエ社が誕生し、アクト・シュッド社が日本文学の翻訳を促進していくのもこの時代でした。この流れによって、近代および現代に出版されたものに限るとしても、日本文学は、翻訳著作とともに新しい作家が続々市場に現れる、豊かな歴史を持つものとして認識されることになったのです。これに対して、周辺的と言われる言語による文学の多くは、翻訳著作を一時的にしか生かすことができません。すなわち、強調しなければならないのは、この積み重ねとは自らを育んでいくものだということです。その歴史性の認識ゆえに、無名の著者の翻訳が提案されたときでも、編集者は過度なためらいを抱くことがなくなります。日本文学には、継続性と良質さというある種の標章が付与されることになったからです。

それと同時に、日本文学は国際的な文学界に少しずつ入り込んでいったわけですが、その方法が変化したことは周知のとおりです。一九六〇年代に川端と三島が、エキゾティックな日本性（japonité）というかたちで構築したイメージは、ヨーロッパの読者の要請に合致するものでした。しかし今日の作家は、一九九四年に日本人として二番目にノーベル文学賞を受賞した大江も含めて、こうした日本性のパラダイムの外で、それどころかこの日本性を拒絶するかたちで、作品を書き、輸出が促進されているのです。もちろんこのことは、現代の作家が、自分たちの作品を局地化することをおしなべて拒否しているということではありませんが、彼らはヨーロッパの読者の先物買い的な要請に合わせようとすることは避けているのです。もちろん、こう考えることもできます。これは、一九六〇年代の作家たちと同じような態度だと。というのも、日本性にまつわる表象をおしなべて拒否するというのは、このグローバリゼーションの時代に作家に期待される態度や書き方、とりわけヨーロッパの読者と市場に期待されている態度や書き方と呼応するからです。村上春樹のような作家は、こうした期待に完全に気づいているように思います。

ここで、日本文学の国際的な文学界への挿入に関して問題となるのは、均整のとり方です。西洋で、西洋の言語で読まれるためには、すなわちこれらの言語に訳され、市場で流通することによって文学の正当性と象徴的な蓄積を獲得するには、作家は、アイデンティティを重視する戦略か、あるいは普遍性を重視する戦略かという選択に直面させられるのです。歴史的見地からは、近代と現代の日本文学については、これらの選択が何度も繰り返しなされています。しかしそれでは古典的な日本文学の場合はどうなのでしょうか。

もう一度いくつかのデータを瞥見することからはじめましょう。フランス日本学会の書誌情報から、ここ数年の古典文学の翻訳書の件数をたどることができます〔表3〕。ここでもまた、数字が十分多くのことをあらわしています。フランスにおける日本の古典文学の発行および流通はとても少ないものですし、この少なさは、供給にも（日本語の古語を扱える翻訳者はきわめて少数）、需要に

	フランス日本学会		
	日本語からフランス語への翻訳	そのうち文学	そのうち古典文学
2000	23	23	3
2001	22	22	8（そのうち詩は4）
2002	29	29	7（そのうち詩は3）
2003	34	31	9（そのうち詩は7）
2004	25	23	4（そのうち詩は3）
2005	24	24	1
2006	23	22	3（そのうち詩は1）
2007	23	22	0
2008	32	27	1
2009	29	28	3（そのうち詩は1）

表3　日本古典文学の翻訳書数（フランス日本学会書誌情報）

も（編集者たちはみな日本の古典文学に関して需要は限定的であると考えている）関わっているでしょう。

日本文学の翻訳の経済的な価値と象徴的な価値とのあいだに隔たりがあるとすれば、それは古典文学の場合にはいっそう顕著でしょう。一般的に言って、古典文学には、象徴的な威信が与えられるものです。この点については、ギリシアやローマの古典が今日何を表しているかを考えれば十分でしょう。それらは、周知のようにルネッサンス以来、私たちの西洋文明の基盤となっている古代文明の本質そのものを伝えるものとみなされているわけです。遺産の階層化はここを土台になされ、そこに文学史上の「大テクスト」、たとえば『神曲』や『ドン・キホーテ』などが付け加えられるわけです。別の言い方をすれば、古典の遺産というのは、一連のテクスト群であると同時に、なみはずれた価値を付与された一連のテクストや表象のイメージ群でもあり、その地位はそれぞれのテクストがもつ文化的な生産力によって保証されます。たとえば、ある古典が古典であるのは、それが何世代にもわたる無限の伝達ないし変容のプロセスのなかで新たなテクストや表象を産み出したり、またこうしたテクストや表象によって言及されたり、あるいは新たな言説がそこから派生したりといったその総体によってです。こうした文化的な生産力こそが、翻って、こうしたテクストの古典としての地位を固めるわけです。このような変容ないし派生にあって、翻訳が担う役割はきわめて重要です。古典は翻訳を呼び求めるからですし、しかも、作品としての古典というのは、そこからさまざまな翻訳版が流れ出て、当の古典の普及と需要をいっそう確かなものにするという、こうした翻訳版の全体を含めたものだと言えるほどなのです。

とはいえ、諸々のテクストからなる歴史、私たちの文化的な想像物からなる歴史にこうして古典が存在しているということは、逆説的なことですが、古典のテクストが読まれているということを意味するわけではありません。古典はロング・セラーであってもベスト・セラーではなく、編集的な観点から見たその経済的な価値は、その象徴的な価値には対応していないのです。ピエール・ブルデューの言葉を借りるなら、古典はまさしく「制限生産」の領域に属すると言えましょう。そこでは、書籍は、発行部数が限定された緩慢な循環サイクルのなかにあるということです。

それでは、日本の古典文学は、フランスの文学界のなかにどのように位置づけられているのでしょうか。第一に強調すべきは、おそらく、古典の翻訳における詩の位置づけでしょう。これは、現代文学の分野よりもはるかに重要な問題です。詩が、日本の古典文学のなかで、もっとも価値あるジャンルとしてもっとも大きな象徴的資本をもつものとされ特権的な位置を占めてきたという事実は、翻訳にとって一種の宿命を含意しています。当該のテクストがその文学界のなかでどのような位置を占めるかということは、それが翻訳されるべきテクストとして選択される際に決定的な要因の一つとなるからです。このことは、出発点となる文学界の人々についても——つまり、こうしたテクストを翻訳してもらうことは、象徴資本の蓄積という点で重要な利益となります——、到着点となる文学界の人々についても——このテクストを翻訳し流通させることは、出版目録の象徴的価値を高めることができます——あてはまるでしょう。しかし同時に、日本の古典の詩の翻訳者が、どれほど古典の散文の翻訳者と異なっているのかということには驚くべきものがあります。散文の翻訳は、ほとんどの場合、古典文学の専門家である大学の研究者によってなされています。彼らは、社会学者の言葉を用いるならば、制度的な叙階司祭と言えるでしょう。彼らは、自分たちのアカデミックな能力に結びついた威信を、テクストの古典としての価値に付随する象徴的な正当性に付け加えるのです。これに比して、詩の翻訳者には大学の研究者はほとんどいませんし、彼らの古典語の能力が強調されることはまずありません。あたかも、詩の翻訳はまったく別の要請に基づいているかのようなのです。というのも、翻訳者は、詩人に認められた能力と相関した、詩のセンスやとりわけ研ぎ澄まされた言語センスがはっきりとあることを示さねばならないからです。制度的な叙階司祭のほうは、その立場からして、こうしたセンスをもってはいません。この現象は、ここで問題の古典的な詩というのが、ほとんどの場合、つまるところ俳句であるだけにいっそう顕著です。というのも、俳句は、西洋の詩の実践に導入され、フランスの文学界でもそれ自体として価値をもつものとみなされているジャンルだからです。

フランスの文学界における日本の古典文学の位置について強調すべき二点目は、出版の領域に関わります。この点について、フランス東洋学出版（ＰＯＦ）およびその象徴的存在であるルネ・シフェールが担った役割についてはみなさんご存じでしょう。ちなみにルネ・シフェールは、散文と詩とを両方翻訳した稀な大学研究者の一人であり、また自分自身で、編集者として、ＰＯＦを通じて自分の仕事を公刊した人物であります。ＰＯＦは、発行部数の限定された典型的なニッチ構造をもった出版社です。出版目録がヴェルディィエ社に引き継がれてからは状況が部分的に変化します。シフェールが翻訳した古典のうち再版されたものは、ヴェルディィエ社の「外国文学」というシリーズのうちの「日本文学」という部門を構成することになるからです。「外国文学」のその他のものはすべてヨーロッパ（ドイツ、イギリス、スペイン、イタリア、ロシア、ギリシア）です。こうして、日本の古典の翻訳は、より一般的なシリーズの一要素となり、この意味では象徴的な見え方が失われていくのですが、それは同時に物質的な見え方を増していくことでもあります。というのはヴェルディィエ社の出版物は、ＰＯＦの場合とは逆に、多くの書店に流通するからです。同時に、ヴェルディィエ社の立ち位置のことも考慮すべきでしょう。ヴェルディィエ社は、「文学、美術および建築、人文学、哲学、精神世界」に関わるシリーズを備え、教養のある読者層を対象とした敷居の高い出版社なのです。[3] ＰＯＦの出版目録がそこに付け加えられたということは、ヴェルディィエ社にとってははっきりとした象徴的な価値があります。同社の出版目録のうち、「古典」のテクストはシェイクスピアの『アントニーとクレオパトラ』の翻訳だけなのです。とはいえ、この場合少なくともシェイクスピアのほうがその翻訳者のダニエル・メギシュよりも重要です。メギシュは演劇の世界では叙階司祭的な翻訳者としては群を抜いた人物ではありますが。つまり、要約として言いうることは、ルネ・シフェールが翻訳した古典は、出版目録がＰＯＦからヴェルディエに移ることによってその読者を変えたということです。つまり、博識の読者層から教養層へと変わったわけですが、とはいえ、強く文化的な価値づけがなされた限定的な出版という領域を離れることはありませんでした。

ＰＯＦとヴェルディエ社のほかには、どういった出版社ないし叢書があるでしょうか。まず実質的にはガリマール社です。同社は「東洋の知識（Connaissance de l'Orient）」という叢書をもっていますが、これは、創設者のエティアンブル（彼の後任の監修者がジャック・ダルスです）の威信に加え、ユネスコの標章が付されているという威信をも有しています（「ユネスコ代表作品集」という標章ですが、これによってこの作品集として公刊されたテクストは人類にとっての世界遺産だと言えることになります）。「東洋の知識」叢書から公刊されたテクストはこうして即座に質を保障された標章を得て、異論の余地のない正典としての正当性を得るわけです。まったく別のケースが、フィリップ・ピキエ社のケースでしょう。これは、東洋文学の枠のなかにとどまりながらも、ここでもまた、その出版目録に古典テクストを加えることで象徴的な正当性を獲得するにいたっています。加えて、こうして古典を加えることによって、この出版目録が歴史に根差したものになるわけですが、ここには二重の利点があります。一つは、日本文学が歴史的な文脈のうちに置きなおされるということであり、もう一つは、出版目録のほうが長期的な時代性を考慮に入れたものと見なされるということです。

日本の古典文学が限定的なかたちでしか流通していないというのは何も驚くべきことではありません。おそらく、今日ではどんな古典文学も同じでしょう。とはいえ確認しておかねばならないことは、日本古典文学はいっそう普及しうるし、場合によってはいっそう多くの読者をひきつけることもできるし、テクストの生産力、またより広くは文化的な生産力をもたらすことができるということです。古典とは、それが過去の文学に属しているということとは別に、何らかの他のテクストや表象を産み出すことができる力があるかどうかによって規定されるのだとすれば、古典のフランス語訳を産み出すだけでは十分でなく、そうした古典が典拠資料となるよう推進すべきでしょう。こうした古典が、結局、アプリオリにとは言いませんが、初めからそれに魅惑された人々、つまりその虜になった読者にだけ読まれるのではなく、新たな読者をひきつけ、さらにはこうした読者を仲介として、これらのテクストが文学的、ひいては文化的な場での新たな意義を獲得するような可能性を開拓するためには、解決策を見いださねばならないでしょう。

『源氏物語』について、マイケル・エメリックは、ある一つのテクストの正典としての価値は、その「再配置」を産み出すことができるかどうかによって見定められると述べています。つまり、歴史的な堆積物の一部をなしつつも、それを構成するさまざまなテクストの連関の再編成を促すような、そうした新たな表象、対象、テクストを産み出すことができるかどうかにかかっていると言うのです。[4]『源氏物語』は、これ一つだけをとってみてもすでに日本の文学的資本の無視しえない部分を占めていますが、これに関してエメリックが強調するのは、西洋諸語においても、また現代日本語においても、翻訳が担った役割についてです。というのも、これらの翻訳が、逆に、ほかならぬ日本において、想像の共同体におけるこのテクストの地位を強固なものにし、このテクストが世界文学遺産に属するものと見なすことに確証を与えたからです。エメリックが正宗白鳥を引用するのはそのためです。正宗白鳥は、一九三三年にすでに、もし『源氏物語』が英語から日本語に翻訳しなおされたならば、日本ではそれは〈世界文学〉の傑作として読まれただろうと述べていましたし、また五〇年代初頭には、紫式部は、『源氏物語』のもともとのテクストではなくその英訳のためにノーベル文学賞を得るだろうと想像していました。別の言い方をすれば、部分訳ですが一八八二年の末松謙澄訳から始まり、その次の一九二五年および三三年のあの有名なアーサー・ウェイリーの翻訳を経て、一九七六年のエドワード・サイデンステッカー訳および二〇一一年のロイヤル・タイラー訳にいたるまで、英語訳こそが、『源氏物語』を、日本の観点からしても西洋の観点からしても、世界的な遺産に属するテクストという地位に押し上げたのです。しかし同時に、フランスの文脈からすると、次のような逆説を確認しないわけにはいきません。つまり、教養ある読者は、これは世界文学遺産に属する古典だと実際に認めるでしょうし、あるいは認めるつもりがあると言うでしょうが、しかし同時に、このテクストをちゃんと知っている人はいない、つまり誰もそれを読んでいないのです。古典の場合ですと、『源氏物語』がその最良の例でしょう。しかもこの場合にはこのねじれに加えてもう一つのねじれ、つまり作品に認められる象徴的価値と実際に読者がそれについてもっている認識とのあいだにもねじれがあるのです。

強調しておくべきでしょうが、こうした状況に対する特効薬となるような解決策を提示することは本発表の主題ではありません。とはいえ、考えを深めていくためには、次の二つの事柄から着想を得ることができるでしょう。第一は、ウェイリーの『源氏物語』訳の影響に関するものです。周知のように、彼はブルームズベリー・グループに属していましたが、このことは『源氏物語』が、もちろん翻訳を通じてですが、古典という地位を獲得するにいたったことに重要な役割を発揮することになりました。[5] もう一つは、フランスの教養のある読者層が『枕草子』をどう位置付けているかに関することです。これには、パスカル・キニャールが一九八四年に公刊された『アプロネニア・アウィティアの柘植の板』でこのテクストを読み返していることが大きく貢献しました。この読み返し自体、アンドレ・ボジャールが〔一九八五年のガリマール社の〕「東洋の知識」叢書から『枕草子』の仏語訳を出したことによってこのテクストが古典となったということの証拠だと言えるでしょう。キニャールの文章は、幾多の古典文学のなかからこのテクストが新たに是認されたということを確証するものなのです。

これら二つの例だけからも、一国での古典的な作品が国際規模で同等の地位を得るということのために、検討すべき手掛かりがいくつか示唆されているように思います。作品を叙階する中心的な外国語に翻訳されるということは必要不可欠なことですが、しかしそれは十分ではありません。一国の古典が国際的な古典にいたるには、他の通路が必要ですし、このような叙階の役割がどれほど重要かはお分かりいただけるでしょう。キニャールのケースがとりわけ興味深いのは、テクストが古代におかれているにせよ、そこで強調されているのは「『枕草子』の世界」の把握の現代的な妥当性だからです。古典が古典であるのはそれが非時間的――この形容詞がどういう意味かはあまりよく分かりませんが――だからではないとしても、古典は現代的な文脈で妥当性を持つからこそ古典だ、これがキニャールの主張なのです。この意味ではおそらく、翻訳によって、いくつもの古典のテクストが、西洋の――目下のケースではフランス語の――読者にとってアクセスしやすくなっているということで満足するべきなのかもしれません。私たちの古典の読み直しを行うよう多くの著者に強いることなどできませんし、この意味ではキニャールのテクストはおそらく僥倖にすぎないのかもしれません。それとは逆に、叙階的な価値を持ちうる数名の著者たちをいっそう自発的なかたちで活用して、たとえば序文など、テクストの周囲に場を開いたり、当該のテクストについて何か書いてもらうよう誘うといったことはすべきでしょう。日本文学の古典が古典であるとすれば、そのことが意味するのは、それは、アカデミックではない言説、知的言説ではない言説をも駆り立てるものでなければならない、私たちが生み出すような制度的で叙階的な言説とは別な言説をも駆り立てるものでなければならないということです。

現代のような、書物という形態も新たな規定がなされ、文学の文化的な役割も修正されるような時代にあって、この種の試みはもちろん、少なくとも外見上のことですが、突飛なものでしょう。とはいえ、いずれにしてもこれらの試みは、すでに翻訳されている私たちの古典が、たとえ控え目であったとしても、それ自体の歴史のなかに位置づけられる、つまりテクストがさらに新たなテクストや表象を駆り立てるといった歴史のうちに位置づけられ、そうして自分たちの古典としての地位を絶えず求め続けるということを可能にするでしょう。

（寺本敬子 訳）

1　『翻訳書目録（*Index translatiomum*）』は、世界中で公刊された翻訳書についての網羅的な目録である。これは一九三二年に国際連盟の後援を受けて作成され、一九四六年以降はユネスコによって編集されている。このデータベースは、元の言語、翻訳された言語、公刊年、ジャンルなど、さまざまな項目から検索が可能である。この目録は以下のサイトより閲覧可能である。http://portal.unesco.org/culture/fr/ev.php-URL_ID=7810&URL_DO=DO_TOPIC&URL_SECTION=201.html

2　Gisèle Sapiro（ed）, *Translatio, le marché de la traduction en France à l'heure de la mondialisation*, CNRS Editions, 2008, p.77

3　この表記はたとえば同社ホームページの最上部に見られる。

4　Michael Emmerich, *The Tale of Genji*, Translation, Canonization and World Literature, Columbia University Press, 2013.

5　この点に関しては、下記を参照。John Walter de Gruchy, *Orienting Arthur Waley : Japonism, Orientalism and the Creation of Japanese Literature in English*, University of Hawaii Press, Honolulu, 2003.

第9章　『源氏』を訳す――翻訳が照らし出す『源氏物語』

ダニエル・ストリューヴ

一

まず私自身の参加している『源氏物語』翻訳の試みから話を始めたいと思います。これは国立東洋言語文化学院（ＩＮＡＬＣＯ）の日本研究センター（ＣＥＪ）が立ち上げた翻訳ワークショップの枠組みの中のプロジェクトで、二〇〇四年に始まり、もう一〇年になります。ＩＮＡＬＣＯとパリ・ディドロ大学の日本古典文学の専門家有志が月に一度集まり、大変熱心に共同翻訳の試みに取り組んでいます。まずひとりが試訳を提出し、それを検討、修正するのですが、これはグループとして全員がひとつのコンセンサスに至るまで続きます。目標はテクストの持つ凹凸をつるりと消し去ってしまうことなく原文に最も近い意味を表し、同時に高いリーダビリティを実現する翻訳です。締め切りは一切設定しておらず、この調子では作品全体の翻訳など望むべくもない、という進行状況ですが、現在第一巻「桐壺」の翻訳を完了し、第二巻「帚木」を訳し終えようとしているところです。その先については決まっていません。おそらく最初の四巻の終わりまで辿り着くことは可能かもしれません。「桐壺」、「帚木」、「空蝉」、「夕顔」。これらの巻、少なくとも後の三帖は、開始部と終結部を持つ物語的一貫性のあるひとまとまり、アンサンブルを成しています。

単なる翻訳グループとしてスタートしましたが、運営側がこのプロジェクトに他の研究活動を付け加えようと発案したのは当然なことではないでしょうか。この活動は日本文学・文化のひとつの種子ともいうべき作品をめぐる研究集会、シンポジウムとそれに伴う書籍の出版であり、フランスだけでなく日本、またその他の国々の専門家をも動員するものです。第四回シンポジウムは今年二〇一四年三月一九、二〇日に行われたところで、テーマは《詩歌が語る『源氏物語』》でした。『源氏』テクストの数々の困難に直面した経験は、さらに作品、その言語・背景のより深い理解へと私たちを導き、逆に研究活動は、私たちの作品観を豊かにし、翻訳をより実り多いものとしました。次回の研究集会期間は二〇一七年のシンポジウムで完結しますが、テーマはそのものずばり、「翻訳」です。

二

今日お話したいのは、この研究／翻訳が互いをより豊かにするという事実、さらに、翻訳がかくもはるかな時と空間を隔てた作品にいかなる知見をもたらすのか…。それを私たちに教えてくれるのが『源氏物語』なのです。原文の困難それ自体、一見翻訳に抗う力が実は作品の本質や翻訳の実践、日本語とフランス語の関係（より正確には日本古典文とフランス現代文）に対する汲めども尽きぬ考察の源となる。『源氏』テクストはその構造と組織をそこに知覚すべく仔細に検討されなくてはならない。以上のような点を明確にするため手引きとしたいのが、中山眞彦『物語構造論――『源氏物語』とそのフランス語訳について』です（一九九五年、岩波書店）。この本はルネ・シフェール訳『源氏物語』（*Le Dit du Genji*, Publications orientalistes de France, 1988）の批判的検討というかたちをとっていますが、中山にとって、日本古典文とフランス語間の言語的異なりのみならず、物語、平安朝日本の小説と、シフェール訳が範としていると考えられるフランス古典文学――なかんずくその《消された・全知の語り手》というモデルとの異なりを検討する契機となります。[1]

まずはじめに、中山は大きく日本語を一方、フランス語ないしその他すべての西欧言語をもう一方とし、この間に存在する重大な異なりを指摘します。フランス語は言表表現（énoncé：文に実質相当）の文法的主語を強調するのに対し、日本語は言表行為（énonciation：その文を表明する行為）の主体を強調する。特に、日本語では感情（主観）形容詞――「うれし」「いたい」等――やその他の感情表現では、言表表現の主語は通常、明示されずとも言表行為の主体（すなわち《私》）です。一方フランス語では文法的主語は文中に必ず明示され、言表表現の主体に縛られない。たとえば「私は痛い」と「彼は痛い」、「私は嬉しい」と「彼は嬉しい」（さらには「あなたは嬉しい」まで）いずれも問題なくいうことが可能です。中山論は形容詞「あさまし」を例にとりますが、この形容詞は感情のニュアンスを正確に述べるにはさほど適さず、むしろ言表表現の主体または発話主体による、予期せぬ、ないし受け入れがたい状況を目の前にし覚えた衝撃の表現として用いられるという点で、フランス語にはそのまま同等な語が存在しません。つまるところ、日本語文は《いま》《ここ》《私》、つまり《その時》《その場所》《その言表表現主体》により強く結びついています。フランス語はそうではありません。とりわけフランス文章語には《物語文（récit）》とそれに対する《談話文（discours）》のふたつのモードがあり、《談話文》とは反対に《物語文》はいかなるコミュニケーションの構造にも結びつきません。ところがまさにその非コミュニケーション的《物語文》のモードが仏訳者によって取り入れられた、それがシフェール訳『源氏物語』ということになります。

また中山には『源氏物語』が西欧古典小説とは異なる物語の概念を示すとの認識があります。語り手＝ナラターはそこで主要な言表表現の主体として不可欠な役割を果たしますが、一方西欧古典小説では、語り手は非人称的な物語のかたちの裏に完全に隠れてしまう傾向があります。声との結びつきは日本王朝文学、物語の伝統において、より強く印されていますが、これはオーラル・コミュニケーションから完全に断絶した形式である印刷というものがまだない時代に発展した文学です。中山によれば仏訳者シフェールの念頭には西欧古典小説のモデルがあり、言表表現を西欧《物語文》に組み込もうと、日本の《物語》のこのオーラル性を徹底的に消し去ってしまった。だからこそ、原文では主観的な感情表現を示している部分をシフェールは非常にしばしば客観的な描写にしてしまっている…。中山論の大部分は原文とシフェール仏訳の文章の詳細な検討に当てられていますす。たとえば『源氏物語』第二巻、源氏による夜の不意の訪れに際する空蟬の狼狽のくだりですが、このようなかたちをとっています。

原文

心地、はた、わびしく、あるまじきことと思へば、あさましく、「人違へにこそはべるめれ」と言ふも息の下なり。

シフェール訳

Fort mal à son aise pourtant, car elle sentait bien ce qu'il y avait d'inconvenant dans l'affaire, elle dit dans un souffle, pitoyablement :

- Vous devez faire erreur sur la personne.

上記仏訳の現代日本語への中山再訳

彼女はあわれな様子で、溜息とともに、「お人違いをなさっておいででしょう」と言った。

中山にとって有利なことに、副詞 pitoyablement（あわれな様子で）は描写的要素 dans un souffle（溜息とともに）と同じく elle dit（彼女は…言った）にかかり、話のいわば同一平面上にあって、表そうとするはずの表現「あさましく」に不完全にしか対応していないことが容易に指摘できます。というのも「あさまし」は源氏によって眺められた人物の外面というより人物自身の内面の動きを表わすものだからです。確かに全体としてみれば、フランス語の文からも人物・空蝉の内心の感情は理解できるし、訳者は原文のあらゆるニュアンスを尊重して訳すべきですが、文字通りの写し、コピーを与えるものではありません。それにしても、ここでは翻訳が人物心理の描出をある意味で説明にしてしまっており、原文に見られる純時間的継起や漸層法的グラデーションの与える感覚とはかけ離れています。

以下が現時点での私たちグループのこの部分の翻訳案です。

C'est dans un souffle qu'au désespoir, effarée à l'idée de ce qui allait arriver, elle murmura : «Vous devez vous tromper de personne.»

絶望の溜息とともに、わが身に起ころうとしていることに驚き怯え、「どなたかとお間違えでしょう」と彼女は囁いた。（試訳）

問題の、叙述の主観的な面がより強調されているのではないでしょうか。

中山の先駆的研究は、フランスだけでなく日本、文学分野と同じく言語学分野と、実にふんだんな科学的手法による文学研究を参照しており、まさに日本語のフランス語への翻訳者たちの注目に値しますが、その射程圏はさらに一般的です。読者は『源氏物語』についての非常に興味深い概観をそこに見出すでしょう。著者も指摘するとおり、原文と仏訳を対峙させることで啓発的な価値が生まれます。翻訳者の努力に抗う要素、問題をきたすものを明白にすることで、あまりに普通で習慣的であるため概して見過ごされている言語的、文体的特徴に注意を喚起することができます。そして日本古典散文、和文についての研究に新たな視野が開かれていく。これこそが中山のアプローチの豊かさであり、同時にこの研究が引き継がれ、深められていくに値する理由です。

三

中山論では日本語全般、特に『源氏物語』エクリチュールにおける言表行為主体のもつ中心的役割が大いに主張され、かくして言表行為がコミュニケーション構造と保つ緊密な結びつきが強調されますが、もうひとつのまさに同じく重要と思われる日本語の言語的特徴について、中山は比較においてそれほどこだわっていません。直接・間接話法がその前後の文と容易に一体化でき、明瞭な断絶を印さない、という特徴です。話法に関するこの問題にはかつてミハイル・バフチンからまったく特別な指摘がなされています。ロシア語において話法のマークはあまり精巧でなく、特に、フランス語・ドイツ語の場合のような直接話法と間接話法の明瞭な区別がない。したがって直接話法が優勢になるとV. Volochinov名義の『マルクス主義と言語哲学』[2]でバフチンは述べています。こうした事情はバフチンによると著者の言説と直接・間接話法の相互浸食に有利な条件を生む。ところでこの指摘が同様の、またはそれ以上に強固な理由から日本語という言語に当てはまります。実際、フランス語やその他の西欧言語、ロシア語も含んでですが、さらには中国語において起こることとは逆に、日本語では話法のマーク、助詞の「と」は引用開始時に頭に置かれるのではなく、一番最後、その終わりに初めて置かれる。その他のいかなるマークも不可欠でなく、時制の一致や人称の変換というメカニズムは存在しません。この引用運用上の融通性はおそらくまた平安朝日本における物語ジャンルの急速な発展のひとつの要因とも考えられるのではないでしょうか。ともかく日本の小説文体にこの特徴は強く印されています。実はこの日本語固有のプロパティが重要で、というのはこれが日本語文学中の語り手に、読者に向けたナラションというコミュニケーションの構造、すなわち中山のいう《いま》《ここ》《私》に（明示的な人称の形を用いることなしに）拠るのみならず、同じくそれらの《目印》を時空のどのような一点にも自在に移動させ、そうして思い通りにいくらでも主観の中心を作り出すことを可能にするわけです。これこそが《語り》に特有で、直接的な言表行為や《報告》において起こることとは反対に、現実のコミュニケーション構造に従いません。[3]『源氏物語』はこの自由がもたらす可能性を縦横に生かした作品です。

そこでもうひとつ、論点となるのは、古文の動詞の基本形の解釈です。時として裸の形とも呼ばれますが、中山にとってこれは現在形であり、したがって平安時代の物語は過去形、時間の線状性を無視して、いわばそこではすべての出来事が永遠の現在にあり、発話の時やナラションの時、また読書の時との区分が不明瞭、ということになります。このような解釈は、問題をきたします。というのも、『源氏物語』のフィクション上の出来事は物語の冒頭から、かつ曖昧でないかたちで、過去に属するものとして現れています。基本形のこのような解釈は、テクストにおけるその用法によっては確証できず、むしろ西欧言語と現代日本語の影響により帰納的に導き出されたものです。日本の古文では、基本形は物語の出来事を描き出すために用いられた場合、過去の意味を持っている。時制のマークはないけれど、そもそもこれは必須ではありません。現在形というよりも、したがってそこに《無標の過去》の形をこそ見るべきで、結局これはフランスの物語文、レシ（récit）の時制にかなり近い。つまり、単純過去ですが、というのも、単純過去と同様この形はいかなる発話者にも帰することがないからです。一方、違いはといえば、単純過去が有標の形であることから生じます。つまり時制のマークの不在のおかげで日本語では《物語文》と発話者を伴うナラションの時制的境界線を消し去ることができる。フランス語ではこれは不可能で、著者による物語への介入は、そのたびテクストの時制的統一を破るため大変目立ちます。反対に日本語では著者介入の部分（伝統的に《草子地》と呼ばれます）と物語（すなわちいわゆる《地の文》）とを区別することはたやすいとはいえません。また、人物の内話文についても同様です。そして『源氏物語』は進んでこの曖昧性を利用しようとするのです。『源氏』の圧倒的大部分の動詞は無標の形として現れ、いかなるコミュニケーションの構造にも拠らず、私たちの単純過去と同じく、次々と物語の筋となる出来事を紡ぎ出していきます。こうして『源氏物語』の語り手もまた、読者を人物の一番間近に置くために姿を消し去ることができる。人物の思いや考えが展開する内的場面のくだりから、その行動が繰り広げられる外的場面のくだりまで、自由自在です。先ほどの引用部分は、その鮮やかな一例でしょう。

四

その先ほどの引用に顕著で、またしばしば翻訳を困難にするところは、同じ一文に人物の思考の叙述から、その人物を他の人物から見たかたちの描写、外面的様相までが含まれている点です。これが視点の転換と呼ばれるものですが、ちなみに中山は、分析を加えた上で日本の小説にはあまり適さないと判断し、この術語を斥けます。そして日本の小説に存在する声ないし言表行為と狭義の視点の結びつきばかりを強調しています。

ここでもうひとつの例として、先の引用より数行前の部分、源氏が空蝉に会いに部屋に来る場面を見ましょう。

原文

分け入りたまへれば、ただ一人いとささやかにて臥したり。なまわづらはしけれど、上なる衣押しやるまで、求めつる人と思へり。

シフェール訳

. . . il se dirigea vers l'endroit où il avait entendu du bruit et la trouva étendue, seule, toute menue. Il ne se sentait pas très à l'aise, mais jusqu'à ce qu'il retirât le vêtement qui la recouvrait, elle crut que c'était celle qu'elle avait demandé.

シフェール訳の中山による和訳

彼は物音が聞こえたほうへと進み、彼女がひとり、まったくささやかに、横たわっているのを見出した。彼はやや居心地悪い思いだったが、彼女を覆っていた衣類を彼が引き剝がすまで、彼女はそれが自分の呼んだ者であると信じていた。

私たちの共同訳ではこのようになっています。

Il se fraya un chemin dans ce désordre et la découvrit : elle était couchée là, seule, si menue. Dérangée dans son sommeil, elle pensait qu'il s'agissait de la dame qu'elle avait réclamée, jusqu'au moment où elle écarta le vêtement qui lui tenait lieu de couverture.

彼は散らかった中を踏分け、彼女を見出した。彼女はそこに寝ていた。ひとり、いとささやかに。睡りを驚かされた彼女は、それが自ら呼び求めた侍女だと思っていた。掛布がわりにしていた衣類を自分で押しやるまでは。

解釈が異なることがお判りでしょう。そもそも、この部分にはさまざまな注解があります。いずれにしても、最初の文は源氏の思考、最後の文は空蝉の思考のなかに読者を導きます。ステータスが曖昧なのは二文目のふたつの要素の規定で、文法的主語は明示されていません。すなわち、感情「なまわづらはし」・動作「押しやる」のふたつです。翻訳上の解決は異なるにせよ、物語の省略的な性格と主観的な面が強調されていることに読者は気づかずにいないでしょう。同時に、ある人物の主観性からべつの人物のそれへ、するりと移行する一くだりです。源氏と空蝉の出会いの場面全体を通じ、このような手法で語られています。

同じく「帚木」から、もうひとつ特徴的に和文の難しさが顕れていると考える部分を中山は取り上げ、それは海外のみならず現代日本の読者にも困難なのではないか、とします。その問題の部分とは、「雨夜の品定め」で語られる四つの体験談の最初のもの、左馬守と、嫉妬と悔しさにこの人物の指を噛んだという指食いの女の話です。諍いの出だしはこのように描かれます。

「かたみに背きぬべききざみになむある」とねたげに言ふに腹立たしくなりて、憎げなることどもを言ひはげましはべるに、女もえをさめぬ筋にて（七三頁）

ここにはパラレルな構成が見られます。つまり「ねたげに」（憎々しく：男の感情を表すもの）が「憎げなる」（無礼な：女の感情を表すもの）で受けられ、「言ふ」は「言ひはげましはべる」（ことばを浴びせる）と呼応しています。助詞の「に」ふたつは、接続助詞というより格助詞と見なすべきでしょう。ふたりの人物のとった行動の、相互間の応酬という性格を強調しています。対立の暴力性はすぐ次の女の反応にかたちをとって現れます。男の指をつかんで噛みつくのです。ここでもまた翻訳の難しさは主観性の中心が絶え間なく揺れ動くことから生まれます。

最後にもうひとつ有名な場面に言及して終わりたいと思います。同じくふたりの人物を対置し、声と《視点》の交替によって劇的な効果を生み出し精彩を放つ場面です。まだ子どもである紫上の源氏による略奪、次いでこれを自らの妻とするのですが、第五巻「若紫」にこうあります。

君は何心もなく寝たまへるを、抱きおどろかしたまふに、おどろきて、宮の御迎へにおはしたると寝おびれて思したり。御髪《みぐし》掻きつくろひなどしたまひて、「いざ、たまへ。宮の御使にて参り来つるぞ」とのたまふに、あらざりけりとあきれて、恐ろしと思ひたれば、「あな、心憂。まろも同じ人ぞ」とて、（二五四頁）

ここでもまた紫上の知覚から源氏のそれへの移行はたやすく訳出できるものではありません。「思したり」「思ひたれば」というふたつの形（どちらも「思った」の意ですが二度目に敬意のマークがないのはあるいはふたりの間に新しく生まれる親密さを示唆するものでしょうか）これは完了形です。

無標形の「思す」や「思う」が人物の感情を直接的に導入するのに対し、この形はある状態を表し外部からの視点を想定させます。シフェール訳はそこを巧くとらえています(« donna des marques de frayeur»(恐怖の様相を表した))[4]。とはいえ中山の正当な指摘のとおり、「恐ろし」は、それに先立つ「宮の御迎へにおはしたる」「あらざりけり」と同じく紫上の主観を導入します。たとえ確かにそれがここではその表情や態度を解釈し、彼女が考え感じているだろうことを想像する源氏の目を通したものであったとしても。このくだりは、人物の思考を表す直接話法と外部からのヴィジョンへ結びつく三人称形の、矛盾とも見えるかもしれない連結的用法が特徴的です。ということはこれらの思考はフランス語でも直接話法を使って表すべきなのか? まず難しいでしょう。前の引用部で起こることとは反対に、人間関係は非対称的です。紫上はなすがままであり、源氏によって観察される。その反応は源氏の眼差しというフィルターを通して与えられるのです。とはいえ原文は、それでも若君の内声を聞かせてくれる。ここには確かにふたつの主観性が存在しています。またここでも、助詞「を」と「に」は格助詞に近い価値を持っており、人物間の深い相互作用性を表しています[5]。

五

以上の指摘の着想は中山論から得ましたが、さらに追求されるに値する研究です。ここでお伝えしようとしたのはまずいくつかの具体的な例に関する『源氏物語』の声と視点の転換をフランス語に表す難しさですが、また同時に、翻訳しにくい部分にこそある興味深さです。とりわけそこに優れて現れるのがこの作品固有の特徴のいくつかなのですから。もちろん翻訳者は自らの文化の中で優勢な文体的慣習を完全に免れることはできないし、読者の期待を無視することもできません。それでも何かを自分の言語に伝えようと試みることはできる。自身の言語の文体的資産を念頭におきつつ、ソース・テクストの特別性やオリジナリティをなすものの中から、新しい何かを。翻訳作業は作品をある言語から別の言語へただ単に移す、というようなことを許しません。それはより深く作品エクリチュールの特性を見出し理解する、かけがえのない機会でもあるのです。

（平中悠一 訳）

1 『源氏物語』の引用は新編日本古典文学全集二〇『源氏物語』（1）による（小学館、一九九六年）。

2 V. Volochinov, *Marxisme et philosophie du langage*, Leningrad, 1929. Réédition : Labirint, Moscou, 1998：ミハイル・バフチン、桑野隆訳『マルクス主義と言語哲学』未來社（一九七六、一九八九年）

3 甘露統子「『語り』の構造」、『言葉と文化』（六）、一〇三～一二〇、（二〇〇五年）参照。金水敏論に基づく論考。

4 助詞「に」（また後述の「お」）についてのこの考察はシャルル・アグノエル *Le Genji monogatari, introduction et traduction du livre I*, Bibliothèque de l'Institut des Hautes Études Chinoises, vol. XII (Paris, Presses Universitaires de France, 1959) から着想を得たものである。この問題については寺田澄江「『源氏物語』の和文――シャルル・アグノエルの目を通して」『アナホリッシュ國文學』（四）、（二〇一三年）も参照のこと。

5 この点については鈴木泰論文を参照。「源氏物語の語りと視点」『国文学：解釈と鑑賞』七六（七）、七九～九〇頁、二〇一一年。

第10章　自由の行使としての翻訳

ディディエ・シッシュ

人間のあらゆる企てに似て、翻訳の仕事はどうあがこうと、気が遠くなるほど「現実離れした《ユートピック》」ものです。まさにそれこそ、ホセ・オルテガ・イ・ガセトの翻訳の技法をめぐる短い考察、『翻訳の栄光と悲惨』[1]等で指摘されている明白な事実です。翻訳がめざすこと――特に文学作品の翻訳の場合ですが――、それは理論上、一つの言語から別の言語へと、あるテクストの「実体」、つまり意味作用、明示的意味、暗示的意味、リズムなどを移しかえるというものでしょう。ようするに、達しえない課題です。こんなことを実現するには、翻訳家が何らかのかたちで作家であり――過去の作家だったら生き返り――別の言語で書いているといった状況が必要です。加えて、翻訳することは、たえず誤解の危険に身をさらすことです。文学が言語の規範からの「ずれ」でもあることをふまえた上で、翻訳先の言語でいかにしてこのずれを、ただ単にぎこちないと非難される危険をおかさずに感じてもらうことができるのでしょうか[2]。

翻訳を企てることは、したがって、常に敗者になることがわかっている闘いをわざわざ挑むことなのです。私たちは、折り合いをつける努力を絶え間なく繰り返し、自分にできるものをただただ翻訳するのです。ですが、ひっきりなしにフラストレーションを感じさせるこの活動はまた――そこに翻訳の満足感があるのですが――作家の創作現場をのぞかせてくれます。だから翻訳という作業からは、ある自由が、いや複数の自由が生まれ得るし、生まれるはずなのです。その自由とは、あらゆる意味においてテクストを「解釈する／演奏する（interpréter）」翻訳者の自由、そしてとりわけ、導くことも迷わせることも必要な読者の自由です。そのようなわけで、私は自由をもたらす仕事として翻訳を語ろうとしています。

翻訳者としての活動の中で、私は二つの種類のテクストを扱ってきました。まずは大衆文学、次に二〇世紀の重要な作家である太宰治の翻訳を通して「王道の」文学です。この二者は一見、異なったアプローチ、二つの対照的な観点、二つの問題体系を導き出す、かけはなれた二つの分野に思えます。ですが、それらが相対するものでありつつ、重なることもわかってくるでしょう。

一　大衆文学――異国趣味の幻想を超えた、真の他性の発見

まず、私の仕事のもっとも逆説的な部分、大衆文学について述べたいと思います。たちまち、次のような疑問が湧いてきます。「日本がこの分野でこれまでに生み出してきたもの、現在生み出しているものをフランスの読者に提供することに、いかなる重要性がありうるのだろうか。」この種の文学を紹介しようという熱意がそれだけで意味を持つにせよ、「日本の大衆文学は、フランスでは知られてもいない専門用語で示される多様なジャンルを抱えた大変豊かな文学なのだ」とごくあっさり答えるだけでは十分ではありません。それ以上のものがあるように思えます。フランス語圏の読者にとって、これらのテクストの面白さは、作品が誘発してくれる「慣れ親しんだものからの脱出」の感覚にあるのです。

ご理解いただきたいのですが、わたしは「慣れ親しんだものからの脱出 dépaysement」と言っているのであり、「異国趣味 exotisme」のことを言っているのではありません。もちろん、日本文学となれば、読者の側にも、正直言って出版社の側にも、安易な異国趣味への期待があります。こうした文学がしばしば、人々が夢想する「日本的なもの」の非常にわかりやすい外的特徴を帯びているから、なおのことです。そのため、異国性を示す効果や地方色、歴史小説を訳す時には特に古風さを強調しながら翻訳する誘惑にかられますが、それは「キッチュ」の誘惑にすぎません。本当の脱出、異なるものとの出会いは、別のところに求めるべきだと思われます。

大衆小説というのは私たちを戸惑わせるような文学対象です。この種の作品を読むには、書く時と同じく、「退行的な」アプローチを取らざるをえません。「公爵夫人は五時に外出しました」とは書けないとアンドレ・ブルトンに告白したヴァレリー以来、いやヴァレリー以前から、文学をめぐる考察は、小説の〈真実主義《ヴェリスム》〉、つまり物語をまるで本当のことであるかのように語るのが自然であるという考え方の素朴さを問題にしてきました。ところが素朴な読まれ方を期待している大衆文学は、まさにこの〈真実主義〉に私たちを再び浸らせて満足するのです。小説のエクリチュールをめぐる議論に多少なりとも通じているフランスの読者にこのような種類のテクストを提供することは、したがってまず、先祖返りを提案することなのです。しかし続いて、矛盾しているようですが、読者には未知の文学に目覚めてもらうことでもあります。この点を具体的に説明するために、私が翻訳を手がけた二人の作家、水上勉と松井今朝子について語りたいと思います。

まず水上勉です。私は、この作家の二つの小説を翻訳しました。はじめに訳した『雁の寺』

（一九六一年直木賞受賞作品）は、専門家たちの用いる用語によると「推理小説」の体裁をとる作品です。一九三〇年代の京都、もっと正確に言えば仏教の寺が舞台となっています。この古くからの儀礼がつまった小世界、日本の読者の目にもエキゾチックに映る場所を舞台に、謎めいた失踪事件が起きます。このテクストが驚くほど簡素な手法で語っていることはそれですべてです。というのも、この小説はまさに簡素さを極めた小説なのです。

表現様式の簡素さについて見てみましょう。文体は装飾を排してすっきりとしています。作者は物事を端的に表現し、もってまわった言い方をしないので、このようなテクストを逐語的に訳すことに、克服しがたいほどの問題は生じません。

小説の筋も、人物像もシンプルです。その理由はまず、閉鎖的な世界が舞台になっているからです。寺の小坊主、和尚とその愛人という三人の登場人物に焦点が当たり、他の人々は粗描されているにすぎません。また、三人の登場人物もかなり単純化された類型をもとに創られています。三人の人物像には厚みがなく、根源的な情念、すなわち快楽への欲求、哀れみ、自己嫌悪、嫉妬、母の存在への満たされない願望などに動かされています。

最後に、小説の構成も極端なまでにシンプルです。読者の予想を大きく裏切る展開はありません。寺で起きた謎めいた失踪は、実は完全犯罪で、読者だけに事実が知らされます。いかにして、なぜ、この犯罪が犯されたのかを推理する余地も残されていません。七つの章で簡潔きわまりない筋が展開され、第八章目で謎の鍵がぽんと与えられ、読者は作家と同じように全知の存在になるのです。仕組みが暴露されてしまったからくりに、やや腑に落ちない印象さえ受けます。読者に求められていることはただ一つ、それを信じることだけなのです。

次に、『越前竹人形』（一九六三年原著刊）についてです。すでに『雁の寺』にも感じられた地方色が、この作品ではさらにくっきりあらわれています。今度は、舞台は京都ではなく、一九二〇年代の裏日本です。作者の素朴な故郷、日本海に面した地域の、おもに竹細工で人々が生計を立てている村が舞台となります。テクストの中で、実体験にもとづいて自然環境が細かに描写され、竹のさまざまな種類が列挙され、手仕事の技法が描写されているので、翻訳者には語彙に関するある種の創造性が求められます。

『雁の寺』と本作品には多くの共通点が見られます。文体にも、筋にも――『越前竹人形』は遂げられえない愛と不可能な幸福を語っています――、同じ簡潔さがあります。『越前竹人形』は真の意味でのサスペンスを用意していますが、推理小説ではありません。しかしここにも閉鎖的な世界があり、その中で緊張が高まっていきます。人物もやはり単純な類型にもとづいて創られ、似通った心理的動機に支えられています。本作品でもまた、母性的な存在を必死に求める思い、自己嫌悪、自らの醜さに対する懊悩などが人物を動かしているのです。

つまり二作品とも、なんとも平明な手法のもとに、地方色豊かで素朴な物語の体裁を取り、まさに根源的な感情を動員しているので、翻訳者は、そうしたものが本当にフランス語で説得性を持ちうるのかと不安になるほどです。

もしそれが受け入れられるとしたら、テクストの中に本物の深さがあり、しかも、その奥深さが読者の予期しないところに存在するからだと思われます。登場人物がこうして戯画化され、操り人形のように単純化されている状態を受け入れるには、読書上の暗黙の了解として、彼らは性格をもった人物でなく幻想的な人物像なのだ、読者が夢を見ているのだと認める必要があります。両作品に骨組みを与え、肉づけし、変貌させていくのは、頭から離れない不安に満ちた妄想なのです。どちらの小説でも、プロットを始動させるのは同じ出来事、すなわち秋に突然訪れた死です。そして、亡くなった男——一方では画家、もう一方では職人ですが——の巨大な影が、生者を見張り、導くように、物語の最後まで執拗につきまといます。さらには二作に、同じ病的なイメージと自殺願望が繰り返しあらわれます。水上の世界は、つまり夢幻的な、裏側の世界なのです。まさにこれこそ、『越前竹人形』の末尾で小説家が読者に、今日「越前竹人形」と呼ばれる人形が市場に出廻っているけれど、これらの人形は小説に出てくる人形となんの関係もないと述べる時[3]、私たちが理解すべきことなのです。読者はただ夢を見たのだ、悪夢や強迫観念や幻覚の世界である紙と言葉の世界と、読者の世界はまったく別物なのだという意味でしょう。したがって、幻覚的なヴィジョンの持続こそが、単なる地方色よりも、これらの小説に異なるものの感覚と深さを与えていると言えます。私の考えでは、水上の作品の面白さは、何らかの安易な異国情緒の中などにではなく、こうしたところにあるのです。

次に、二〇〇七年直木賞を受賞した松井今朝子の『吉原手引草』ですが、私はこのタイトルを『吉原の謎 *Les Mystères de Yoshihara*』と訳しました。

なんとも奇妙な小説です。ためになる気晴らしを求める読者層の期待にぴったりな、封建時代の日本のイメージを描く歴史小説、「時代小説」です。ようするにこの種のテクストは、人々が一番求めている他性、つまり失われた日本にまつわるさまざまな記号を帯びているのです。歴史小説と推理小説の要素をあわせ持った物語が、昔の江戸、現在の東京、もっと具体的には有名な吉原の遊郭を舞台に繰り広げられます。しきたりだらけの世界で、少なくともフランス人にとってはありえなく思えるほど正確な任務を帯びた人物が、小説の各章で一人ずつ語っていきます。それは茶屋の内儀だったり、見世番だったり、遊郭の使用人や経営者だったり、女衒だったり、船頭だったりします。こうして、私たちは一人の男に向けて各人が語った談話を読むことになりますが、男は黙ったままでありながら、彼の問いが推測できる仕組みになっており、男の執拗さが不安をかもしだします。少しずつわかってくるのですが、男が調査している件は、どうやら深刻な事件のようです。ですが最後の最後になるまで、犯罪がからむ事件の真相を知ることはできません。実際この話は、私たちに失われた世界の慣習を発見させるための口実にすぎないのです。

　ここで私が受けて立たざるをえなかった挑戦は、読みやすく、同時に、異なるものの感覚を残したテクストを作るというものでした。

　その中で、さまざまな選択を迫られました。まず、日本語の用語をそのまま引きうつし、ページ下の注で説明するという安易な策をできるかぎり避けることにしました。そこで「文《もん》」を「銅貨」と、「両」を「金貨」と単に表しました。また、物語と同じ時期にフランスで用いられていた度量衡のシステムを迷わず使いました。さらに――間違った選択だったでしょうか――江戸時代の町人たちが趣味で句をひねっている場面では[4]、「発句 tercet」を「三行詩」と、「脇句」を「二行詩 distique」としました。

他方、この小世界に特有な慣習や役割を表すために、ありふれた言葉を独特な意味で使うという選択もしました。例えば、ある種の遊女たちが吉原の二つの地区の間を練り歩く慣例の行進（花魁道中[5]）を、できる限りテクストに忠実に、「遊女の移動（voyage des courtisanes）」と訳しました（ただし「行進（cortège）」と訳すこともできたでしょう）。他にも慣習や役柄について、別の著作[6]から訳語を借りることができず、私自身が独自に創造しなければならなかった例が思い出されます。「引付[7]」を「出会いの儀式 cérémonie de rencontre」と、「引っ込み禿[8]」を「裏にいる見習い apprentie cachée」と訳した箇所などです。フランスの読者はこうしたテクストを、自分の文学的記憶のフィルターを通して理解する傾向があるにちがいありません。遊郭と言えば、一九世紀の売春、モーパッサンが描いた売春、あるいはどこのものでもありえ、読者はそのイメージを日本の小説にかぶせたくなると思われます。翻訳者の仕事はそうした同一化を退け、読者にこの世界の強烈な異質性を伝えることとなのです。

その上、他にもさらに興味深い異質性、テクストの口語性と演劇性に関わる異質性が見られます。作者である松井今朝子が第一に歌舞伎の専門家であることと無関係ではないでしょう。章ごとに、語られずとも読者が察する質問に答えていく登場人物たちの口調、語り方、反応はそれぞれ異なり、機会さえあれば脱線して、露骨な誹謗中傷や、懐かしい思い出話や、滑稽な、あるいは感傷的な裏話などを語るのです。ですが、長いモノローグの中に対話が引用され、ものまねを交えて再現される時にとりわけ、この口語性に別の伝統が感じられることがあります。一八世紀にさかのぼるジャンル、落語の伝統です。落語では一人の語り手がさまざまな小話を生き生きと語り、再現します。

そのようなわけでフランスの読者は、この文学作品をどう捉えるべきか途方に暮れてしまいます。演劇的なテクスト、時に落語の断片を並べたテクスト――ポリフォニックな構成の中で、小説全体が長い落語になっていると考えることもできそうですが――であり、とにかく、人を当惑させるテクストなのです。

ですからこのような「小説」の翻訳は決して容易ではありません。前代未聞の文学性へと読者を手引きしていかなければならないからです。加えて、この作品は多少なりとも一九世紀の日本語の再現を装う、つくられた言語で書かれています。フランス語で語調やリズムを伝える試みは可能だとしても、テクスト全体に一貫した古風な調子を与えることはずっと難しく、不自然に響いてしまうことでしょう。ですから私は、色のついていない文体の中に、擬古主義を強調しうる言葉の遊びをちりばめるにとどめました。

したがって水上の作品においても松井の作品においても、もっとも興味深い異質性は、異国情緒ではなく、文学形式上の戯れにあると言えます。読者をそちらへ導いていかねばならず、その際、読者には自分の先験的認識を超えてもらわねばなりません。しかもまさにそこで、大衆文学と本物の文学を仕切る壁は穴だらけだということを感じてもらわねばならないのです。翻訳することはしたがって、線引きをやりなおし、覆すことです。

二　純文学――太宰と見せかけの親近性

つまり、衝撃を与えることが重要です。「王道の」文学を訳しはじめた時にも、私はこの要請に応えようと試みました。ですが私は道を逆にたどったとも言えます。次に私が向かい合ったテクストは「異国趣味」とは何の関係もなかったからです。それは歴史小説とも、夢想された、あるいは幻想的な日本を描き出した年代記ともかけ離れたものでした。今度は二〇世紀の「古典」たる太宰治の作品だったのです。

私が翻訳に取りかかる前に、フランスで太宰はすでに『斜陽』と『人間失格』という二つの小説で知られていました。まさにデカダンスの作家、敗北した日本の象徴、絶望と自己破壊の作家、しかも人生と作品と一致させ、一九四八年についに自殺を遂げた文学者でした。私は、一九三〇年代、四〇年代の彼の短編小説を複数翻訳しました。そこには『富嶽百景』や、紀行文の体裁を取る『津軽』も含まれます。後者は一九四四年に刊行され、フランス語では一九九五年に『故郷 *Pays natal*』というタイトルのもとに出版されました。私もその像を広めることに貢献できたらよいなと思う太宰は、別の太宰、おそらく、より陰鬱でない太宰です。たしかにいつも絶望しているかもしれませんが、自分の絶望に微笑んでいる太宰です。

この作家を訳すことの難しさは、絶え間なく襲ってくる危険な誘惑から生じます。それは、太宰を多少ともフランス的な作家にしてしまいたくなる誘惑です。どういうことかご説明しましょう。太宰を語る時に一番よく使われる言葉は「デカダン」という言葉です。「デカダンス」文学、あるいは「デカダンス」の作家について聞き知っているフランスの読者にとっては、すでに慣れ親しんだ世界がそこにあります。私は別の機会に[9]——多様な影響に育まれた、非常に豊かな太宰の作品をその点に還元してしまうつもりはありませんが——太宰はある意味、日本の作家の中でももっとも

「フランス的な」作家の一人ではないかという問いを投げかけました。というのも、程度の差はあるものの自伝やオートフィクションの性格をもつ作品の中で、太宰はある特徴的な人物を自己から生み出そうと模索しました。その人物とは、永遠のマージナル、ひたすら破壊的ではあるけれど自己嘲弄に抑えられた反抗の中に仮住まいしている、世間に見放された人物です。太宰がフランス、特にフランスの知識人から、この人物の構成要素を借りようとしたことは疑いありません。太宰の最も初期の作品の一つである『葉』がヴェルレーヌの徴を帯びているのも偶然ではないでしょう。この作品の冒頭には、ヴェルレーヌの次の詩句が引用されています。「撰《えら》ばれてあることの恍惚《こうこつ》と不安と二つわれにあり（堀口大學訳）J'ai l'extase et j'ai la terreur d'être choisi」。つまり太宰が当初からまとった人物像は、呪われた作家像、世間に見捨てられた者の像、いわば絶望のダンディズムに憑かれた人間像でした。[10]太宰はこうして、人が苛立たしいとも魅力的とも感じる人物像を自らに被せました。それは、容易に「フランス化」したくなるような人物像でもあります。

　私が『故郷』という題のもとに訳した『津軽』を例に取ってみましょう。まずこれは、身近な親しいものへの感情が込められた、原点への回帰を書いた話です。物語というよりは告白録、親しい調子で書かれた長い手紙であり、それを考慮して、私は複合過去を用いて訳すことにしました。常に意識されている読み手に宛てて書かれた手紙で、太宰は相手に寛容な態度と暗黙の連帯を求めており、末尾の数行でわざわざ挨拶の言葉さえ向けるのです（「さらば読者よ、命あらばまた他日。元気で行かう。絶望するな。では、失敬。[11]」）

　これはまた、アイロニーの滲む自己愛に彩られたテクストでもあり——フランス語はだいたいアイロニーを表現するのに長けた言語だと思われています――、羞恥心と絶望感が刻み込まれた作品でもあります。このテクストの中で、太宰はまたも例の人物を演じています。すなわち、親戚に見捨てられ、話を聞いて自分を理解してくれる相手といえば、奉公人やつましい人々、忘れられた者だけという、永遠のマージナルを演じているのです。さらにこの作品にはフランス文学や、時にはフランスの歴史への目配せが時々見られます。一見、この参照の身振りは自然で、理想化された「別の場所」にしがみつこうとしているかのようです。

しかし逆説的にも――私はここを強調したいのですが――そこで問題が露呈するのです。つまり太宰が標榜するこの「フランス性」は、はじめこそ作家を身近な親しい存在に感じさせてくれるにせよ、しまいにはまさに逆の効果をもたらすようになり、フランスの読者を何とも居心地の悪い気分にさせるのです。もっと具体的に説明しましょう。このテクストには時折、議論が行われる箇所があり、太宰はそこでも社会のしきたりに背を向けた知識人の姿であらわれます。いわゆる「フランス的な」、自らの道を行く知識人の姿です。たとえば文学愛好者たちの議論を機に、太宰は文学界の神である志賀直哉に言及しますが、太宰にとって志賀の影響力は過大評価されており、その美学はプチブル的に思われるのでした。この批評を通じて太宰は自分の文学的理想を明確化することができ、この時、当然のようにフランスの文化と歴史を引き合いに出します。まさにそこで私たちは太宰と重なる人物が誤謬を犯す現場を捉えるのであり、フランスの読者にとっては、描かれた題材と作家の姿勢の表面的な親しみやすさの中に違和感が湧き上がります。なぜならば、太宰が自分の意見を説明するためにフランスの事例を引き合いに出す時、誤解が生じているからです。生き方においても執筆の面でも、志賀直哉の偽の高貴さに対立する本物の「高貴さ」とは自分にとって何かを説明するために、太宰は有名な歴史的事件を例に出しています。それは一七九二年六月二〇日、ルイ一六世がパリの人民たちに、フリギア帽をかぶり、国民の健康を祝して杯を掲げるよう求められたという事件でした。[12]かけられた圧力と意気地なさのせいで王が取った行動は、私たちのよく知っているところですが、太宰はこれを勇気ある屈託ない態度と解釈しており、貴族の名に恥じない高貴な人のみがもちうる性質だと述べるのです。まさに完全な誤解であって、この「フランスの例」は狂った音程を聞かせます。同じ章に見られるもう一つの誤解は、[13]政治――戦時中ですので、誰にとっても微妙な話題です――が多かれ少なかれ話題になっている箇所で、太宰が文学の社会問題への参加《アンガージュマン》を批判しようとし、画家ドガがポール・ヴァレリーに伝えたとされるドガとクレマンソーの偶然の出会いに関する逸話を語る時に起きます。この逸話を、太宰はヴァレリーのテクスト、『ドガ　ダンス　デッサン』の中に見いだしました。ですが、この箇所でヴァレリーが暗に二つの政治概念を対比しようとしたのに対し、[14]太宰は極端に問題を単純化して、クレマンソーが抱いたこともない思想を不適切にも彼に押しつけ、社会参加の文学と芸術をただ単に糾弾したのでした。

　こうして、思い込みに彩られたフランスへの言及は、はじめこそ太宰のいくつかのテクストに親しみやすさ、近づきやすさを与えるのですが、それが単なるうわべの輝きにすぎず、実際には誤解の染みがついてゆがんだものであることが露呈した時点から、逆に私たちに居心地の悪い、落ち着かない思いをさせることになるのです。太宰が何としても取り込もうとする「フランス的な」知識人の表面的なきらめきと、その試みの失敗とのあいだに解決しがたい矛盾を感じ取り、気詰まりになります。この「不協和音」から太宰を読むことの逆説的な心地悪さが生まれます。太宰の作品を翻訳することは、この不安をじわじわと感じさせていくことであり、この不協和音を響かせることなのです。特に、太宰をフランス化するという無駄な試みを一度排除してしまったなら、この作家を翻訳することは、さまざまな点で侵犯をはらむエクリチュールという、まさに未知の戸惑いを引き起こすものを伝えるよう努めることなのです。

なぜ侵犯をはらむのかと言えば、太宰の作品は自伝と小説の区分を軽々と超えていくからです。どこまでが自伝的な証言で、どこから一人称の小説が始まるのでしょう。太宰の作品を読みながら私たちはこうした問いを常に発するのであり、それが彼のテクストに、証言と証言に見せかけた叙述が入り交じる混淆性を与えています。私たちの前にあるのは、書簡の気さくさと詩的なリズムを交錯させ、線引きをやりなおし、区分を打ち破るテクストです。それは、私が別の機会に「迷路の美学」[15]と呼んだ美学です。またしても読者に方向性を見失わせるような美学であり、出来事を回想する人物の視点と、それを体験する人物の視点が、視点の変化なしに入れかわります。この手法は、フランス語版『富嶽百景』の中に収められている「畜犬談」のようなテクストにも、頻繁に用いられています。私は二つのフォントを使い分けることで、この手法を浮き彫りにしようとしました。語り口の一貫性の欠如、語りの視点の不連続性をはらむ混淆と不連続性のエクリチュールが、本作品のユニークさと異質感を生み出しています。ですから、太宰の作品を訳すことには真の喜びがあるのですが、フランス的な作家に仕立て上げるという方向にではありません。それはまったくむなしい誘惑です。反対に、太宰の言語の明快さと釣りあわない、ある種の違和感を感じさせようとするところに喜びがあるのです。

三　必要な異質感

結局のところ、なぜ翻訳をするのでしょうか？　異質なものを別の風土に溶け込ませるためでは決してなく、常に狼狽させ、衝撃を与え、目を開かせるためです。あるテクストが異国的《エグゾティック》に感じられる時、作品の面白さはその点にはないかもしれないと気づいてもらい、作家に親しみや近しさを感じる時、その親近性が錯覚であると理解してもらい、不協和音に耳を傾けなければならないと知ってもらうことなのです。ユゴーはこう言っています。「翻訳とは、だいたいいつも、人々に加えられた暴力であるかのようにまず受け取られるものだ。[16]」

したがって、あらゆる翻訳には二重の要請が課されているわけです。読みやすさ、そして同時にとりわけ異質性です。常に議論の余地がある「翻訳の正確さ」という要請は、結局のところ、もう一つの要請ほど重要には思われません。つまり、読者を揺さぶり、少なくとも、読者が第二の本性のように生きている文化的習慣の外に放り出すことの方が重要なのです。異《い》なるものの感覚が、時代と読者層によって変化するものであるからこそ、既存の翻訳を改善する、あるいは賞味期限切れにするという意味ではなしに、定期的に新訳が出てもよいし、出るべきなのです。そう、ささやかな野心で満足しようではありませんか。翻訳は、作品ではなく、作品に至る道なのです。[17]

すべての翻訳はこのように、音楽的な意味での「解釈／演奏」です。できあがった翻訳のテクストが常に暫定的なものであると承知の上で、あるテクストを演奏すること、作品への賛嘆を表明すること、テクストに内在する可能性に命を吹き込むことなのです。つまり翻訳とは私にとって、不変の複製などではなく、永遠に改善されうる、常に繰り返されるべき動きです。完全な翻訳の夢は、この動きを活発にする役割しか持ちえません。すべての翻訳が不完全だとしたら、それは翻訳が、「言語は複数存在するという点で不完全だ」とマラルメが述べた、言語そのものに似ているからなのです。

（博多かおる 訳）

注

1 *Misère et splendeur de la traduction*, traduction française sous la direction de F. Géal, Les Belles Lettres, Paris, 2013.

2 しかも、フランス語という規範の言語に訳さねばならない時、翻訳の仕事はさらに困難になるのかもしれません。ホセ・オルテガ・イ・ガセトはこう書いています。「言語は、それぞれの国境、領域、税関をもっています。自作がフランス語に訳された時、作家は自分の荷物の半分が国境で保留されていることにすぐさま気づきます。そして、無邪気な驚きとともに、このすばらしい言語では、表現できないことがたくさんあると知るのです。」（*Gracia y desgracia de la lengua francesa*, in *Obras completas*, éd. Taurus, V, p. 415.）

3 *Poupées de bambou*, P. Picquier, Arles, 1994, p. 190.

4 『吉原手引草』、幻冬舎、東京、二〇〇七年、七〇頁参照。

5 同書、一〇頁。

6 *Courtisanes du Japon*, textes traduits du japonais et présentés par Jean Cholley, P. Picquier, Arles, 2001.

7 *Id.*, p. 14.

8 *Id.*, p. 111.

9 *La tentation de la France, la tentation du Japon*, P. Picquier, Arles, 2003, « Dazai Osamu et la France : le plus français des écrivains japonais ? », p. 117-128.

10 その意味では、ヴェルレーヌではなく、ボードレールに近いと言えるでしょう。太宰はボードレールの作品をいくつも読み、考察を繰り広げたと考えられます。ボードレールによれば、ダンディズムとは「デカダンスにおける最後の英雄的精神の輝き」（*L'Art romantique*）ですが、太宰の作品においては、現代の英雄性、つまり滑稽な英雄性なのです。

11 *Pays natal*, P. Picquier, Arles, 1995, p. 221.

12 *Id.*, p.73-74.

13 *Id.*, p. 69-70.

14 ヴァレリーはこの箇所で、クレマンソーのような政治家が持っていた非常に現実的な概念と、ドガの理想主義的な概念を比較しようとしています。政治にも「その技法が保っている原則の同じ精密さ」を適応できると確信しているのことです。（*Degas, danse, dessin*, Gallimard, NRF, Paris, 1938, p. 85.）

15 *Cent vues du Mont Fuji*, P. Picquier, Arles, 1993, postface, p. 239.

16 Victor Hugo, *Œuvres complètes*, sous la direction de J. Massin, Club Français du Livre, Paris, 1967-1970, t. 12, p. 327.

17 Ortega y Gasset, *Misère et splendeur de la traduction*, *op. cit*.

第11章　新しいテクスト、新たな翻訳の実践

パトリック・オノレ

フランス出版界では、二〇〇七年以降日本語が翻訳点数第二位の言語となっています。これはあらゆるジャンルを含んだ点数であって、二位とはいっても、一位の英語とはかけ離れていることは言うまでもないでしょう。しかし、フランスと地理的に近い地域の言語、たとえばドイツ語、スペイン語、イタリア語、オランダ語などよりも遠隔地の言語である日本語は上位にあります。確かに、このランキングはマンガの貢献による所が少なくありません。もしもこの出版点数からマンガを除けば、たとえば日本の小説の翻訳の海外小説の仏訳に全体に対する割合は、一・二％から一・五％を占めるのみなのです。

だとしても、ここでマンガを別個に考える必要はないと思われます。フランスにおけるマンガブームという現象、そして、特にネット上での日本のサブカルチャーのある一定の成功は無視できないからです。これは日本とフランス、ひいては日本とその他の地域の文化交流史上重要な現象ですが、この現象が特にフランス語圏における日本文学の受容に与えたインパクトには、ここで論ずるべき意義があるはずです。マンガブームと日本のポップカルチャーは、日本文学をフランス語で読んでいる読者たちの世界観に少なからぬ影響を与えました。翻訳の実践は、この新たな状況と共に変化していくといえます。日本現代文学の仏訳はどのようにして、この新しい世代の文学作家の

テクストにより近い所に場所を占めることができるのでしょうか。

一

マンガは西欧の読者たちに日本人の日常生活を垣間見せました。家庭、学校の教室、自宅の部屋といった空間が描写され、小説も映画もかつてできなかったような、より身近な形で日本人の生活の、今まで知られていなかった部分を露わにしてくれました。たとえば、マンガ「佐賀のがばいばあちゃん」(島田洋七原作・石川サブロウ作画、集英社)は、戦後の動乱期、田舎での貧乏ながらもたくましい暮らしぶりを、戦争も田舎も知らない日本の読者たちに再び見いださせることに貢献しました。そしてそのフランス語版、*Une sacré mamie*(ヤノテツヤ、エヴァ・カンタヴェネラ、エリック・ヴィセンツ訳、二〇〇六年、デルクール社)によって、フランス語でこの作品を読む読者たちもまた、一九五〇年代、六〇年代の日本の田舎の生活について多くを学ぶことができたのです。つまり、マンガは、外国人の読者に、日本の、さまざまな年齢層や社会層、さまざまな地域の特性についての膨大な見聞と知識へのアクセスを可能にしたのです。日本での生活体験がない外国人にとっては、かつては得がたい要素でした。

日本で生活経験のある外国人は、少なからず日本人の知人や友人の生活の親しい部分にまで入り込むまでにはそれなりの時間を要することを知っています。ところが、マンガは、日本人の家族生活、隠された部分や言葉にされない部分、タブーなど、長所短所を含めた細部に外国人が近づくための長い時間を、呆気ないほど短縮してくれるのです。

しかもそれは、さまざまな社会層にわたっています。一例を挙げると、日本は一丸となって福島の住民たちを助けるために尽力している、国家的な「絆」は日本文化の礎となる美徳である、というメッセージを日本の公的機関が、躍起になって伝えようとしていたとしても、手塚治虫の「奇子(あやこ)」(ジャック・ラロズ訳、二〇〇三年、デルクール社)を読んだ読者は、そのメッセージを鵜呑みにすることはないでしょう。

もちろん、マンガブームは孤立した現象ではありません。過去三〇年間のフランスにおける日本文学のフランス語受容に関する最も重要な出来事は、日本のポップカルチャーやマンガのブームと言うよりも、パリ＝東京間の直行便の開通なのではないでしょうか。現在は毎日数便がフランスと日本の各都市を約一二時間で結んでいて、日本に個人旅行をするフランス人の数は増加しています。自分が行ったことがなくても、友人や家族に日本旅行の経験者がいるケースは少なくありません。つまり、日本は以前のように遠い国ではなくなっているのです。

マンガブームは、日本文化がフランス人にとってより近しいものになるにつれて、具体的に発展した現象のひとつであると考えられるでしょう。マンガはフランス人読者にとって、チケットなしで行ける日本旅行でもあるわけです。他のマスメディア、たとえばテレビなどよりも、マンガは、フランス語圏の読者にとっては、日本を疑似体験させてくれるツールなのです。

この状況はフランス語圏における日本文学の受容を前進させ、翻訳を実践する上で間接的に変化をもたらすことになりました。

フランス語圏においてのかつての日本文学の位置づけ、つまりマンガに象徴されるような大衆文化の一般的な浸透以前には、フランスと日本の間には文化的かつ文学的な乖離があると「一般的に」想定されていました。その乖離はあまりにも大きく、そのために、ある特別の「鍵」を持つことなしには、いくら繊細に注意深く訳された作品であっても、日本の小説の総体的な意味に完全にアクセスすることはできないと考えられていたのです。この鍵は、テクストの外にあり、時として前書きや後書きの形を取ったり、訳注や、または書評の中で為される分析という形を取ったりしていました。これらの、「権威づけ」となる間テクストは、読者に対して「このテクストをどのように考えたらいいか」という方向付けをしていたのです。そのために、それらの間テクストの中では、日本の読者や批評家、研究者などが当の作品をどのように語っているかという言説に寄りかかることになります。結果として、翻訳はしばしばテクストの意味の一部を間テクストに担わせることになりました。それはまるで、翻訳されたテクストだけでは読者は読書の体験ができず、間テクストがなければ、読者はひとりぼっちで砂漠の中に取り残され、解釈とアマルガムの誘惑にさらされるだけだ、と言わんばかりであったのです。

今日、ワールドカルチャーに貢献しているマンガや日本のポップカルチャーは、十全な分析能力を読者に与えるわけでもなく、日本文化を理解するに最も有効な道具だというわけでもありませんが、それらは、外国人の読者に多様で、リアルな文脈の見本を提供してくれています。そのおかげで、地方に住むフランス人の中学生でも日本について何らかのことを知っていて、自分が知っているその日本を愛好することが可能になるのです。実際の所、日本的なメンタリティーは、言われているほど神秘的なものでもないということをそれらの読者たちは理解するでしょう。翻訳にのしかかっていた、意味を保証しなければならないという重圧は結果として軽減され、翻訳は、本来の意義、すなわち、読者に本来の意味での読書の経験をもたらすという姿勢を取り戻すことが可能になることでしょう。

中でもこの責務の一部はいまや翻訳者ではなく読者の肩にかかっています。読者は、前書きや後書き、訳注や書評に頼るのではなく、自国のものではない文化（日本文化）に対する知識、その文化の固有性とそのニュアンス、社会的歴史的文脈、または日本の小説の登場人物の行動や動作の動機を理解するための鍵を自身でみつけることができるのです。というのも、それらの鍵はフランス語でたやすく、誰にでも手に入る形で存在している（マンガやインターネットなどで）からです。つまるところ、文化の特性を理解する責務は翻訳者ではなく読者にゆだねられているのです。そして、それを探っていくかどうか、その鍵を解明しようとするかどうかは読者次第なのです。

ここで一例を挙げておきましょう。『馬たちよ、それでも光は無垢で』（*Ô chevaux, la lumière est pourtant innocente*、拙訳、二〇一三年、ピキエ社）の中で、著者古川日出男は、二〇一一年三月一一日の夜テレビでの映像を観ながら、リアリティーの拠り所がもはやなくなった感覚について記し、その感覚を「神隠し」の経験に例えています。二〇年前なら、そのような比喩に出会った翻訳者は頭を抱えたことでしょう。というのも、どのように翻訳を工夫したところで、「神隠し」が何なのか読者には分からないだろうことが予想できたからです。日本語話者は例外としても。しかし、今日、翻訳者がここで行うべき作業は、「神隠し」という言葉のもつ文化的コノテーションとその意味を理解させることにはありません。宮崎駿の『千と千尋の神隠し』を例に挙げれば済むこととも言えます。宮崎駿の代表作はテレビでも放送され、今日では、日本文学のポテンシャルな読者層家庭、あるいはそうではない一般の家庭でも十分に知られています。作品を介しフランス人読者に「神隠し」の意味、コノテーションが理解されていると考えれば、kamikakushi でもよいわけです。

マンガやアニメ、その他の大衆文化の作品のおかげで、現代日本文学はフランス語圏の読者にとってより理解しやすいものになりました。それは、日本文学が欧米化されたからではありません。反対に、フランス語圏の読者たちが日本文化に近づき、馴染んできたのです。

二

次に取り上げたい点は、日本文学における口語の問題です。というのも、現代日本文学の仏訳の中で最も本質的な問題はその口語性にあると思われるからです。その口語性は、一種のユーモアにも結びついていますが、それだけではなく、登場人物たちから口にされた言葉の意味とそれぞれの登場人物たちの間の意味の受け取りの乖離、ズレや空気、そして、一般的に、フィクションの登場人物間の言葉や態度から理解される声の複数性もその問題と結びついています。

日本文学が、文学的言語において口語をいかに扱うかという問題を、昔から定期的に何度も考えてきたことはよく知られています。町田康や川上未映子など、日本文学を牽引する若い世代の作家たちにおいてもまた、作品の中心に口語の問題が置かれています。たとえば、川上未映子の、二〇〇七年芥川賞受賞作品『乳と卵』（二〇〇八年、文藝春秋）（*Seins et Œufs*、拙訳、二〇一二年、アクト・シュド社）、では、大阪の話し言葉が地の文に挿入されています。わたしは、翻訳に際し、関西弁をフランスのどこかの方言に無理に対応させてしまうと、言語がアイデンティティの象徴として強調され、ひいては翻訳の領域外になってしまう恐れがあると考えました。そこで、わたしは文中の関西弁、口語の機能、その効果に注目し、一般的なフランス語よりもより音楽的な、美しいアクセントの余韻を残すような言葉がふさわしいのではないかと判断しました。

その時、わたしは文学で使用可能なフランス語の限界を強く感じました。フランス語における、アカデミックで人工的な口語の伝統は、日本語の持つ柔軟さと比べると、その制約ゆえの不自由さがあります。もちろん、こういった説明は言い訳であり、翻訳者自身の能力の限界を表しているといった方がより正しいのでしょう。

というのも、純粋な文学の語りの中であっても、単純なエコーのようなものであれ、口語の中にある声を表そうとする新しい方法の模索が、現代フランス人作家の問題意識には確かに含まれていると思われるからです。たとえば、パスカル・キニャール、ジャン゠フィリップ・トゥッサン、ジェローム・フェラーリ、マイリス・ド・ケランガルなどの文学上の試みは、フローベールからの伝統である自由間接話法の語りの枠を超えています。それにまた、バンド・デシネの現代作家たち（ブーレ、ペネロープ・バジュー、バスチアン・ヴィヴェスなど）はやはりより直截な口語の探究に熱心です。それに加えて、文学の範疇を超える、ツイッターなどの道具がもたらす新しい文体が続々と生まれて来ています。

ここに日仏の文学をつなぐ道があると言えるでしょう。フランス語圏の読者たちが、出版界に存在し続ける規範意識を超えようとしているフランス作家のこういった試みを受け入れるならば、つまり、フランス文学が固有の声の響きを表現するための新しい文体を受け入れるならば、現代日本小説の表現の中に見られる声の手触り、肉体的な柔軟さをフランス語にするための文体の新しい道具を翻訳者も獲得したことになります。そして、それは、言語のさまざまなレベルや地方言語の特性に対応する何ものかを探し出せると思い込んでしまうよりももっと効果的であるはずです。

それは、日本文学を無理矢理フランス文学に近づけることではありません。その反対です。フランス文学において最も先鋭的に扱われている文学的課題、つまり、フランス語圏の読者が目にしている（または目にしているはずの）文学的課題は、わたしたちに、標準的かつ文学的、教科書的なフランス語で翻訳するという行為から離れることを可能にし（ということはつまりそうすることを義務づけ）、そうすることで、現在まで、日本文学の作品が仏語訳される際に、それぞれの日本人作家の持つ異なる独自の声、音質が平均的なトーンに統一されることに慣れてしまったという弊害から逃れることができるのです。そして、また、日本文学を通じてフランス文学の言語に今までなかった豊かさを与えることも可能になることでしょう。

それは、フランス語に無理を強いることでもなければ、勿論、場違いな今風の言葉づかいや携帯の用語を取り入れることでもありません。ここでの目的は、わたしたちの文体の道具に多様性を与え、洗練させることなのです。

三

時として、わたしたちは驚くべき類似性に出会うことがあります。たとえば、マイリス・ド・ケランガルの『橋を築く（Naissance d'un pont）』（二〇一〇年、ガリマール社）と川上未映子の『乳と卵』には両方とも、大層酔った登場人物が独白を行うシーンが存在します。テクストの機能の点でも意味の点でも、双方には何の関係もありませんが、どちらの場合にも、作者は、微妙に崩れた言語を作り出すという点で似通っています。

［…］二人の男は向き合って、肘掛け椅子にどさりと腰を下ろし、アルコールが回り始め、お客さんそろそろ閉店で、ラストオーダーになりますが、二人は乾杯をしつこく繰り返し、やっと店を出ると雨の中、硬く抱き合い、ラルフ・ヴァルドーは手にした眼鏡を振り回し、ぼくはねえ、いつだって、できるだけ手を入れずにいればそれにこしたことはないと思ってるんだ、そうわめくとこちらが橋の方だと自分が思っている方角へ大きく腕を広げ、いっとう軽やかな、いっとうじゅんすいな、いっとうげんだいてきな、風景のかいしゃくといったらいいかな、そいつを探すことだ、と言っているうちに眼鏡は手から落ち彼自身は側溝に脚をはまらせ、風景のかいしゃく、そう、そいつを橋にやるんだ、彼はびっしょり雨に濡れ息は切れ、でも今この時に大層満足しているようだった［…］（『橋を築く』、フォリオ版、関口訳）

［…］巻子は酔った口調であり、明らかに絡んでるといえなくもない様子で、わたしが同居していた時に巻子は酔っ払うということは、ほとんどなかったけれどもひょっとして最近はもしかしてこういう感じなのかもしかして、と思ったが、そんなこと思ってもしょうがないわけで、すると巻子は近づきながら、あんたは、あたしと口がきけんのやったら、どでもしい、どうでもしたらええよ、ええわ、と云い、ひとりで生まれて来てひとりで生きてるみたいな顔してさ、と昨今昼ドラでもなかなか聞けぬような台詞

を云って、なあ緑子、あたしはいいねん、あたしはええよ、と、何がいいのかそればかりを繰り返し、

［…］（『乳と卵』、文藝春秋）

細部の比較分析は文学研究者に任せるとして、一読者としてわたしがここに見るのは、現在書かれているこの二つの作品の中には、それぞれ独立した形であるが、仮に「極度の自由間接話法」とでも呼んでおくべき共通の実験が行われているということです。そして、翻訳者の役割は、それぞれ相手が使っている建材を使って建てることにあるのです。

四

日本文学の受容は日本愛好家たちの狭い共同体の中だけのものではありません。フランス語圏の読者たちは、日本やフランス人、または他の国の新しい作家や作品を発見しています。そして、そのダイナミックな文学的動きの中ではすべてがつながっているのです。二〇一一年三月一一日の津波や福島原発事故のような出来事は、それが日本で起きたからということでわたしたちの心を動かすのではなく、それがわたしたちの世界に属する日本の出来事だからこそ他人事ではいられません。村上春樹は、現在、日本人作家として読まれる以前に、世界的な作家としてフランス語で読まれています。そして、彼だけが特別なのではありません。現代日本のテクストが紡いだ構造を、その最も繊細な声の口語性に至るまで丹念に掬い上げフランス語に訳すことは、翻訳者にとって、自分の仕事をなし、意味を伝えることにとどまらず、間接的にフランス文学の活動に参加することでもあ

るのです。

日本文学を読むフランス語圏の読者の中には、必然的に、現在作家であり、または将来作家になるだろう人たちが存在します。そして、フランス文学が二〇世紀の日本文学に及ぼした影響は明らかであって、日本人の翻訳者たちがその現象に関わっていたように、日本文学と本当の意味で対話するフランス語圏の文学は近い将来に現れるでしょう。それは、もちろん、あるモチーフをただ取り入れるというよりももっと深いレベルで行われるに違いありません。そしてわたしたち翻訳者がなすべき仕事もそこにあるはずです。

（関口涼子 訳）

第2部　思想・歴史・人文社会科学の翻訳交流

［第2部　解題］なぜ人文社会科学の翻訳か？
――文芸共和国から思想の共和国へ

三浦信孝

一　文学だけでなく人文社会科学の翻訳を

本書の元になった日仏翻訳シンポジウムは、敬愛する先輩、西永良成の「妄想」から生まれたドンキホーテ的企てだった。「妄想」というのは、フランスから報告者を大勢招き、同時通訳をつけて二日間のシンポジウムを組織するには相当な資金が必要なのだが、現役を引退した名誉教授には研究費はなく、原資がゼロだったからである。フランス語で実現不可能な企てを「スペインの城」というが、ゼロから出発し一年足らずで「砂上の楼閣」が建ってしまったのは、西永が築いてきた信頼関係のネットワーク、社会科学でいうところの「ソーシャル・キャピタル」の蓄積があったからである。私は、サンチョ・パンサよろしく、ドンキホーテの妄想を実現すべく協力するはめになったが、協力するにあたってひとつの提案をした。はじめに送られてきたシンポジウム企画案は「日仏文学翻訳の過去・現在・未来」だったので、文学の翻訳だけでなく、人文社会科学書の翻訳も取り上げること、しかもフランス語から日本語へだけでなく、日本語からフランス語への翻訳も取り上げることだった。

西永は最近まで長く小西財団の日仏翻訳文学賞の審査委員長をつとめ、プレイヤード叢書に入った谷崎潤一郎全集、あるいは渡邊守章によるクローデル『繻子の靴』など日仏双方向の文学翻訳のすぐれた成果に賞を授与してきたが、私は、松本礼二によるトクヴィル『アメリカのデモクラシー』（岩波文庫全四冊、二〇〇五年・二〇〇八年）のような正確で規矩正しい日本語への翻訳がなぜ候補にならないのか、あるいはクリスチーヌ・レヴィとエディ・デュフルモンによる中江兆民『三酔人経綸問答』の仏訳 *Dialogues politiques entre trois ivrognes* (CNRS Editions, 2008) がなぜ小西翻訳賞の候補にならないのか疑問に思っていた。すぐれた文章で書かれたものは、歴史書であれ思想書であれすべて「文学」なはずだが、小西翻訳賞の文学概念は狭すぎるのではないか、と思っていたのである。西永は私のメッセージを直ちに受け止め、シンポジウムの一日目を文学、二日目を思想や歴史など人文社会科学にあて、しかも日仏双方向の組み立てにしたから、私は彼の知的柔軟性と懐の深さにあらためて感心した。彼がシンポジウムの企画書を、丸山眞男と加藤周一の『翻訳と日本の近代』（岩波新書、一九九八年）への言及ではじめていたのは、単なる思いつきではなかったのである。

小西財団の助成による日本近代文学の仏訳プロジェクトは、一九八〇年代はじめに設置された「日仏の明日を考える会」（通称「日仏賢人会議」）における井上靖の提案によるものだった。その成果はガリマール社から二巻本の短編小説集 *Anthologie de nouvelles japonaises contemporaines* (1986, 1989) として出るが、そこには井上靖の序文がついている。これはセシルとアンヌの坂井姉妹をはじめフランスにすぐれた若手翻訳家が育っていたからできた事業だが、日本側にも石井晴一をリーダーとする仏文研究者のチームが編成され、仏語訳を原文に照らしてチェックし訳者たちを補佐した。同じ翻訳プロジェクトで、中原中也など日本近代詩を専門とするイヴ＝マリ・アリューがひとりで*Anthologie de poésie japonaise contemporaine*（1986）を実現したことも忘れてはならない。極東とくに日本文学の翻訳出版を専門とするフィリップ・ピキエ社がアルルに設立されたのも一九八六年のことである。

一九八四年春、フランス文化省と朝日新聞社の共催で第一回日仏文化サミットが開かれ、ジャック・デリダやエドガール・モランが来日し、加藤周一や大江健三郎と議論した。この会議で、私は通訳ブースにいたのでよく覚えているが、加藤は、フランスに日本文学の翻訳はあるが社会科学書の翻訳は皆無である、社会科学系の思想書も仏訳紹介すべきだと提言した。サルトルが創刊した『レ・タン・モデルヌ（現代）』一九六九年二月号の日本特集をはじめ日本からの発信の先頭に立ち、『日本文学史序説』上・下を上梓したばかりの加藤周一の発言だけに重みがあった。

あれから三〇年、日本文学の仏訳は軌道に乗った感があるが、人文社会科学書の翻訳はここ数年でようやく緒についたばかりである。その意味で、先に名をあげたイヴ＝マリ・アリューが監修し一九九六年にフィリップ・ピキエ社から出した*Cent ans de pensée au Japon*（2 vols）は、実に先駆的な企てだったと言わなければならない。第一巻は二葉亭四迷から大岡昇平までの作家、第二巻は福沢諭吉から加藤周一までの思想家の計二六本のエッセーを集めた「日本の思想一〇〇年」のアンソロジーである。

人文社会科学の翻訳ではその後につづく仕事がなかなか出なかったが、最近、歴史学の分野では、かつて網野善彦を仏訳紹介したピエール・スイリによる、勝俣鎮夫の『一揆』（岩波新書）の翻訳*Ikki. Coalitions, ligues et révoltes dans le Japon d'autrefois*（CNRS Editions, 2011）が出た。スイリ率いるジュネーヴ大学のチームによる近代日本の歴史家や思想家のアンソロジーの翻訳プロジェクトが進んでおり、その第一弾として日本の植民地主義を批判する戦前の知識人の論文を集めた *Japon colonial, 1880–1930. Les voix de la dissension*（Les Belles Lettres, 2014）が出たばかりである。同じテーマでは、クリスチーヌ・レヴィによる幸徳秋水の『廿世紀の怪物　帝国主義』の仏訳（CNRS Editions, 2008）が先鞭をつけており、アルノ・ナンタによる高橋哲哉『靖国問題』の仏訳 *Morts pour l'empereur: La question du Yasukuni*（Les Belles Lettres, 2012）は、最近の顕著な成果である。東アジアでの緊張が高まるなかで、日本がナショナリズム一色にそまっているかのごとき報道が海外でなされる時に、歴史認識の問題について日本人自身による批判的言説があることを紹介することの意義ははかりしれない。

前回パリに行ったときソルボンヌ広場にある哲学専門のヴラン書店をのぞいたら、*Textes clefs de la philosophie japonaise*（Vrin, 2013）という日本哲学のアンソロジーが出ているのをみつけ買い求めた。道元から井筒俊彦までを日仏の混成チームで成し遂げた翻訳である。こんな翻訳がよく出たものだと思ったが、国際交流基金の助成によって出版が可能になったもので、哲学や社会科学の翻訳を促進するには、官でも民でもいいのだが、インスティチューショナルな支援制度が必要ではないか。ただ、日仏の知的交流は日本側の持ち出しで行われる傾向が強く、真に相互的な交流になるには、フランス側に日本書の翻訳を支援する体勢が必要だ。フランスには文化省の下に Centre National du Livre（フランス書籍センター）があり、フランス語への翻訳書を含む書籍の出版に助成しているが、日本の人文社会科学書の翻訳にどれだけ貢献しているだろうか。この辺の事情については、フランス著作権事務所を拠点に日仏双方向で翻訳交流の仲立ちをし、自身翻訳者でもあるコリーヌ・カンタンの報告に詳しい。

二　ササラ型とタコツボ型、文学と社会科学の間

シンポジウムのプログラム作成の過程で、フランス側から二日目を人文科学と社会科学を分けるのはおかしいとクレームがついた。日本では人文科学と社会科学の区別が今も行われているが、フランスでは両者の垣根は取り除かれているというのである。

顧みれば、一九六〇年代末まではパリ大学は文学部、法学部、理学部、医学部から成っており、文学部は Faculté des lettres et des sciences humaines（文学・人文科学部）と称していた。たとえば、パリ政治学院からパリ大学に移ったレイモン・アロンは文学部で社会学を講じていたのである。法学部は Faculté de droit et des sciences économiques（法学・経済学部）で、sciences sociales（社会科学）は学部名に入っていなかった。

人文科学に出版の分野で光をあてたのは、ガリマール書店に監修者として招かれた歴史家のピエール・ノラである。彼は一九六六年、Bibliothèque de la Pléiade（プレイヤード文学叢書）を看板とするガリマールのノンフィクション部門を再編し、Bibliothèque des idées（サルトルの『存在と無』を出したイデー叢書）とは別に Bibliothèque des Sciences humaines（人文科学叢書）を創始し、バンヴェニストの『一般言語学の諸問題』とフーコーの『言葉と物』を刊行して成功を収める。以後この叢書は、社会学（アロン）、人類学（ルイ・デュモン）、神話学（デュメジル）、経済人類学（ポランニー）、

政治思想（ルフォール）から遺伝学（フランソワ・ジャコブ）まで学際的な叢書に発展する。邦訳のある日本研究ではオギュスタン・ベルクとフィリップ・ポンスは人文科学叢書から出ているが、モーリス・パンゲの名著『自死の日本史』*La mort volontaire au Japon*（1984）はなぜか Bibliothèque des histoires（歴史叢書）から出ている

他方、社会科学の認知度を高めたのは、社会科学高等研究院の創立である。一八六八年以来の古い歴史をもつ高等研究実習院 Ecole Pratique des Hautes Etudes に第二次大戦後つくられた第六部門（Sciences économiques et sociales 経済・社会科学）は、アナール派の泰斗、『地中海』のブローデルが部門長をつとめ、ロラン・バルトもここで記号学を講じていたが、一九七五年に社会科学高等研究院 Ecole des hautes études en sciences sociales として独立する。歴代の院長をみると、中世史のルゴフ、革命史のフュレと歴史家が中心だったが、社会学のブルデューも哲学のデリダもここで教えていた。レイモン・アロン政治研究所もここにあり、今やマルセル・ゴーシェが看板教授で、その著作はガリマールの「人文科学叢書」から出ている。

こうしてフランスの学術研究と出版界では人文科学と社会科学の垣根は取り払われており、現在では Sciences humaines et sociales の頭文字をとって SHS という略号が一般化しているほどだ。したがってフランス側からのクレームにはそれなりの根拠がある。クレームの主は近代文学が専門のエマニュエル・ロズランで、彼はフランスではマイナーな日本研究にテコ入れするため、Les Belles Lettres（文芸）社に「日本叢書」を創始し、研究書の出版だけでなく、日本文学と特に人文社会科学の翻訳紹介に力を入れている。彼はシンポジウムでの報告の最後に、仏訳紹介すべき人文社会科

学書のトップ10を推薦するよう日本側に呼びかけた。フランスの日本研究は、エグゾティスム（異国趣味）はもちろん、サイードのいうオリエンタリズムの域を脱して、日本の歴史的社会的現実に迫ろうとする意思が顕著になっている。中根千枝の「タテ社会論」を嚆矢とする一九七〇年代の一連の日本人論とは異なる、より普遍的な射程をもつ人文社会科学書が求められているのである。

これは、明治以来、西洋の学問を翻訳紹介することで自分の学問的地位を築いてきた日本の学者には、思いもかけない注文ではなかろうか。日本では、文学でも思想でも、古典的作品のすぐれた翻訳こそ、研究の到達点として評価される。しかし高橋哲哉の著作で仏訳されたのは、いかに優れたものであれデリダの「脱構築」の解説書ではなく、国家が強いる犠牲のメカニズムを解明した『靖国問題』なのである。ブルデューが最後の来日時にピエール・スイリに尋ねたという「日本には知識人はいないのか」という問いは、日本に自分の著作の翻訳者があまたいることを知っている当人の質問だけに、西洋中心の上から目線とだけ言ってすませられる問題ではない。

ここで思い出されるのは、丸山眞男が『日本の思想』（一九六一年）で指摘した西洋の学問の移植における「タコツボ化」の問題である。西洋では古代、中世、ルネッサンスとつづく共通の文化的根っこから一九世紀に個別科学がササラ型に枝分かれして発達したが、それが明治期の日本に入ると共通の根が見失われ、それぞれ孤立したタコツボに入り込み、分野間のコミュニケーションが遮断されてしまうという問題である。文科と理科のあいだは言うに及ばず、本来諸科学を関連づけ基礎づけることを任務とする哲学が専門化して、哲学と社会科学のあいだに内面的な交流はほとんどなく、各社会科学相互間、法学、政治学、経済学というような本来密接な関連をもつ学問分野のあいだでさえコミュニケーションがあまりない。いわんや文学と社会科学とのあいだとなると疎隔はもっとはなはだしいものになる、と丸山はいう。

文学と社会科学の疎隔の最たるものは、丸山が同じ『日本の思想』で論じた、戦前の、マルクス主義によって代表される社会科学の「理論信仰」と、マルクス主義批判の旗頭だった小林秀雄に代表される文学の「実感信仰」の対立であろう。加藤周一は『1946・文学的考察』の巻頭で、すぐれた文学や芸術に深い理解をもち、美に対する繊細な感受性を備えながら「重大な歴史的社会的現象に対し一片の批判もなしえなかった」戦争世代を、「新しき星菫派《せいきんは》」と呼んで批判した。ヴァレリーを読んで時代の狂気と距離をとっていた加藤は、社会科学ではマルクス主義にも通じていた。逆に、戦後、保守の論客として重きをなした福田恆存は、一九四七年はじめに発表した「一匹と九十九匹と」で、失われた一匹の羊の尊さを説く新約聖書ルカ伝のイエスの言葉を引き、「九十九匹を救へても、残りの一匹においてその無力を暴露するならば、政治とはいつたいなにものであるか」と問い、九十九匹を野において、迷える一匹の失意と逡巡にかかずらうのが文学だとした。これは文学の側から社会科学の限界を突く鋭い批判である。

いずれも戦前あるいは敗戦直後の議論だが、こうした文学と社会科学のあいだの緊迫した問題意識は、専門化が進んだアカデミズムの研究からは姿を消して久しい。一九八〇年代の繁栄する大衆消費社会を背景に流行したポストモダンが「大きな物語」の終わりを唱えて以来、思想の座標軸が見失われ、研究が脱イデオロギー化された結果ではないか。文学と社会科学の役割分担は必要である。しかし文学的感性なき社会科学は現実から遊離した「理論信仰」におわり、社会科学的視野を排除した文学は、個人の内面のいかに洗練された分析であれ、「実感信仰」のレトリカルな表現におわる。私はロズランの呼びかけに応じ、翻訳すべき社会科学書として、冷戦が終って逆に「可能なるコミュニズム」について考え始めたという柄谷行人の『世界共和国へ――資本＝ネーション＝国家を超えて』（岩波新書、二〇〇六年）を推した。

三　思想の翻訳と言語の三角測量

周知のように、日本でフランス語から翻訳された最初の社会科学書はルソーの『社会契約論』である。『民約訳解』（一八八二年）を著した中江兆民は、パリ・コミューン後のパリとリヨンに学び、帰国後「仏学塾」を開いた日本の「仏学の祖」と呼ぶべき存在で、翻訳家にして思想家。その兆民の『三酔人経綸問答』と『一年有半』が一世紀有余を経て今度は仏訳されているのは、翻訳を通しての思想の往還として興味深い現象ではなかろうか。しかも『民約訳解』は漢文（古典中国語）訳だったため、清朝末期の中国の知識層にルソーの思想を知らしめるうえで一定の貢献があったことが明らかになっている（セリーヌ・ワン「「人民」と「社会契約」――中国におけるルソーの受容」、永見・三浦・川出編『ルソーと近代』風行社、二〇一四年）。

コレージュ・ド・フランスの中国思想史講座教授アンヌ・チャンの表現を借りるなら、この現象は思想の翻訳における「言語の三角測量」と呼ぶことができる。アンヌ・チャンは『論語』（*Entretiens de Confucius*）の仏訳者だが、主著 *Histoire de la pensée chinoise* (Seuil, 1997) が『中国思想史』（知泉書院）として日本語に訳された機会に、昨年四月、翻訳者たちとの対話を楽しみに再来日し、中国語からフランス語へ、フランス語から日本語への翻訳を《triangulation des langues》と呼んだのである（この表現は直ちに川田順造の「文化の三角測量（triangulation des cultures）」を連想させるが、チャンは川田の仕事を知らない）。日本は中国を本家とする漢字文化圏に属し、漢学・儒学の研究は少なくともフランスと同じぐらい発達している。したがって彼女のフランス語による中国思想史の日本語訳は、フランス語から他のヨーロッパ語への翻訳とは性質を異にする重要な意味をもっているという。西洋思想の基本概念は明治期の日本人による訳語が中国に逆輸入されているから、思想の伝播の観点からみて中・仏・日の言語の三角形は研究に値する興味深いケースである。

私が報告「社会科学の翻訳における「翻訳は裏切り」」で、ルソー・兆民・カントを取り上げ、フランス語・日本語・ドイツ語のあいだの翻訳による概念のズレを分析した着想のもとは、アンヌ・チャンの「言語の三角測量」にある。日仏の翻訳を通しての知的交流が真に相互的になるためには、バイラテラルを越えた比較の第三項が必要である。

たとえば、日本国憲法が主権者と定めた「国民」はGHQ草案におけるPeopleの訳語だが、「国民」に対応するフランス語はPeupleではなくNationであり（ルナン『国民とは何か』）、ドイツ語にもNationの語はあるが（フィヒテ『ドイツ国民に告ぐ』）、日本国憲法のドイツ語訳では「国民」に民族的《エトノス》負荷が強いVolkの語があてられている（Wir, das japanische Volk）。Nationは日本語では「国民」「民族」「国家」と訳し分けられる多義的概念なだけに、言語の三角測量は文化を比較考量するうえできわめて有効だと思われる。中国語では一九世紀末にNationの訳語「民族」が日本語から輸入され、「民族minzu」の語がネーションとしての中華民族にも、漢族以外の少数民族にも使われている。People にあたるのは「国民」ではなく、もちろん「人民」だ。

もう一つの例をあげるなら、西谷修がジャン＝リュック・ナンシーの主著『無為の共同体』の先駆的翻訳（一九八五年）を通して分析した近代における「共同体」の忘却と再生という重要テーマである。「共同体」について私は、ウェーバーよりやや年長のドイツの社会学者テンニェスが打ち立てたゲマインシャフトとゲゼルシャフトの二類型が日本では大学の一般教養でも教えられるが、フランスでは必ずしも教養人の常識になっていないことを不思議に思っていた。Gemeinshaft は血縁や地縁など自然に根ざす共通の帰属感情にもとづく「共同社会」、Gesellshaft は会社組織のように一定の目的を実現するため個人の自由意思にもとづき作為的に形成される「利益社会」を指し、デュルケムはこれを communauté（共同体）と société（社会）と訳し分けたが、その後ドイツ語との関連は忘れられてきたきらいがある。フランスでは冷戦後アラブ＝ムスリム系や黒人などマイノリティ集団の閉鎖的共同体主義をコミュノタリスム communautarisme として批判する論調が強まり、絶版になっていたテンニェスの共同体論の新訳が二〇一〇年に出ている。ところが他方、教養あるフランス人でも、北米の政治哲学で三〇年の蓄積があるリベラル対コミュニタリアン（liberalism vs communitarianism）論争に通じている人は少なく、英語とフランス語で同じような用語を使っていても、意味の違いは知られていない。英語の community、フランス語の communauté、ドイツ語の Gemeinde がそれぞれの社会でもつ意味の歴史的厚みを知らなければ、「共同体」に関する議論は十分な深まりをもたないだろう。

その意味で私は、フランス語における Civilisation 概念とドイツ語における Kultur 概念の生成を丹念に調べて比較し、「文明」と「文化」が日本の近代化の過程でどのように使い分けられてきたかを検証した西川長夫の論文「国家イデオロギーとしての文明と文化」(『思想』一九九三年五月号)を、言語の三角測量のお手本だと考えている。

第二部の日本側の論考は、すべてフランス思想の研究者によるものだが、その共通項は、言語の三角測量によってフランス思想の相対化と脱中心化をはかっていることである。私はバタイユ、ナンシーからルジャンドルにいたる西谷修の「思想の仕掛人」的翻訳の仕事を追いかけてきたつもりだが、とりわけシャモワゾーとコンフィアンの『クレオールとは何か』(平凡社、一九九五年)の翻訳と解説によって、西洋の世界拡大によるグローバル化の歴史をカリブ海の奴隷制植民地から逆照射する逆転の思考に多くを教えられた。松本礼二のトクヴィルの翻訳と研究からは、アメリカのデモクラシーを鏡にフランス革命を批判的に捉え返す視座と、デモクラシーそのものを待ち受ける「個人のアトム化」と「多数の専制」の危険について学んだ。トクヴィルは、社会科学が歴史学、社会学、政治学などに分岐する以前の、モラリスト文学の系譜にも連なる作家であるだけに、第三節「社会科学と文学の間」のメッセージは私の議論を補って余りある。

ドレフュス事件の研究から出発した菅野賢治は、フランスの植民地だったヴェトナムの現地語にフランス語をまじえた一戯曲の分析から、翻訳にまつわる植民地主義的同化のメカニズムを浮彫りにした。日本はフランスの植民地ではなく、われわれはフランスに仕える原住民ではないが、われわれは翻訳することで原住民性を裏切っていないか、という重い問いである。その問いを受けて、レヴィナスとアレント研究の渡名喜庸哲は、福島第一の原発事故を、高度に発達した現代文明をいつでも襲いうるカタストロフの範例として分析するナンシーやジャン＝ピエール・デュピュイの著作を翻訳した経験から、それが福島の被災者たちの実感とかけ離れたものであることを意識しつつも、なお「フクシマ」と「福島」を往還しつつ翻訳者として何が言えるかを真摯に模索する。ドイツ語表現のユダヤ人哲学者ギュンター・アンダースを翻訳した篠原正瑛の仕事の紹介は、それだけでも貴重だが、翻訳者には他者の言葉を翻訳する黒子にとどまりつつも他者の言葉に応答する責任があるとする渡名喜の倫理観が吐露されている。

フランス側五人のうち四人については既に触れた。残るミカエル・リュケンの論考は、京都学派左派の美学者中井正一が、治安維持法違反で検挙される前年の一九三六年に発表した「委員会の論理」の翻訳を通し、社会科学の翻訳がいかに注意深い読書と調査研究を必要とするかを説く。特に中井が参照する文献の多くが仏訳のないドイツ語文献であることから、訳者はいかに戦前の日本がフランスよりドイツに近かったかを知り、検閲をおそれ出典を明記せず中井が引用した一節が初期マルクスの『経済学・哲学草稿』の一節であることをつきとめた発見のよろこびを控え目に語る。

一九二八年から三五年にかけて刊行された改造社版『マルクス・エンゲルス全集』全二七巻は外国語に訳された世界初の全集であるが、そのことを知る者は少ない。フランスで外国語の社会科学書の翻訳が少ないのは日本語に限ったことではない、とアルノ・ナンタはいう。一八世紀のヨーロッパに成立していたフランス語中心の「文芸共和国」が、英語中心のグローバル化の現代において、世界に開かれた「思想の共和国」になる小さな窓口を、日本語からの社会科学の翻訳が切りひらくことを願わずにはいられない。

第12章　世界化の時代と翻訳の役割

西谷　修

ミカエル・リュケンさんは「翻訳はそれ自体が探求である」といった主旨のことを言われました。わたしもまったく同感で、翻訳とは、単にひとつの言語から他の言語に意味を移し替えるとか、類似の表現に置き換えるといっただけの作業ではありません。

もともと、日本の〈近代〉にとって翻訳はきわめて重要な意味をもっていました。決定的と言ってもよいでしょう。日本の近代は〈翻訳〉と切り離しては考えられません。というより、そもそも〈近代〉というものを、〈翻訳〉によって定義することができるほどです。というのも、西洋近代の駆動力は異なる多様な世界の出会い（新世界への進出）であり、それが国民国家や各国語の成立と結びついているのですから。

加藤周一と丸山眞男が強調したように、とりわけ日本の場合、近代と翻訳との結びつきは顕著です。というのは、日本では〈近代化〉は〈西洋化〉と同義でしたが、その西洋化は〈翻訳〉なしには果たせなかったからです。いまわたしたちが日常的に使っている二字熟語のほとんどは幕末から明治期にできた翻訳語、つまり西洋の諸概念を翻訳するために作った新造語です。日常語もそうなりましたが、とりわけ学術的《ディダクティック》な用語はまずは翻訳語です。というのも、学問や知の体系、それに支えられた社会の諸制度は、当時の西洋のものをそのまま持ち込んだのですから。今ではもう意識されませんが、わたしたちは翻訳語で生活しているのです。わたしたちの〈近代〉はその翻訳語の上に成立しているのです。

日本の場合、〈近代〉はまず〈翻訳〉されたのだと言ってもよいでしょう。日本は西洋の文物を学ぶとき、まず手探りで西洋語の意味するところを探り当て、それに見合う表現が日本語にみあたらないと、それ自体が意味をもつ漢字を組み合わせて造語しました。その訓練はすでに『解体新書』などでなされていましたが、今度は「万民法（droits des gens）」などから始まって、「社会」、「政府」、「権利」、「産業」、「経済」、「宗教」、「主体」、「身体」、「欲望」、「恋愛」などにいたるまで、新造語をそろえて西洋語による表現を日本語のなかに取り込んだのです。

“Society”は「世の中」ではまずい。どうも違うようだ。そこで、試行錯誤を通じて「社会」という新造語が作られます。だから「社会」という語は「世の中」のことではなく、西洋的な考えに立つ“Society”を意味している、ということになります。さらにそれとの関連で「個人」とか「権利」という造語もできます。そしてその新造語が、わたしたちの理解すべき、そして今後はそれに従って西洋流にとらえるべき、新しい観念を示すことになります。初めはそれは一般の人には理解されませんが、近代化のために理解しなければならない用語として流通するようになり、やがて「世の中」とは違うニュアンスの語として定着します。他の例でいえば、子どもは家で、「からだを拭きなさい」とか「からだを粗末にするな」とか言われます。ところが学校に入ると「からだを調べる」とは言われず、「身体検査」と言われ、そこでわれわれは「からだ」が正式には「身体」というのだということを教えられるのです。だからわたしたちは、学問的なテクストを読み書きするときはもちろん、生活経験を表現するときも、ヴァナキュラーな言語と翻訳語という二重の言語をあやつり、半分は翻訳のレヴェルに足を突っ込んで考えているのだと言えます。

明治の初め、草創期の大学では教授はほとんど外国人（＝西洋人）でした。西洋の学問を教えられる日本人がいなかったからです（漢学者や儒学者は西洋的教育には役立ちません）。大学教育はそうして始まり、同時に大勢の留学生を送り出します。そして彼らが知識を身につけて帰国する一〇年後ぐらいになると、日本人教師が西洋人に取って代わるようになります。夏目金之助が帰朝して東大英文科の教師になると、ラフカディオ・ハーン（小泉八雲）が職を失うといったエピソードもありますが、ともかく、明治三〇年過ぎには大学教育はほとんど日本語でできるようになります。日本で初めての哲学書として西田幾多郎の『善の研究』が出たのが一九一一年（明治四四年）、その頃までには日本語は西洋流の哲学を論じうるまでになっていたということです。

こうして日本は、西洋の文物をまず日本語のなかに取り込み、このまったく違った文明の内実を日本語で表現できるようにしました。日本の近代化はこの〈翻訳〉をベースに行われたのです。わたしたちはこのことを特別に意識していませんが、実はこれは世界でも例のないことで、日本近代の固有性といってもよいほどです。西洋以外の多くのところ、植民地に組み込まれたところでは、高等教育はたいてい宗主国の言語で行います。だから、ヴァナキュラーな言語で生活する人たちと、高等教育を受ける人たちとの間に隔壁ができてしまいます。その分断が植民地支配を脱した後にも、社会状況の展開に影を落としています。

その点、日本は西洋の自認する〈普遍性〉に対して、〈翻訳〉による吸収同化を通して、ナショナルな一体性を確保しながら〈普遍〉のレヴェルに関わるという手段を手にすることになったのです。ただし、そのためにまた、確保されたナショナルな繭の中に自閉するという傾向も生まれました。日本語ですべてがこなせるとなると、今度はそれが外部に通じない「独自」のものを醸成して、それに自足することにもなります。別の例で言うなら、日本は西洋に合わせて太陽暦を採用しますが、その一方で日本にだけ通用する元号を保持し、天皇の代替わりで区切られる「一世一元制」を近代国家のために作りました。暦の実質的な通約可能性を用意しながら、日本にしか通用しない独自の時の括りを作ったのです。このような操作が、西洋との対抗関係のなかで形成される日本のネーション意識を独自のものにしたのです。

こうして〈翻訳〉はわれわれにとっては〈近代化〉の基礎作業でした。ただしこの〈翻訳〉は、単にひとつの言語体系から別の言語体系に意味を移し替える、言ってみればセマンティックな引っ越し作業のようにはいきません。あちらの岸から意味の荷物をこちらに移そうと思っても、その荷物を置ける岸がそもそもなかったのです。その新しい荷物を置く岸壁をまず作らなければならなかった、それが受け皿になる新造語をそろえるという作業です。それはいわば二重の解釈学的作業でした。まず、西洋語の語義を解きほぐしてつかみだし、それをさまざまなコンテクストにしたがって解釈しなければなりません。それと同時に、その語義に照らして日本語の検証をし、漢字の字義を踏まえながら訳語を作るわけです。

また、それは語のレヴェルだけにはとどまりません。構文のレヴェルでも、明治期に日本語の構文は西洋語表現をできるだけ正確に受け入れられるように、身をねじるようにして変わってきました。まさに定規とは矯正具であり、西洋文法によって日本語も矯正されたのです。発話の主語や行為・作用の対象を明示するとか、状況を明示するとか、それまでの日本語なら不必要だったことも、西洋的な意識や論理のあり方に照らして「是正」されるようになりました。

こうしてわれわれは多くの文物を翻訳してきたわけですが、〈近代〉が西洋に体現され、それがモデルないしは知的な規範となる以上、西洋語をそのまま導入しないとすれば、常に翻訳の作業を続けてゆかざるをえません。それが「翻訳大国」日本の負った条件です。それでも、世界で日本の地位が上がり、西洋からも関心をもたれるにつれて、日本の文物が逆に西洋語に翻訳されるということももちろん生じます。けれども、関心は主として日本という「地方」の「特産物」に向けられ、古典や主要な文学作品の翻訳は行われますが、思想や諸学に関しては、日本「独特」のものといったところに関心が限られ、とりわけ同時代の思想的著作などにはあまり関心が向きません。それは日本の特性を味わわせ理解させてくれるものではないし、普遍的な意味をもつ仕事は西洋で行われて西洋から世界に広がるという既定の方向性はほとんど自明の域にまで達しているからです。その意味で、文学に関しては日-仏間の翻訳は進んできたけれども、思想的著作についてはその限りでない、というアンバランスは避けがたいことでもあります。

けれども、現代の世界を特徴づけているのは、西洋の世界化の結果として、世界中で西洋的なもの波をかぶってできた混成物、言い換えれば複合性が一般的になっているということであり、普遍的規範性を暗黙のうちに主張する西洋的なものが、むしろ「地方」化するといった事態も生じています。そしてたとえば、現代の複合性が形成されたプロセスを、翻訳を通して自覚的に生きてきた日本のような経験が、その複合化のプロセスを逆に照らし出すものだというようなことは、あまり西洋では意識されていないと言ってよいでしょう。もちろん、実際に日-仏間の翻訳を実践しておられる今回のシンポジウム参加者の方々は、もはやピトレスクな日本を紹介することではなく、日本の経験――それが日本の文物には体現されているのだと思います――を鑑に世界の近代化のプロセスやそこから生じる諸課題を考えたり、現代世界の理解のためにその相互干渉を参照したりするといった意識をおもちでしょう。日本で、まがりなりにも思想的営為に携わりたいと考えているわたしのような者にとっては、フランスはもはや単なる「輸入元」でもなければ、「原本」の供給地でもなく、現代世界を構成する主要なファクターのひとつなのです。

わたしもフランス語文献の翻訳に携わってきました。ほとんどは哲学・思想に類するものです。わたしが最も関心を寄せたのが、哲学と文学とを横断しながら、西洋の論理的思考の限界に身をさらすような、そしてそのための言語表現というものを意識した作家たちの仕事でした。バタイユ(『非-知』)、ブランショ(『明かしえぬ共同体』)、あるいはレヴィナス(『実存から実存者へ』)といった人たちです。彼らはまたヘーゲルやハイデガーなど、ドイツ哲学に関心をもつ人たちでもありました。それはフランスではいささか例外的かもしれませんが、日本には早くからドイツ哲学研究の伝統があって、われわれにはなじみやすかったという事情もあります。それに、西洋的思考の限界に歩み出ようと格闘した人たちの思考は、ただ単に西洋的思考に同化するよりも、それとの関係を意識的に編み直そうとする者にとっては、大変刺激的だったのです。

何より興味深かったのは、ハイデガーが近代性批判のねらいも込めてテーマ化し、そのためにナチズムとの親和を批判された「共存在」の問題を、それらの作家たちがあえて引き受けて、「共同性」の問いを違った形で展開しようとしたことです。

それは〈近代〉に深く根差したテーマであるとともに、ヨーロッパの刺激で〈近代化〉を図った他のあらゆる地域で――そして今日のグローバル化状況においてさらに深く――問われる問題です。先にふれたように、〈社会〉という用語を日本語に導入し、われわれが「社会生活」を営むようになるためには、解体再編されるべきものがあったわけですが、それが〈共同性〉と名指されるわけです。ヨーロッパはみずからの内在的展開として〈社会〉を形成しましたが、その他の地域はそれをヨーロッパのまねびによって遂行したのです。

そして近代批判の多くは「失われた共同性」という命題をバネにしていました。ハイデガーはそれをズラして、〈共存在〉を〈現存在〉の根本的なあり方だと考えました。ただ、それを歴史的形成理念としての「民族」と同一視してしまったために道を誤ることになりましたが、バタイユやブランショを読み込みながらその罠を解いて〈共同性〉の思考に新たを地平を切り開いたのが、『無為の共同体』を書いたジャン＝リュック・ナンシーでした。それは八〇年代の初め、つまりナチズムの時代から隔たったけれども、グローバル化が新たな段階に入ろうとする頃でした。

一般には〈共同性〉は分断された〈個〉によって求められると考えられていますが、ナンシーは〈個〉が〈共同性〉に惹かれるのは〈個〉が成立する機制そのものが〈共に存在する〉ことだからだとみなし、〈個〉に先立ち〈個〉の自立（自閉）によって見失われる〈共存在〉を見出したのです。それは、西洋の〈近代〉の批判的反省であると同時に、〈近代化〉によって解体されると思われた関係の読み直しを可能にするものでした。

だからわたしは、これを日本語の思考圏にも導入し、そこで生かしてほしいと考え、ブランショとナンシーのテクストを翻訳しました。これを導入することで、日本にアクチュアルなかたちで新しい共同性の思考を開くことができると。それは一定程度実現されたと考えています。

その後わたしはフランス語圏のクレオール文学を発見し、シャモワゾーとコンフィアンの共著『クレオールとは何か』を訳してその紹介もしました。これはなぜかと言うと、〈クレオール〉の提起した問題系は、〈近代〉の世界展開と今日のグローバル世界のあり方を日本という場で考えるときに、きわめて啓発的だと思われたからです。アンティル諸島はアメリカ大陸の懐にあるカリブ海の列島です。そこでは、ヨーロッパの世界展開の端緒に、人類史上初めて起こった人為的な大陸間人口移動の結果、劇的な変容が生じました。いわば世界史の副産物のようにしてそこにクレオール世界が生み出されたのです。この世界は、長らく表の歴史――つまり西洋的世界史――ではネガティヴにしか扱われていませんでしたが、まさにグローバル化の時代に、そこからある積極的な表明が生まれるようになったのです。エドゥアール・グリッサンは、世界を一元化してゆくグローバル化に対して〈クレオール化〉のアイデアを対置し、多様性の潜在力をもとにした新しい世界像を提示しました。

日本もまたアジア大陸周辺の列島です。そして近代国家の形成とともに沖縄などとの関係も抱えてきました。このような島嶼世界の歴史・地理・文化的特質とは何なのか、それが近代国際秩序の形成とともに、どのような問題に直面することになったのか、そこで何が起こっているのか、そうしたことを考えるのに〈クレオール〉の問題系はきわめて啓発的だったのです。とりわけ、グローバル化の時代に、近代の世界化のプロセスはどのような条件を課してくるのか、出口がどこにあるのかを考えるうえではこのうえなく刺激的でした。

同じ頃わたしはパリでフェティ・ベンスラマというチュニジア出身の精神分析家と出会いました。彼と出会って驚いたのは、彼もわたしもほとんど同じようなものを読んできたということです。もちろんフロイトやラカンもありますが、ランボーからバタイユ、ブランショまで、マグレブ育ちの彼がアジアの東端の島国のわたしとほとんど教養の素地を同じくし、なおかつ両者ともフランスのことは知っているけれど、お互いのことをほとんど知らないということに衝撃を受けました。

要するにわれわれは、フランスを軸にした文化や知の放射状の伝播経路のなかにまんまとはめられていたわけです。パリを介さなければ出会えないという構造です。それでいてお互いに、フランスに学びながらそのことに違和感ももっています。中心の中心性に対して、ということです。そこで、この関係を三角につないで中心を外すことに意識的になり、彼がラシュディ事件に際して、ヨーロッパの自己中心的な「表現の自由」の主張をいわば脱構築してみせた『物騒なフィクション』

を翻訳しました。このテクストは日本が西洋的価値を相対化しようとするときにも啓発的だと考えたのですが、これは日本とイスラーム世界の疎遠さのためにあまり成果を生みませんでした。

わたしが主として関心を寄せてきたのは、このように世界化のプロセスとそれが引き起こす地域的生存の変容に関わる課題ですが、いわば世界化が完遂したともいえるグローバル化の時代には、それによって生じる錯綜の読み替えによってしか可能な展開は生まれてこないでしょう。そしてそのプロセスにあらためて翻訳が介入できる、そういう時代だと考えています。多言語を前提とした〈翻訳〉、それも相互の翻訳、解釈の交換が、〈近代〉の飽和と隘路（たとえばハイデガーの入り込んだような隘路）を解くための介入の作業になるのだと思います。

最近、そのような発想に立つ作業のひとつの成果がフランスで刊行されました。これも、もう二〇年来わたしが親しく付き合ってきた法制史家のピエール・ルジャンドルの監修になるものです。彼は法学者とされていますが、しかし西洋的理性の根本問題を追及する人であって、法学の領域に閉じ込めておかれるいわれはありません。一般に理性の問題は哲学で扱われますが、その扱いはいわば視野狭窄に陥っているのではないかと思われます。西洋的理性を問いただすと、クレドとか真理とか、要するに規範的なものと切り離せなくなるのですが、それを徹底的に問い詰めたのがピエール・ルジャンドルです。

概念にせよ、論理的思考にせよ、とりわけそれが社会的に現実化する諸制度はそうですけれども、そうしたシステムを成り立たせる核心にあるのは常に〈規範的なもの〉です。もちろんその出発点は言語です。人間という「話す生き物」を成り立たせるのがそれだといってもいいでしょう。そう主張するルジャンドルの仕事を参照すると、まさしく日本の近代化のプロセスで起こったこと、われわれの思考の枠組みを規定しているのが何なのか、それをもう一度、哲学とは違った文脈でとらえ直すことができると思うのです。

ついでに言うなら、彼がいささか挑発的な名をつけて展開している「ドグマ人類学」は、西洋的規範性の特質を鋭く解明し、その世界化によって西洋も含めたヴァナキュラーな生存秩序がどのように破壊され、「種の再生産」の仕組みが不全に陥っているかを解明しようとしています。たとえばいま日本などでも、学校の崩壊だとか、子どもや若者が心理的な困難を抱えているとか、あるいはとんでもない犯罪が起こるとか、どうしてグローバル化とともにこのようなことになるのかを考えるうえでも、彼の仕事は大きな助けになります。

そのルジャンドルの監修で、先日『概念の世界一周（*Tour du monde des concepts*）』という本がファイヤール社から刊行されました。これは象徴的に九つの西洋的概念（宗教、真理、法、国家、社会、身体、自然、舞踊、契約）を選び、それが九つの言語でどう翻訳されているかということを、それぞれの言語の専門家（必ずしも言語学者ではないですが）が記述するという試みです。諸概念は西洋から輸出されるというか、それぞれの地域の言語に「移住」してゆきますが、その跡を世界一周してみると、同じ概念がそれぞれの「家」（言語は存在の家だ、と言ったのはハイデガーですが）でなんと多様な居住まいをしているのかが際立ちます。言い換えれば、〈翻訳〉というのは、共通の意味への還元ではないということです。世界に共通で普遍的と思われていて、翻訳で透明に流通するとみなされている基本的タームが、それぞれの言語で違った余白をもっており、〈普遍性〉というのはそのヴァナキュラーな余白を切り捨てることなしには成立しないということ、一元的な〈グローバル化〉はありえないということを、この本は人々の意識の鋳型になっている言語を対照することで具体的に示すものになっています。

わたし自身の経験を通してお話しすることになってしまいましたが、最後にまとめておけば、〈翻訳〉とは他者の言語をふるいにした、あるいは鏡にした解釈学的探究であり、思考の移植であり、試練であり、そこから新しい複合化の可能性を生み出すものです。その〈翻訳〉を可能かつ不可避にしたのが〈近代〉だったとすれば、その飽和期ともいえるグローバル化の世界では、〈翻訳〉を通した解釈の往還が隘路を開くのに欠かせない作業になるのだと考えています。

第13章　翻訳と政治思想
――トクヴィル『アメリカのデモクラシー』の場合

松本礼二

一　はじめに

トクヴィルの『アメリカのデモクラシー』（Alexis de Tocqueville, *De la démocratie en Amérique*, 1835-1840）を岩波文庫全四冊（『アメリカのデモクラシー』、第一巻上下、二〇〇五年、第二巻上下、二〇〇八年）に訳出した経験に基づいて日本語とフランス語の間の翻訳に関わる問題を考えろというのが与えられた課題です（以下の文中、拙訳の引用は書名を挙げず、Ⅰ（Ⅱ）―上（下）の形で示し、頁数を付します）。ただ、本題に入る前に、翻訳の一般論について少々考えを述べさせてください。

デリダ以来、いわゆる現代思想の分野では、翻訳の「不可能性」とか翻訳に伴う「権力作用」についての議論が盛んなようです。そうした議論に触発されて、東アジアにおける近代国家観念の導入を「翻訳の政治学」として問い直す野心的な試み[1]もあります。それまでまったく知らなかった言語世界に触れて、その世界に流通している概念や考えを受け容れることは、単に言葉の学習を超えて思想や文化のあり方を一変させますから、そこにある種の文化的権力作用が働くという事実は別に事新しい発見ではありません。明治以来の日本の思想史を貫く「伝統（土着）派」と「近代（国際）派」の対立の根底にはこの問題が伏在しているでしょう。一般化して言えば、ヨーロッパ近代の社会や文化をつくり出した認識体系が翻訳を通じて世界に広がったことの反面の問題です。その結果、近代初頭に希望をもって言われた「知は力なり」という命題のむしろ陰画こそが、フーコー以来、強調されるようになった。翻訳の問題性が今日あらためて議論される背景にはそういう思想状況があると思います。

だからといって、翻訳をあきらめ、異なる文化との接触を拒絶する蒙昧主義 obscurantisme に戻ることが不可能であり、無意味であることもはっきりしています。人類の文化や思想の歴史を全体としてみれば、特定の言語によって表現された知的産物の相当部分が、とりわけ文字の発明以来、異なる言語に移転されて人類の共有財産を形成してきたという事実の方が驚くべきことではないでしょうか。思想史や文化史はその意味で翻訳行為なしに考えられません。私自身が貧しい仕事をしている〈西洋〉政治思想史という領域などは特にそうです。われわれ非西洋世界の言語と文化に育ったものが西洋の政治思想を学ぶには翻訳が避けられないというだけではありません。政治思想の通史で大きな役割を振り当てられている大思想家自身、先行する思想家の著作の多くを翻訳で読んでいるのです。ルソーはプラトンやマキアヴェリを翻訳で読んで自分の政治思想をつくり上げたのであり、プーフェンドルフやグロチウスなど前世紀の自然法思想の学習についても、バルベラックによる翻訳に多くを負っていることはロベール・ドラテが実証しています〈R・ドラテ著、西嶋法友訳『ルソーとその時代の政治学』、九州大学出版会、一九八六年〉。近代ヨーロッパ思想の源流に位置するルネサンスの人文主義者はみな翻訳の大家だったのではないでしょうか。

以上は、ヨーロッパの思想や文化それ自体が翻訳の上に成り立っているという事実に注意を喚起するものですが、近代日本が西洋文明を受容した文化変容はそれまでの世界史に例のないほど急速かつ全面的でしたから、翻訳の担った意義と役割も比類なく大きく、考えるべき問題がたくさんあります。この点は日本思想史における文化接触の問題として、専門家がいろいろ議論しており、丸山眞男・加藤周一『翻訳と日本の近代』（岩波新書）のような大家による検討もありますので、ここでは日本の翻訳文化を成り立たせた独特の言語環境について、若干の問題を指摘するにとどめます。

近代日本はヨーロッパ諸語（ジャンルによって異なりますが、主として英独仏の三か国語）を通じて西洋文明を摂取したわけですが、それらの言語は通用地域において現に話されている生きた言語でありながら、日本では近代ヨーロッパ人にとってのラテン語やギリシャ語のような古典語に当たる役割をも果たしました。外国語の習得は異邦人と直に接するコミュニケーション能力の獲得であると同時に、それまで大多数の日本人にとって未知であった西洋の学術文化を学習する手段でもありました。そして、途中を飛ばして、結果だけ言えば、後者の面でヨーロッパの主要言語は日本の近代化に大きな役割を果たしましたが、国民全体として外国語の運用能力が本当に身についた訳ではない。「お雇い外国人」の時代が過ぎて、日本人が日本語で洋学知識を教え込む教育制度の確立とともに、専門家が主として書物を通じて西洋の学術文化の成果を吸収し、大多数の人々は日本語でこれを学習するという分業システムが出来上がりました。このシステムは科学技術を効率的に輸入し、これを運用する能力を国民レベルで育てるのに適合的で、急速な近代化に貢献しましたが、その反面、絶えず欧米の流行を追う習性を生み、日本独自の成果を世界に問うという点では問題を残しました。自然科学や実用技術の面では世界に通用する人材と業績が生まれ、なにより世界有数の経済大国になったのは事実ですが、言語の違いがより多く作用する精神文化、人文・社会科学の領域は別です。この領域でも近代日本は欧米の学問を貪欲に吸収し、多くの分野で相当の学問水準を達成しましたが、研究成果は今日なお日本語で国内需要向けに発表されるものが圧倒的多数で、世界に知られるものは少ない。翻訳も入超状態は大きく変わっていません。これには、書物を通じて欧米の先端業績に学びつつ、直接の人的交流は限られ、日本人同士日本語で議論することで学問が発達してきたという言語的条件が作用しています。その結果、専門分野によって違いはありますが、一方で欧米の学問成果に学びつつも日本にしか通用しない理解が広がっているのではないかという疑問が生じ、他方では日本の現実と無縁な欧米産の理論で日本を裁断することへの反発が生まれました（丸山眞男のいわゆる「実感信仰」と「理論信仰」の対立はこの問題に関係しています）。これは国内市場に特化した商品開発の結果、国際競争力が失われる現象を指してビジネスの世界でよく言われる「ガラパゴス化」に似た現象で、その観点から一文を草したことがあります[2]ので、参照いただければ幸いです。もっとも思想や学問の「ガラパゴス化」をもたらした言語環境は、グローバル化と英語支配が進む中で急速に失われつつあり、その結果、こんなに英語のできない日本人でいいのか、もっと英語で発信せよという官民挙げての叫びがこだましているのは周知のとおりです。

二　『アメリカのデモクラシー』――その歴史性と現代性

本題の『アメリカのデモクラシー』の翻訳についてですが、まず言わなければならないのは、この本自体、翻訳という一面を有しているということです。これはフランス人がフランス語で書いた本ですが、直接のテーマはアメリカです。当時（一八三〇年代）のフランスの読者はアメリカの政治や社会について大した知識をもっていたわけではありませんから、アメリカ合衆国の歴史や法制度の記述が、少なくとも一八三五年刊行の第一巻では大きな部分を占めています。当然、アメリカ人が英語で書いた文献、資料に依拠せざるを得ない。著者自身が九か月ほどとはいえアメリカを現地調査し、アメリカ人自身の書いた一次資料をふんだんに引いて書かれていたからこそ、フランスで最初の信頼できるアメリカ論と評価されたのは確かです。そうした側面は第一巻に付された多くの注に引かれている文献に明らかですし、ある時期以後の版からは削除されますが、初版からしばらくの間は連邦憲法とニューヨーク州憲法のフランス語訳が巻末に付されていました。

日本語への翻訳者としては、英語文献からの引用をトクヴィルの仏文に即して訳すべきか、それとも英語原文から訳出すべきかという問題に当面します。英語原文とトクヴィルの仏文との間にずれがあり、しかも、それが単に資料や情報の次元にとどまらず、理論的考察に関わる場合には、これは深刻な問題になります。それが結構多く、しかも重要な論点に関してあります。一例として、第一巻の中でも論議を呼んだ重要な論点の一つである「多数の暴政」についての議論を考えてみましょう。

「多数の暴政（la tyrannie de la majorité）」という言葉がトクヴィルの造語といえるかは議論の余地がありますが、フランス語でも英語でもこの表現が広く使われるようになったきっかけが『アメリカのデモクラシー』にあったことは確かです。ただし、tyrannie に当たる言葉は古代ギリシャ以来、政治学の重要な概念として一貫して使用されており、日本語では「僭主制」あるいは「暴政」と訳されるのが普通です。トクヴィルの独創は、元来一人の「僭主」あるいは「暴君」の無法で暴虐な支配を意味していたこの概念を多数の支配というデモクラシーの原理と結びつけた点にあります。ただし、理論的先駆として独立後の政治的混乱を収めたアメリカ建国の指導者たちの考え方があり、トクヴィルは権威づけの意味もあって、議論の最後にジェファソンの書簡とマディソン執筆の『ザ・フェデラリスト』(五一篇)を引用しています。

アメリカ独立革命は「暴君」ジョージ三世の支配から植民地が離脱し、各邦に人民の意志に基づく共和制政府をうち立てましたが、それでめでたしめでたしとなったわけではなく、独立後の各邦には政治的混乱が広がりました。ジェファソンやマディソンのような独立運動に大きな役割を果たし、独立後は各邦の政府で指導的地位に就いた人たち(その多くは植民地時代からの名望家層の出身でした)はそこに「純粋デモクラシー pure democracy」の噴出を見出し、合衆国憲法を制定し、連邦政府を組織することでこれを抑えこもうとします。ジョージ三世という「暴君」の支配に代えて自由な共和政体を立てただけではだめで、革命を通じて政治過程が民衆に開かれると、個別利益で動く党派政治が横行して、共和主義が目指す公共善の実現は難しくなる。人民の意志を体現する「立法部の独裁」こそ自由に対する新たな脅威であり、現に、独立後の各邦では多数派が少数派を排除し、政治を混乱させ、統治を難しくしているではないか。一人の暴政を廃してみても、人民の名による多数の暴政がとって代わっただけではないか(トクヴィルはまたアメリカ革命のこの経験をフランス革命期の国民公会の支配、立法部による三権の簒奪と恐怖政治に重ね合わせています)、というわけです。ジャクソニアン・デモクラシーの現実を観察したトクヴィルは、建国の指導者たちの危惧が半世紀後のアメリカを予見していると考え、その問題点を「多数の暴政」という概念に集約したと言えましょう。

ただし、ジェファソンやマディソンが「多数の暴政」という言葉を使っているわけではありません。この言葉はやはり、ジャクソン期のアメリカ政治の現実に触れてトクヴィルが思いついたか、あるいはアメリカ人の対話者から示唆されたものと思われます。ところが、『アメリカのデモクラシー』のテキストでは、マディソンからの引用の中にフランス語で la tyrannie de la majorité と出てくるのです。ここでの『ザ・フェデラリスト』からの引用はトクヴィル自身が翻訳しているのですが、英語原文の "reiterated oppressions of factitious majorities" （岩波文庫の斎藤眞・中野勝郎訳では「党派的な多数が圧制を繰り返し」）を単に la tyrannie de la majorité （「多数の暴政」）と訳しているのです。マディソンは複数で表記し、トクヴィルは単数で使っているという違いが示すように、同じ「多数」といっても、二人の頭の中にあるイメージにはずれがあり、トクヴィルは翻訳を通じてマディソンの論理を自分の概念にひきつけていると言えます。

トクヴィルの「多数の暴政」概念のもう一つの新しさは政治的抑圧の問題を超えて、精神的支配、「多数の全能が思想に及ぼす力」を論じている点です。トクヴィルは、言論の自由が完全に保障されているアメリカの世論が画一的で、多数の意見が一度固まると反対派は沈黙してしまう事実に驚き、これをデモクラシーの平準化の帰結と見ました。そして「総じてアメリカほど、精神の独立と真の討論の自由がない国を私は知らない」（I―下、一五三頁）という一文が示すように、トクヴィルはヨーロッパとの対比でこれをアメリカ固有の、少なくともアメリカに著しい現象と見ています。これに対して少数者の政治的権利の抑圧の意味での「多数の暴政」は、「現在アメリカで、しばしば暴政が行われていると言う積もりはない」(同、一五〇頁)と述べているように、潜在的脅威として論じています。いずれにしても、世論の力の前に少数意見がかき消され、思考が画一的になるという指摘にこそトクヴィルの「多数の暴政」論の独創性、真の新しさがあり、トクヴィルに深く震撼されたジョン・スチュアート・ミルが『自由論』(一八五九年)において、大衆化の時代における思想の自由と意見の多様性にとっての最大の脅威としてこの概念を発展させて以来、「多数の暴政」はこうした精神の自由への脅威として論じられてきました。ただ、そうなると「暴政」という古典的な用語はしっくりしない面があります。トクヴィル自身、「専制(despotisme)」という「暴政」とは概念の異なる言葉をも用いており、日本語では la tyrannie de la majorité は「多数の専制」と訳されることも多く、その方が適切な感じもします。

以上述べたように、トクヴィルの「多数の暴政」論は「暴政」や「専制」という古典的な用語を用いながら、そこに新しい意味内容が盛られ、またアメリカの観察に基づき、アメリカの著作を参照しつつも絶えずフランスのことを考えているために、議論が重層的になっています。トクヴィル自身、そうした重層性を論理的にも言葉の上でも明確に区別していないため、多様な解釈が成り立ち、翻訳に混乱を招きかねません。

トクヴィルの議論の重層性は読者による受け止め方の違いをも生み出します。フランス語原文で読むフランス人読者と英訳で読むアメリカ人読者との違いだけではありません。トクヴィルの同時代と現代ではどうしても読み方に違いが出てくる。『アメリカのデモクラシー』はトクヴィルが生きていた時代に広く読まれましたが、一九世紀の終わりになるとあまり読まれなくなり、アメリカは少し違いますが、フランス本国でも忘れ去られた時期が長い。それが二〇世紀中葉以降、「アメリカの世紀」の掛け声を背景に復活し、いまや世界中で読まれるようになったといっても言い過ぎではありません。二〇世紀におけるデモクラシーの展開にひきつけて一世紀以上前のテキストが読まれるようになったわけで、トクヴィルがどう読まれてきたかは二〇世紀思想史の問題でもあります。もちろん、ここにはいわゆる「アナクロニズム」の誤謬、現代の問題を過去のテキストの解釈にもち込む危険がともないますが、トクヴィルの場合、そうした現代的読解を無碍に斥けるわけにいかない事情があります。トクヴィル自身、デモクラシーを決して完成したものと見ておらず、現在進行中の事態ととらえ、その将来を見通そうとしているからです。彼自身が将来の読者を想定して書いているとすれば、今日の読者がトクヴィル以降のデモクラシーの進展に照らして『アメリカのデモクラシー』のテキストに新たな意味を見出したとしても、それは著者の期待に応えることだとも言えます。

この本の提起したさまざまな問題の中でも、現代デモクラシーにおいてあらためて浮上した論点として、「個人主義 individualisme」をめぐる議論があります。この言葉ももちろんトクヴィルの造語ではありませんが、彼自身が「新しい思想が生んだ最近の言葉」（Ⅱ—上、一七五頁）と呼んでいるように、『アメリカのデモクラシー』が早い用例の一つであることは事実です。少なくとも、英語の individualism が広く使われるようになったきっかけがこの本の英訳にあるという説は有力です。

アメリカ人が個人の利益を第一にし、何事につけ自分自身でものを考えて権威を認めないという観察はアメリカ滞在の早い時期からみられますが、「個人主義」という言葉そのものは旅行中の記録やアメリカに焦点を当てた第一巻のテキストには出てきません。帰国したトクヴィルは、七月王政のフランス社会にも類似の心性が広がっているのを見出し、同時に、サン＝シモン主義者が批判的に用いていたこの言葉を発見し、これを第二巻におけるキー・ワードの一つとして採用したのでしょう。

トクヴィルの言う「個人主義」は他者とのつながりを見失って公共的関心を喪失し、家族と友人だけの狭い私生活に閉じこもる傾向を意味し、後の言葉で「私化 privatization」と言い換える方がはっきりするかもしれません。トクヴィルは民主社会に特徴的な社会心理として個人主義を論じているのですが、後になると、この言葉はより積極的に個人の自由や権利を主張する思想や哲学の意味でも使われます。日本でも、国家主義者による批判が先だと思いますが、これに対する反論としての個人主義擁護論が明治末年から大正期にかけて多く書かれています（田中王堂の「徹底個人主義」や大杉栄の「社会的個人主義」など、そして今でもよく知られている漱石の「私の個人主義」があります）。戦後の日本では、欧米との対比で日本人は集団主義にとらわれ、主体的個人が確立されなかったのが問題だという論調が強かったのですが、一九八〇年代になると、西洋近代をつくった禁欲的生産倫理（ウェーバー、大塚久雄）としての「硬質な個人主義」は高度成長後の消費社会には時代遅れになり、現代に適合的なのは「柔らかい個人主義」（トクヴィルの「穏やかな専制」をちょっと連想させる表現です）で、その伝統は室町時代以来日本にこそあったという山崎正和の議論（山崎正和『柔らかい個人主義の誕生』、中央公論社、一九八四年）が話題を呼びました。

個人主義は近代社会を論ずるキー・タームの一つとなり、肯定的にも否定的にもさまざまに議論されてきたわけで、これは日本だけのことではありません。そのためトクヴィルの原義を離れて多様な意味がそこに盛り込まれ、時代により、国により議論の位相も動いています。アメリカ人もフランス人も個人主義を自分たちの文化的伝統と自認する場合がありますが、両者の個人主義理解は同じではありません。ロバート・ベラーの『心の習慣』という本（ベラー他著、島薗進・中村圭訳『心の習慣――アメリカ個人主義の行方』、みすず書房、一九九一年、原著は一九八五年）は、タイトルの habitude of the heart からしてトクヴィルからの借用で、トクヴィルの「個人主義」概念を導きの糸としてアメリカ文化の変容を考察していますが、この本の描き出すアメリカ人の個人主義はトクヴィルの言う意味から微妙にずれているという印象を禁じ得ません。トクヴィル自身は個人主義を民主社会の構造に起因する普遍的現象とみていますが、アメリカでは政治参加や結社活動を通じて社会のつながりが保たれ、個人主義の弊害が目立たないと強調します。そうした伝統を欠くフランスでは公共のことはすべてお役人任せとなりがちで、個人主義は専制への道馴らしになりかねないという自国のデモクラシーに対する警鐘に彼の力点はありました。ところが、ベラーの本が出た一九八〇年代になると、アメリカでも「ミーイズム」の蔓延が嘆かれ、さらに二一世紀に入ると現代のアメリカでは結社の伝統が廃れて、トクヴィルが恐れた個人主義の弊害が目立つと論じたロバート・パットナムの『孤独なボウリング――米国コミュニティーの崩壊と再生』（柴内康文訳、柏書房、二〇〇六年、原著は二〇〇〇年）がベストセラーになりました。似たような現象は日本を含めて自由民主主義の諸国でいろいろ報告され、今日、トクヴィルの先見性にあらためて光が当てられることになったのです。

すぐれた古典はいつの時代にも現代的であると言ってしまえばそれまでですが、トクヴィルの場合、あくまで時代の状況に密着し、フランスやアメリカの現実に即して論じながら、現代をも見通す透徹した予見性にはやはり驚かされます。『アメリカのデモクラシー』には日本への言及は一言もありませんが、日本のデモクラシーを考えるヒントさえ、読み方次第で豊かに引き出せます。明治の初年、自由民権運動華やかなりし時代に、この本の第一巻は英訳からの重訳で広く読まれ、日本の思想史に足跡を残した歴史があります。現代日本の読者はその時代と異なるどんな読み方をするでしょうか。

三　文学と社会科学の間

本書は第一部「文学の翻訳交流」、第二部「思想・歴史・人文社会科学の翻訳交流」という二部構成になっています。最後に、翻訳におけるジャンルの違いについて、私の考えを少し述べて終わりにしたいと思います。

確かに今日ではフランス語からの翻訳というと、文学作品や美術史など芸術関係の作品が多く、歴史はともかく社会科学の作品は少ないという印象があります。フランスに伝統のある社会学と人類学は別ですが、私の専門に近い政治学は特にそうで、英語からの翻訳に質量ともに圧倒されています。

ただし、日本における翻訳の歴史を顧みると、文学作品の優越は新しい現象です。幕末の蕃書調所以来、西洋の著作の翻訳は実用目的に沿ってなされましたから、まず訳されたのは軍事技術や医学、工学など実用に近い科学技術の書で、近代国家の制度設計に必要不可欠な法律学や政治、経済の書がこれに続きます。先に引いた丸山・加藤対談にあるように、明治の初めには実に多様なジャンルの著作が翻訳されていますが、文学作品は一番後回しです。文学作品の翻訳としては森鷗外や二葉亭四迷の仕事が早い例ですが、鷗外は軍医として医学書を訳すどころか、クラウゼヴィッツの『戦争論』まで訳しており、二葉亭のロシア語学習はロシア事情探索が第一の目的でした。中江兆民は『社会契約論』を途中まで漢訳し、『学問芸術論』も『非開化論』の題で訳出していますが、『新エロイーズ』や『告白』のような文学作品には手をつけていません。そして、弟子の幸徳秋水に語った「学術理義の書と違って文学の書は原著者以上の筆力なくしては訳せない」[3]という意味の言葉が残されています。これに対して、政治思想の書はルソーに限らず早い時期からたくさん訳されており、フランス語の著作でもモンテスキューの『法の精神』や『ローマ人盛衰原因論』はおろか、ジョゼフ・ド・メストルの『主権論』の陸羯南訳まであるのですから驚きです。

今から見ると文学作品の翻訳が少ないのは奇異であっても、考えてみれば当たり前の話で、科学技術や法律制度の書物はそれまで日本になかった知見をもたらすものですから、これを学習することが国家形成の緊急の必要であったのに対して、文芸の領域では日本語で立派な作品が明治以前からありました。馬琴や南北が広く読まれ、西鶴や近松のような一流品もあるとなれば、無理して外国語を学んで異国の文学を読む必要はないわけで、西洋文学が本格的に紹介されるのはやはり社会全体の欧化がある程度進んでからのことです。人材の面でも、二葉亭の言葉ではありませんが、「男子一生の仕事にあらざる」文学に生涯を賭ける人たちを許容する余裕が社会に生まれねばなりません。坪内逍遥がシェークスピアの翻訳を本格的に進めたのは、東京専門学校（後の早稲田大学）に文学科ができて、その教授に就任して以降のことです。

文学作品の翻訳が遅れたのは実用目的に遠かったからだけではありません。先に引いた兆民の言が示唆するように、「学術理義の書」は専門用語や論理の展開さえ会得すれば、少々つけ刃でもなんとか読めるというところがあります。これに対して、文学作品、特に小説は社会的背景とともに登場人物の行動と心理を具体的に描き、語彙と表現も日常言語から離れられませんから、言語を異にする外国人が理解するには、言葉に習熟するだけでなく、作品を生んだ社会の文化や歴史について深く広く細かい知識が要求されます。翻訳する際にも、普通の読者に理解できる日本語で提供しなければ意味がありません。文学作品の翻訳、紹介が遅れたにはそれなりの理由があったのです。しかし、遅れた反面、実用目的で拙速に翻訳した嫌いのなくもない政治や法律の書と違って、作品それ自体を深く理解したすぐれた翻訳が出ることにもなりました。鷗外以降、兆民のいわゆる「原著者以上の筆力」をもった訳者が輩出したおかげでしょう、英（米）独仏露を中心に欧米の文学は系統的に紹介、翻訳され、『世界文学全集』と銘打つ、世界にあまり例のないコレクションが何度も刊行されたくらいです。

重要なことは、翻訳を通じて外国文学が実作に影響を与えたことです。言文一致以来の日本における近代文学の成立は外国文学の翻訳抜きに語れません。鷗外、四迷から大岡昇平、村上春樹に至るまで、翻訳を手がけた作家はたくさんいます。外国語に縁のない作家であっても、翻訳を通じて外国文学を読んでおり、紫式部から近松に至る伝統文学の中だけで育った書き手はまずいないでしょう。内容的にも文体の上でも外国語と外国文学の影響を決定的に受けながら、日本語のアイデンティティーが失われず、すぐれた作品が新しい文体で書かれたのが日本の近代文学の特質で、その成功には翻訳を通じて外国の作品はいくらでも入ってくるけれども、大多数の日本人は外国語で自由に読み書きできるわけではないので、作品自体はあくまで日本語で書かれるという言語的条件が作用しているのではないか。ということを水村美苗氏が『日本語が亡びるとき』（筑摩書房）で言っています。そして、グローバル化がより一層進み、英語が日本社会に本当に浸透すると、日本の近代文学を成り立たせた言語環境が失われてしまうのではないかと心配しています。

とても面白い本ですが、これを読んで社会科学も同じだと思ったところと、文学は違うなあと感じた点と両方あります。翻訳を通じて欧米の成果に学びつつ、自分の著作は日本語で日本人に向けて書くという言語的条件は社会科学も同じですが、文学作品は創作だけにすぐれた作品はよい翻訳者を得ていくらでも外国に紹介され、その結果いまや日本文学は「世界のメジャー文学の一つ」と認められていると水村氏は述べています。残念ながら日本の社会科学について同じように言うことは憚られます。つまり、言語環境は同じでありながら、文学の領域は先に述べた「ガラパゴス化」から免れているのです。

『アメリカのデモクラシー』という作品がこれまで政治の書として読まれてきたのは事実です。最初に日本に入ったのは明治の初年、第一巻だけですが、英語から翻訳されたのは自由民権運動の時代ですから、ルソーやスペンサーの著作と並んで政治的文脈において広く読まれました。その後は、日本に限らず、一義的にはアメリカ論として読まれ、二〇世紀のある時期からは現代のデモクラシーの諸問題にひきつけて読み直されたのはすでに指摘したとおりです。ただし、この作品には狭い意味での政治の書にとどまらない多様な側面があります。そもそも専門科学としての政治学成立以前の本であり、歴史や思想の書がジャンルとして文学と明確に区別されるのはもっと後のことです。その証拠に、ギュスターヴ・ランソンの『フランス文学史』(一八九四年)にはちゃんとトクヴィルが登場しています。歴史家としても、一九世紀によく使われた publiciste の意味でも、トクヴィルは広い意味での文学(littérature あるいは lettres)の担い手と認められていたわけです。文章も専門用語や難しい言い回しはほとんどなく、明晰で読みやすい正統的なフランス語で書かれています。フランス語散文として立派な文章だというのが多くの人の評価でしょう。内容的にも、特に第二巻第一部では文化や思想、学問と芸術を幅広く論じており、それもアメリカを表題に掲げつつ、中身はフランスのことを扱っている場合が少なくありません。「アメリカのデモクラシーは英語をどのように変えたか」と題する章に至っては、いわゆる「アメリカニズム」の問題、英語に対する米語の違いを主題にしているようにみえて、それはほんのさわりだけで、もっぱらトクヴィルの時代、つまりロマン主義の時代のフランス語の変化を論じています。もっぱら政治や社会学の本としてこの本を検討してきた英語圏の研究ではこうした文化論は無視されてきましたが、近年めざましいフランスにおけるトクヴィル研究のひとつの特徴は文学畑の研究者が文化論や芸術論に照明を当てて、トクヴィルをフランス文学史の中にあらためて位置づけようとしている点にあります。日本でも、文学、芸術畑のフランス研究者はこれまでトクヴィルにあまり関心を払ってこなかったようにみえますが、今後はそうした分野でトクヴィルが広く論ぜられることを願ってやみません。

1　與那覇潤『翻訳の政治学―近代東アジアの形成と日琉関係の変容』、岩波書店、二〇〇九年。もっとも、この本における翻訳の政治学をめぐる理論的考察は、「翻訳」概念が伸縮して、やや混乱した印象を与え、翻訳の実際を考える参考にはあまりならない。反面、冊邦体制と薩摩支配の二重性に置かれていた琉球の中から「近代国家」日本への同一化がいかにして生まれてきたか、そこに孕まれる多様な問題を伊波普猷をはじめとする琉球知識人の思想に即して論ずる歴史分析は説得的で発見に満ちており、一読に値する。

2　松本礼二「政治思想のガラパゴス的進化について」、『UP』四六三号、二〇一一年五月。

3　幸徳秋水『兆民先生・兆民行状記』（岩波文庫）、三三頁。

第14章　社会科学の翻訳における「翻訳は裏切り」

――ルソー・兆民・カント

三浦信孝

《社会科学の翻訳における「翻訳は裏切り」――ルソー・兆民・カント》と題して報告いたします。ルソー・兆民・カントはフランス語・日本語・ドイツ語という言語の三角形をなします。三つの言語の間での翻訳を媒介にした思想の受容ないし伝播がいかにむずかしいかを論じます。はじめに結論を言ってしまえば、文学の翻訳と違い、人文社会科学の翻訳でもっとも重要なのはコンセプトの翻訳であり、概念の不適切な翻訳はいのちとりになるということです。文学の翻訳ではプルーストがいった « beauté du contresens »（取り違えの美しさ）が成立することがあります[1]。しかし、社会科学の翻訳における contresens（意味の取り違え）は致命的な結果をもたらします。

一　核か原子力か、翻訳の詐術

昨年（二〇一三年）四月にイタリアの哲学者トニ・ネグリが来日し、私はフランス語の通訳を頼まれたのですが[2]、彼の議論に共感しつつも反撥をおぼえた点があります。共感したのは、フクシマの原発事故にもかかわらず、二年も経たないうち安倍政権が誕生し、今また原発再稼働に向おうとしている日本を、ネグリが「原子力国家（état nucléaire）」と規定したことです。

フランス語で « puissance nucléaire » というと「核保有国」のことですから、« état nucléaire »「原

子力国家」は新しいコンセプトです。「原子力国家」とは、「原発列島」と化した日本のように、核兵器こそもたないが、原子力発電を推進する政府を中心に産・官・学・メディアの癒着構造が国家権力の中枢を支配し、主権を乗っ取っている国家のことです。それでは、フランスのように核保有国で、かつ原発大国でもある国は、「原子力国家」に含めるのか含めないのかという、定義の曖昧さが残ります。またネグリは « état atomique » という表現も使っており、atomique と nucléaire を使い分けているのか否かも問題になります。

英語やフランス語では atomic と nuclear は同義で、ほぼ取り替え可能です。「原子爆弾」「原爆」は atomic bomb ですが、「核兵器」は nuclear weapon または armes atomiques、「核実験」は essais nucléaires と言います。したがって英語やフランス語では、atomic は「原子」、nuclear は「核」が原義ですがほぼ同義です。ところが日本語では、同じ nuclear でも、「核兵器」「核実験」のように軍事用は「核」、「原子力エネルギー」「原子力発電」のように民生用は「原子力」と使い分けてきました。[3]

一九五三年一二月、アメリカのアイゼンハワー大統領は国連総会で Atoms for Peace「平和のための原子《アトム》」を訴え、ソ連と対抗するため、同盟国に核は持たせないが原子力テクノロジーは輸出するという方向転換をしました。それに飛びついたのが三〇代の青年議員中曽根康弘で、その三か月後には国会で初の原子力予算を通し（ウラン二三五にちなんで二億三五〇〇万円）、五四年三月のビキニ環礁での米核実験による死の灰を浴びた第五福竜丸事件があったにもかかわらず、五五年六月には日米原子力協定が結ばれ、原子力基本法に基づき五六年一月に原子力委員会が設置され，読売新聞社主の正力松太郎が委員長に就任、「原子力の平和利用」というキャッチフレーズのもとに原子力エネルギーの未来が喧伝されます。日本原子力研究所が東海村に建設した実験用原子炉が一九五七年八月に運転を開始したとき、メディアは東海村に「原子の火がともる」とはやし立てました。同じ五七年にはアイゼンハワー演説が元になってウィーンに国際原子力機関（ＩＡＥＡ）が発足、日本は原加盟国として参加します。

ここで注意したいのは、広島・長崎の原爆投下で「核アレルギー」がしみ込んだ日本人に「原子力エネルギー」の明るい未来を信じさせるため、大量破壊兵器を思わせる「核」は慎重に避け「原子力」の語が選ばれたことです。atomic でも nuclear でも軍事用は「核」、民生用は「原子力」と訳し分けることで、同じ技術から発し同じだけ危険な「原爆」と「原発」を切り離すことに成功したのです。同じニュークリアでも essais nucléaires は「核実験」ですが、centrale nucléaire は「原子力発電所」と訳し分けることで、平和のための原子力の「安全神話」がつくられてきたのです。だから二〇一一年三月一一日にフクシマの原発事故が起ったとき、とっさにヒロシマを思った日本人は少なかったのではないか。少なくとも私は、うかつにも、大江健三郎の指摘（三月二八日付 *The New Yorker* 掲載の « History repeats: Japan and nuclear power »）をネットで読むまでは思いつきませんでした。

フランスは核保有国で原発大国ですが、核および原子力技術の研究開発を統括しているのは Commissariat à l'énergie atomique で、日本語では「フランス原子力庁」と訳しますから、原子力の平和利用の機関のようなイメージがあり、一九四五年の設立当初より軍事技術部門があることはあまり知られていません。事実ネグリはフランスを état nucléaire「原子力国家」に数えることはしなかったので突っ込みたかったのですが、私なりに puissance nucléaire と état nucléaire の違いを整理しますとこうなります。

ジャン＝ジャック・ルソーは『社会契約論』（一七六二年）と対になる国家間関係を扱う著作を構想していて、その一部が『戦争法の諸原理』として未刊のまま残されました。それによると、ルソーは主権を二重のものとしてとらえていた。[4] ひとつは一国内の政治社会を構成する法秩序の源泉としての主権で、共和国の場合は人民が主権者です。もうひとつは、共和国であろうとなかろうと、国家間の潜在的戦争状態の中におかれた一国の対外主権で、主権国家の独立を守るための力を備えた国をルソーは Puissance と呼びます。したがって puissance nucléaire とは、フランスのように抑止力としての核で武装した国すなわち「核保有国」を指し、état nucléaire は、核をもつもたないにかかわらず、主権者として人民の代わりに atome-roi「原子」が国王として君臨する国家ということになります。ネグリを引用します。

原子力技術のイノベーションは単に産業政策の表現であるだけでなく、絶対的な国家再建のオプションでもある。「原子力国家」は主権者として「例外状態」を物理的なかたちで押しつけ、圧倒的なテクノロジーの力を通して国家政治の自律的領域を思いのままにかたどり、それによって私たちを資本主義の支配のなかに閉じ込め、それ以外のかたちで社会を組織する可能性を閉ざす。これこそは「原子力国家」の「恐るべき力」と技術的機能による、絶対的主権の伝統の更新ではないのか。近代日本の歴史を通し、列島の統治システムの伝統を特徴づけていた絶対的主権の、しかし幸いにも戦後は民主的な統治に場所を譲っていた絶対的主権の再現が、ここにあるのではないか。[5]

この指摘は、日本という主権国家の統治原理が、戦前の「天皇制」から戦後の高度成長期を通して「原発体制」に移行した、という鎌田慧の指摘に対応します。丸山眞男の表現を借りれば、日本を戦争に導いた「天皇制無責任体制」から「原発無責任体制」への移行です。原発再稼働は戦後民主主義の死と原発無責任体制の復活を意味します。

以上はネグリの主張に共感した重要なポイントです。逆に、ネグリの議論で違和感をおぼえたのは、ネグリが議会制民主主義の機能不全を批判してマルチチュードによる新しい民主主義を主張しながら、代議制＝代表制に対する根本的批判をすでに二世紀半前に行っていたルソーに言及しなかったことです。ご存じのように、ルソーは人民の「一般意思」は代表され得ないとして「代表制」を否定し直接民主主義を主張しました。主権者の僕《しもべ》であるはずの代表者が統治者になると、統治者が人民の立法主権を簒奪し、人民を支配する主人になってしまう、というのがルソーの議論です。ネグリは変革の主体として「人民」や「プロレタリアート」ではなく、スピノザ譲りの「マルチチュード」を持ち出します。ルソーの「人民」は市民全員からなる「共通の自我」をもつ統一された「政治体」ですが、ネグリのいう「マルチチュード」は特異な差異からなるリゾーム状の多数多様性で、組織されない、自然発生的な、中心なき群衆概念です。しかし、なぜマルチチュードの運動によってめざすべき絶対民主主義を「共和国」と呼ばず、わざわざ「コモンウェルス」と英語で呼ぶのか。ここでもルソーの回避があると感じた私は、直接ネグリに質問しました。確かに一七世紀のイギリスでは、ラテン語の res publica を republic ではなく commonwealth と訳していました。清教徒革命でできたイギリス初の共和国は Commonwealth of England です。ホッブズやロックも国家あるいは政治共同体の意味で commonwealth を使います。ところがネグリは市民革命によってできた近代の共和国は「私有財産の共和国」にすぎなかった。フランス革命の淵源になったルソーの共和国論ですら、ブルジョワあるいはプチブルジョワの「私有財産の共和国」にすぎなかった。代表制によって統治される共和政体そのものがいまや打倒すべき旧体制（アンシャン・レジーム）になっていると言います。[6]

しかしルソーは、『人間不平等起源論』で、「ある土地に囲いをして、これはおれのものだと言うのを思いつき、それを信じてしまうほど単純な人々を見つけた人こそ、政治社会の真の創設者であった」として、土地の私有制を制度化するために国家が創設され、無制限の私有制が社会的不平等と支配被支配関係を生んだと考えます。ところがネグリは、ルソーの社会契約論を、個人の所有権（property）の保全のために civil society（国家）が創設されたとするロックの社会契約論と混同し、ルソーの共和国を「私有財産の共和国」と見なして、真に万人にとっての「共通善（common good）」を保障できる共同体をわざわざ英語で commonwealth と呼ぶのです。しかし commonwealth は、「見えざる手」による自由主義市場経済を理論化したアダム・スミスの *The Wealth of Nations*『国富論』と響き合い、大英帝国を再編した現在の英連邦 Commonwealth of Nations を連想させますから、ネグリのキーワードの common が入っているとはいえ、commonwealth はルソーの République に代わる適切な言葉とは思われません。

ポストモダンのグローバル化時代に国民国家パラダイムはもう古いとするネグリが、ルソーの Peuple 概念を Multitude 概念によって、République 概念を Commonwealth 概念によって乗り越えたと思っているとするならば、それはルソーの誤読によるのではないか。また、ネグリによって乗り越えられたルソーはもう読まなくていいという態度を新しもの好きの日本の読者に生み出すとすれば、ネグリの翻訳紹介者にも責任の一端があるのではないか。いずれにせよ、ネグリによるルソー批判[7]は、いずれ精査しなければなりません。

二　国家か社会か、politique か civil か——ルソーの翻訳における誤訳

先ほど『不平等起源論』第二部冒頭の一句、「ある土地に囲いをして、これはおれのものだというのを最初に思いつき、それを信じてしまうほど単純な人々を見つけた人こそ、政治社会の真の創立者であった」を引用しました。ところが、この「政治社会」と訳される原語は société civile なのです。société civile といえば今日では「市民社会」のことですから、なぜ「政治社会」と訳すのか疑問に思う人もいるでしょう。岩波文庫版は société civile を「政治社会〈国家〉」とまで訳していますが、それは正しいのです。ルソーの時代は国家と社会が明確に分化しておらず、société politique と société civile は入れ替え可能だったのです。ルソーに先立つロックは『統治二論』（一六九〇年）の後編第七章「政治社会について」を Of political *or* civil society と題しているほどです。

立憲主義の最初の定義とされる一七八九年八月二六日の「人と市民の諸権利の宣言」第一六条「権利の保障が確保されず、権力の分立も定められないすべての社会は、憲法を持たない」における主語 société は「社会」と訳されますが、「国家」とほぼ同義です。すなわち国家には、憲法によって基本的権利が保障され権力の分立が定められた国家と、まだ憲法を持たない国家があることにな

ります。ところが現代フランスの有力な憲法学者ドミニク・ルソーがこの条項を根拠に、「憲法の目的は国家ではなく社会である」という論文を書いているのを見て[8]、私はびっくりしました。二世紀以上前の人権宣言にある société に、国家と分離された社会の意味を読み込んでいるからです。もともと一体のものだった国家と社会から市民社会（Bürgerliche Gezellschaft）を区別するようになったのは一九世紀に入ってであり（ヘーゲル『法の哲学』一八二〇年）、二〇世紀末になってハーバーマスがこれを Zivilgezellschaft と命名し直すことによって（『公共性の構造転換』第二版、一九九〇年）、政治社会からも経済社会からも分離された「市民社会」、すなわち国家でも市場でもない、自発的結社から成る「市民社会」の概念が成立します。われわれが今日使っている市民社会はこの意味なので、したがってルソーの有名な一句における société civile を「市民社会」と訳すのは誤訳で、「政治社会〔国家〕」と訳すのが正しいことになります[9]。

ついでに言えば、国家に対する社会の自律を強調し、政治に対して経済の優先を主張するのがリベラリズムで、国家による自由、政治社会に参加することで得られる自由を原理とする共和主義に対し、リベラリズムは国家からの自由、私的生活における個人の自由を何より重視します。

今年の二月に出した編訳書ブリュノ・ベルナルディ『ジャン＝ジャック・ルソーの政治哲学――一般意志・人民主権・共和国』（勁草書房）の「まえがき」で、私はルソーの主要概念の翻訳がいかにむずかしいかを強調しました。二例だけ紹介します。

『社会契約論』の副題《Principes du droit politique》は、従来「政治的権利の諸原理」と訳されてきましたが、これは樋口陽一に従って「国法（ないし国制法）の諸原理」とすべきです。droit には「権利」と「法」の二つの意味があり、politique の語源はギリシャ語の polis（ポリス）であって、単数形の droit politique は「ポリスの法」すなわち「国法」（ドイツ語の Staatrecht）の意味に解すべきだからです。droits politiques と複数形なら「政治的権利」と訳せます。politique の語源の polis、それに対応するラテン語が civitas で、共に都市国家を意味します。civitas からできたフランス語が cité で、そこから派生した形容詞が civil です。したがって politique と civil の境界は、ホッブズ、ロックからルソーまでは必ずしも分明ではありませんでした。

ただし、実定法の体系を、一方で国家間関係を律する万民法（droit des gens）、他方で「統治する者と統治される者との関係」を定める droit politique（ポリスの法＝国制法）と「すべての市民が相互の間でもつ関係」を律する droit civil（市民の法）に区別したのは、『法の精神』（一七四八年）のモンテスキューで、ルソーもこれを踏襲しています。

ルソーの著作のタイトルでもうひとつの誤訳の例は『政治経済論』です。*Discours sur l'économie politique* は一七五五年に『百科全書』に項目 Economie として発表した論文を一七五八年に独立させて刊行したものですが、従来『政治経済論』と訳されており、ルソーは経済学も論じたのかという印象を与えます。しかし永見文雄はこれを『エコノミー・ポリティック論』あるいは「国家統治論」ないし「国家運営論」と訳すことを提唱しています。économie の語源はギリシャ語の oikos（家）から派生した oikonomia（家政管理）であり、économie politique はオイコス（家）ではなくポリス（国家）の管理運営を指すことから、一七世紀はじめに「経済学」の意味で使われ、ルソーの後一八世紀後半にはケネーら重農主義者（フィジオクラート）やアダム・スミスが「国民経済論」の意味を定着させ、それが主流になります。しかしルソーの *Discours sur l'économie politique* は「ポリスの経営」を扱っており、経済学ではなく政治理論の色彩が強いのです。

ポリスのエコノミーすなわち国家の経営を論じるためには、その前提として政治体の形成によって国家の設立を根拠づけなければならない。そして主権を担う政治体の成立を、ルソーは「一般意思」の形成によって根拠づけようとします。『不平等起源論』（一七五五年）から『社会契約論』（一七六二年）への理論的飛躍を可能にしたテコは「一般意思」概念の創出であり、一般意思概念が初めて登場するのは『エコノミー・ポリティック論』（一七五五年／五八年）においてなのです。

三　ルソー・兆民・カント、永久平和論の系譜

最後に、報告の副題に掲げたルソー・兆民・カント、仏・日・独の間の翻訳の問題に移ります。ルソーを読む中江兆民について考えるとき、共和国論と永久平和論が二つの切り口になりますが、それは取りも直さずルソーとカントの比較にわれわれを導きます。なぜ共和国論と永久平和論かといえば、ルソーもカントも、永久平和のためには、すべての国が人民主権の共和国でなければならず、しかも共和国同士が平和のための国家連合をつくらなければならないと考えるからです。

兆民の共和国論を検討するには、『民約訳解』でルソーの鍵概念をどう訳しているかをあたるのが前提になりますが、兆民が翻訳をそこで打ち切った第二編第六章の共和国の定義は次のように訳されています。なにせ兆民は、ルソーの『学問芸術論』をそのテーゼの骨子を汲んで『非開化論』と超訳した人ですから、原文と一対一対応にはなっていません。

若し一邦ありて、独り律例の束する所を被りて其の他を知らざれば、余は必ず之を自治の国と曰わん。其の尊にある者の帝と称し王と称するは、問う所に非ず。何となれば、唯だ其れ此の如く、然してのち民たるもの自ら治めて人に治められざればなり。また政の理に合するもの、皆な自治の政となす。[10]

兆民はここで République を「自治の国」と訳しています。『東洋自由新聞』に発表された「君民共治之説」(一八八一年)も、res publica を分解して「レスは物なり、ピュブリカは公衆なり。故にレスピュブリカーはすなわち公衆の物なり、公有物の義なり、この公有の義を推してこれを政体の上に及ぼし共和政治の名となせるなり」とし、「故にいやしくも政権を以て全国人民の公有物となし一二有司に私せざるときは皆「レスピュブリカー」なり。皆な共和政治なり、君主の有無は其の問わざる所なり」と言います。要するに共和政治の「外面の形態」に惑わされてはならず、「見今佛国の共和政治の如きも之を英国立君政体に比するときは共和の実果たしていづれにありと為さんか」として、兆民はルソーが批判的に描いた英国の立憲君主政を民主政への過渡的形態として評価しているように見えます。憲法発布・国会開設へ向けて動く日本の状況にあって、ルソーが否定した「代表制」も民主主義の制度的保障として推進する立場でした。[11] 国会での討議を通し、欽定憲法であれ、「恩賜の人権」を「恢復の人権」に改めることができると期待していたのでしょう。

一八八七年に出版された卓抜な政論書『三酔人経綸問答』で、兆民は、洋学紳士にアベ・ド・サン＝ピエールからルソー、カントと続く永久平和論の展開を実に適切に要約させています。[12]

> 今も昔も、国々が戦争を始め、互いに攻撃するようになる原因はいろいろあるが、帝王または将軍、宰相といった連中の、功名を好み武威を喜ぶ感情がいつもわざわいのきっかけになっている。だから、すべての国々がみな民主制をとるのでなければ、戦争をやめることはとうてい望むことができない。サン=ピエール師はこの点を考慮せず、ただ昔ながらの制度を踏襲するだけで改革を加えようとせず、もっぱら条約や同盟といった枝葉末節だけをたのみに平和を実現しようと考えた。（略）カントが言うには、すべての国が戦争をやめ、平和を盛んにするという好結果を得ようと思うなら、諸国がみな民主制をとるのでなければ不可能である。諸国が民主制になれば、人民の身体はもはや君主の所有ではなくて、自分の所有である。いやしくも人民が自分で自分を所有し、自分が自分の主人であるときは、すき好んで殺し合いをする道理がどこにあろうか。（略）だから最近ヨーロッパ諸国の学者のうちで、戦争をやめ平和を盛んにせよとの説を唱えるものはみな民主制を主張し、その上で世界のすべての国を合わせて、ひとつの大きな連邦を結成しようと望んでいる。[13]

兆民のいう「民主制」は共和制と同義と考えていいでしょう。ここで言う「連邦」は、ルソーの『サン=ピエール師の永久平和論抜粋』に二二回も出てくる鍵概念 Confédération に対応します。[14] さらにはカントが『永遠平和のために』（一七九五年）で語る「世界共和国」の理想、ないしその現実主義的代替物である諸国家「連合」に対応するでしょう。カントは第二確定条項「国際法は自由な国家の連合に基礎をおくべきこと」で言います。

> 国家としてまとまっている民族（Völker als Staaten）は自然状態では隣り合っているだけで戦争状態に

ある。そこで各民族はみずからの安全のために、それぞれの権利が保障される場として、個人が国家によって市民的な体制を構築したのと同じような体制を構築する。「平和連合」とでも呼ぶべきこの特別な連合は、諸民族の連合（Völkerbund）であるべきであって、諸民族の統一国家（Völkerstaat）であってはならない。[15]

他国との関係におかれた国家が、ただ戦争しかない無法な状態から脱出するには、理性による限り次の方策しかない。すなわち、国家も個々の人間と同じように、その未開な無法状態における自由を捨てて公的な強制法に服し、常に大きくなる諸民族の統一国家を設立し、ついには地上のすべての民族を包括するようにするしか道がない。しかし彼らは、彼らなりの国際法の考えに従って、このような方策をとることを決して望まず、そこで一般論としては正しいことを認めながらも、個々の場合には否定するから、単一の世界共和国（Weltrepublik）という積極的理念の代わりに、持続しながら絶えず拡大する連合という消極的な代用物が、戦争を防ぎ、法を嫌う好戦的な傾向の流れを抑制するのである。[16]

カントは一七六一年刊のルソーによる『サン＝ピエール師の永久平和論抜粋』を読んでいるはずですから、ここでカントが言う平和のための「諸民族の連合（Völkerbund）」は、ルソーの言う「国家連合（Confédération）」にきわめて近い。ただここで気になるのは、一九世紀を通して対立が露わになるフランス語の Nation とドイツ語の Volk 概念のズレです。カントの日本語訳はすべて Volk を「民族」と訳しており、国際法ですら「諸民族の法」を意味する Völkerrecht と言われます。平和のための国家連合（confédération）と諸民族の連合（Völkerbund）では語感に開きがあります。この時代にあって fédération と confédération がどの程度明瞭に区別されて使われていたかはつまびらかにしませんが、fédération はドイツ語の Völkerstaat に対応し、confédération は Völkerbund に対応するようにカントは論じていますから、各国の主権を上位の審級に委譲した「統一国家」か、それとも各国の主権を維持したままの「国家連合」かという対立をよく表わしており、二〇世紀後半の欧州統合をめぐる議論に通底するものがあります。

第一次大戦後できた国際連盟 Société des Nations はカントの『永遠平和のために』が元になっていると言われますが、なんと国際連盟をドイツ語では Völkerbund と言うことを今回初めて知りました。カントが平和のための国家連合の意味で使った表現そのままなのです。

カントがルソーから共和国論の基本概念を受け継いでいることは、「永遠平和のための第一確定条項──各国家における市民的体制は共和的でなければならないこと」を見ると明らかです。

> 共和的な体制を構成する条件は三つある。第一に、各人が社会の成員として自由であるという原理、第二に、すべての成員が臣民として唯一で共同の立法に従属するという原則、第三に、すべての成員が国家の市民（Staatsbürger）として平等であるという法則の三つが守られることである。この共和的な体制こそが、原初の契約の理念から生まれたものであり、民族のすべての正当的な立法の基礎となる。だから共和的な体制は、あらゆる種類の市民的な体制の根源的な土台となるものである。[17]

これはルソーの共和国の定義の引き写しです。フランス語の citoyen がドイツ語では Staatsbürger となるズレは興味深いものがあります。市民的体制（bürgerliche Verfassung）もドイツ語独特の表現で、フランス語では constitution civile と訳されています。「一般意思」の概念 Allegemeine Will も随所で使われていますが、日本語訳では「普遍的な意志」とか「総体的な意志」と訳されているため、ルソーの影響が見えにくくなっているのは残念です。

しかし、この引用の後に続くカントの共和的体制と民主的体制の区別には注意が必要です。国家の形態は、支配の形式（forma imperii）によって君主制・貴族制・民主制の三つに分けられるが、統治の形式（forma regiminis）は共和的であるか専制的であるかのどちらかである。共和制は行政権（統治権）が立法権から分離されている国家原理であるが、専制（despotisme）とは国家がみずから定めた法律を独断で執行する国家原理である。つまり代表制でない統治形態では、立法者が同一の人格において同時にその意志の執行者であることができる。三つの政体のうち民主制は、何事も多数決で決められるから必然的に専制的になる。完全な共和的体制に到達する可能性がもっとも高いのは君主制であり、貴族制では実現が困難になり、民主制では暴力による革命なしには実現不可能である。法の概念に適った共和的な統治は代表制においてのみ可能であり、代表制なしには、その国家体制がどのようなものであれ、専制的で暴力的なものになる。[18]

ここで共和的統治の反対物とされた「専制」は、ジャコバン独裁による恐怖政治を念頭においていると考えられます。『永遠平和のために』はテルミドール反動でロベスピエール一派が処刑され、フランスが革命を防衛するため戦争状態にあった一七九五年の著作であることを忘れてはなりません。カントは代表制なくして共和国は成り立たないと言い切ります。ルソーのそれと比べるなら、カントの共和国は、情念を捨象した理性中心の共和国、民主的専制を恐れるエリート主義的共和国だと言わねばなりません。

ルソーは同時代のフィロゾーフのアリバイとしての世界市民主義を批判して祖国愛（patriotisme）から出発すべきことを主張しましたが、永遠平和のために世界市民法の必要を説いたカントの cos-mopolitanism との間にどういう対話が成り立つのか。祖国の土を踏むことができなかった「ジュネーヴ市民」ルソーと、ケーニヒスベルクの町を一歩も出ることがなかったカントの架空の対話を構想してみるのも、刺激的な課題ではないかと思っています。

1 フィリップ・フォレスト「取り違えの美しさ」（三浦信孝編『フランスの誘惑・日本の誘惑』中央大学出版部、二〇〇三年）を参照。

2 講演と討論の記録として『ネグリ、日本と向かい合う』NHK出版新書、二〇一四年三月刊。

3 フランス語では現在、軍事用は nucléaire militaire、民生用は nucléaire civile と同じ nucléaire の語を使い分けるのが普通になっている。フランス語辞書 Le Robert の監修者アラン・レイによれば、「通常のフランス語では nucléaire が atomique を次第に駆逐した。原爆は bombe atomique だが、原発は centrale nucléaire と言う。集合的無意識のなかでは、nucléaire は善玉、atomique は悪玉のイメージが強かった」。

4 ブリュノ・ベルナルディ『ジャン＝ジャック・ルソーの政治哲学』（勁草書房、二〇一四年）の第四章「『戦争法の諸原理』と政治体の二重の本性」を参照。

5 ネグリ前掲書、一六五～一六六頁。

6 ネグリ『叛逆』NHK出版、八五～八六頁。

7 『マルチチュード』（下）NHK出版、九三～九五頁および『叛逆』、五五～五六頁など。

8 Dominique Rousseau, « L'objet de la Constitution, ce n'est pas l'Etat, mais la société », *Critique*, 2012/5, No.780.

9 植村邦彦『市民社会とは何か』平凡社新書、二〇一〇年を参照。

10 『中江兆民全集一』（岩波書店）の「民約訳解よみくだし文」による。

11 「平民のめさまし」（一八八七年）は「国会の心得」として執筆されている。『中江兆民全集一〇』所収。

12 山室信一『憲法九条の思想水脈』（朝日選書、二〇〇七年）の第二章は、永久平和論の系譜の最良の解説書である。

13 引用は『三酔人経綸問答』（岩波文庫）の現代語訳、五一頁による。

14 現代用語では confédération は「連合」、fédération は「連邦」と訳され、前者は主権を維持したままの国家連合、後者は国家主権をプールした連邦国家を指す。現在の Union européenne は両者の中間形態と考えられ、「欧州連邦」ではなく「欧州連合」と訳されている。

15 『永遠平和のために』の岩波文庫版三八頁および光文社文庫版一七五頁を参照した。ドイツ語原文は http://home-page.univie.ac.at/benjamin.opratko/ip2010/kant.pdf 仏語版は http://fr.wikisource.org/wiki/De_la_paix_perpétuelle.

16 岩波文庫版四五頁および光文社文庫版一八三頁を参照した。ここで言及される「世界共和国」は柄谷行人の『世界共和国へ』（岩波新書、二〇〇六年）に直接のヒントを与えている。カントは理性の統整的使用と構成的使用を区別したが、柄谷は「世界共和国」を、それに向かって人々が漸進する導きの星としての統整的理念と位置づけている。

17 光文社文庫版一六五頁による。

18 光文社文庫版一七〇〜一七三頁、および岩波文庫版三三〜三六頁を要約した。

第15章　訳すことは〈原住民性〉を裏切ることである
――翻訳の植民地主義的様相

菅野賢治

「日仏翻訳交流」という全体のテーマのなかにあって、私は、日＝仏という二国間、二文化間の関係からやや外れてしまうことも覚悟の上、「翻訳」という人間の所業に「植民地主義」という歴史概念を接近させ、今、考えられるところまで考えてみたいと思います。そこで、これも日＝仏という枠からははみ出してしまいますが、一九三一年、フランス領インドシナ時代のヴィエトナム、ハノイで書かれた、越＝仏二語併用の喜劇をご紹介し、それを話の取っ掛かりにいたします。

私は、大学院生時代、フランス留学時代、そして日本でフランス語の教員となってからも、時々、翻訳や通訳の仕事にアルバイトないしボランティアとして携わる経験のなかで、「訳す」という行為にまとわりついてくる「力関係」「権力構造」というものが、いつも、薄々、漠然と気になっていながら、それを自分自身に対してもはっきり説明できずにいた時期が長くありました。今でも、それほど明快に説明できるようになっているわけではありませんが、今から一〇年ほど前、文部科学省の在外研究員として、ヴィエトナムのホーチミン市（旧サイゴン）に一〇か月滞在する機会を得た時に、ヴィエトナム語講読の教材として挑戦したある演劇作品を読みながら、「これこそは、〈訳す〉という行為について自分がいつも薄々感じてきたことを、そのまま喜劇の構造に当てはめてくれた秀作だ」と思ったことがあります。それが、今日ここでご紹介したい、ナム・スオン

Nam Xuongというヴィエトナム人作家による三幕の喜劇『安南のフランス人』(一九三一年)です。[1]

ここで作者ナム・スオンの人物伝や作品の細かい筋書きなどは省略いたしますが、[2]これは、フランス植民地時代のハノイを舞台として、フランス帰りのクー・ランというインテリと、その家族、友人、そして、フランス留学中にヴィエトナム語を話せなくなってしまったというクー・ランに通訳兼下僕として付き従うキエウという男を中心に展開する話です。私は、この作品を、サイゴン滞在中、週に一度、ホーチミン市人文社会科学国家大学のフランス文学部副学部長(当時)チャン・ミン・ヴィエト先生から、フランス語を媒介言語として一対一で手ほどきを受け、越仏辞典、越日辞典と首っぴきになりながら読むという、きわめて贅沢な時間を過ごすことができたのでした。

古今東西の喜劇作品において、「通訳」なる職種が笑いの種にされている作品として、私はこれ以外の例を知りません。もちろん、モリエールの一連の「衒学者もの」のなかで、学者気どり、あるいは似非学者が、出鱈目なラテン語やアラビア語で人々を幻惑して観客席に笑いを引き起こすという場面はいくつか思い起こされます。このヴィエトナムの喜劇作家、ナム・スオンも、モリエールに深く心酔していた人なので、「通訳」兼「下僕」としてのキエウの役どころを考える際、そうした場面に着想を得ていることは疑えません。しかし、その場限りの似非翻訳者ではなく、全編を通じて「通訳」が滑稽な立ち振る舞いを見せるためには、当然、この作品のような二言語併用の現場を舞台に載せなければならず、そういう筋書きの可能性はおのずと限られてくるはずです。

クー・ランはフランス帰りのフランス人気取りで、現地人にもフランス語で話しかけ通訳を介して現地語に通訳させるというフランス語に同化して現地人性(原住民性)を捨てた人間のカリカチュアで、以下は、自分の父親にすらフランス語で話し、通訳させるという場面です。

クー翁——お前、いったい何と言っているのだ？　なぜ、わしにも分かるように、わしらの言葉で直に話してくれんのじゃ？

キエウ——メッシュ、彼、言う、メッシュ、馬鹿、間抜け、あると。

クー・ラン——いい加減にしろ！　相手の唇の動きから言葉の中身を察するぐらいの知性は、私にだって備わっている！　真面目に、忠実に、一語一語、言葉どおりに訳すのだ。さもなければ首だぞ！

キエウ——ウエイ、メッシュ。私、メッシュ、忠実、ツウヤクある。どうだ、御老体、まだ何か言いたいことがあったら言ってみろ。（第一幕第三場）（以下、ゴシック体は、原文がフランス語であることを示す）

このように、いまだキエウ自身が、主人のクー・ランは完全にヴィエトナム語を忘れてしまったのだと信じ込まされている第一幕の段階で、彼の通訳としての挙動は、その都度「喜劇」であることを免れません。息子クー・ランとその実の父親との間に入り、フランス語ではひたすら主人の機嫌を取り、ヴィエトナム語ではひたすら現地人に対する侮蔑を口にするキエウは、従者（serviteur）にして盲従者（servile）、まさに「植民地時代のスガナレル」といったところです。

この引用箇所から分かるとおり、キエウのフランス語訳は時としてまったく原話者のヴィエトナム語に対応しておらず、また、キエウはクー・ランのフランス語をすべて正確なヴィエトナム語に置き換えているわけでもないので、ヴィエトナム人の観客がこれを舞台で見て笑うには、片言の挨摎程度ではない、かなりのフランス語力が求められることになります。逆に、二語併用といっても九割方はヴィエトナム語で発話され、それが逐一「通訳」キエウによってフランス語に訳されるわけではないので、仮に一九三一年当時、たまには「原住民」による現代演劇でも冷やかしてみようかと、『安南のフランス人』というタイトルに誘われて桟敷に陣取った物見高いフランス人の観客がハノイにいたとしても、おそらく共に「笑う」ことはほとんど不可能であったと思われます。

さて、このように、ヴィエトナム語を忘れたふりをする主人公と、それを取り巻くヴィエトナム人の登場人物たちの間で意志疎通を潤滑にするわけでもなく、ヴィエトナム語を解さないフランス人の観客のために作品理解の一助となってくれるわけでもない、この「通訳」キエウは、いったい何のために舞台に立っているのでしょう。クー・ランが、当然のことながらヴィエトナム語を忘れてなどいなかったことが明かされる第二幕以降はおろか、いまだ虚構のなかにある第一幕においてさえ、「相手の唇の動きから言葉の中身を察するぐらいの知性は、私にだって備わっている」という、いわば超＝言語的読唇術の持ち主であるクー・ランの脇で、キエウはいったい何のためにみずからの言語中枢を磨り減らしているのか。

仮初めにも通訳や翻訳家の立場に身を置いたことがある者ならば心当たりがあるのではないでしょうか。通訳・翻訳家にとって最大の気詰まりの種は、自分が橋渡しをすると称する二つの言語に、自分以上に通暁した人間が隣にいることであり、また最大の疎外感は、共通言語をもたないとされた二者の間で、自分が操ってみせる言語とは別の要素（たとえば、話題となっているものの実物や写し、万国共通の数式や記号、はたまた身振り、顔色、声色など）によって、ややもすれば苦心惨憺の言語的橋渡しによるよりも、しっかりとした理解が成立してしまったさまを目の当たりにすることです。私自身、何度も経験があるのですが、芸術、武道、科学技術などの分野で同じ道を究めた日本語話者とフランス語話者の間では、まなざしや指一本の動き、あるいは声色といったもので大事なところはすべて以心伝心でき、もっとも適当な訳語を探しあぐねて脂汗を流している通訳は、単なる「おまけ」にすぎなくなる瞬間があるものです。

キエウ――ええ、ええ。といいますのも、私は、誠実、忠実を身上とする人間なのでございます。通訳をするにあたって、私はまず、人をぺてんにかけたり、嘘を申し述べたりしない人間であろうと心がけます。私のご主人様があなた方お二人にあれほど食ってかかるのは、私の方で、お二人がフランス語を解さないのをいいことに有ること無いことを訳し伝えているからでは断じてないのでございます。それにまた、お二人がご主人様のことを理解できずにいらっしゃるのは、私の方で、ご主人様がわれわれの言葉を話さないのをいいことに、ご主人様のおっしゃることに言葉を付け加えたり、逆にそこから言葉を差し引いたりしているからでは決してありませぬ。これだけですでにおわかりのとおり、私はそれなりの価値をもった人間なのですから……。（第一幕第五場）

これは、通訳キエウがクー・ランの両親に対して自分の存在価値を懸命に説明し、駄賃をせしめようとしている箇所です。このように、通訳・翻訳者は、自分が操る二言語のうち一言語しか知らない一方の人々を前に、他方の不在のもとでしか自分の価値を主張できず、また両者間に不和や誤解が存する場合、それが断じて自分の言語能力のいたらなさによるものではないとして、常に身の潔白を証立てながら言語の橋を行き来しなければならない。極言すると、一方の言語を操って他方に背を向けざるを得ない通訳は、背中側にいる人間に対して瞬間ごとの「裏切り者」以外の何ものでもないわけです。このように、相互理解が不成立の場では、その原因が言語の橋守りにあるのではないかとして無能力と不誠実を疑われ、逆に、いったん共通理解が成立してしまえば、人間の最終的な相互理解に言語の橋渡しなど不要であったとして、事後の祝宴からそのまま帰宅を命じられかねない通訳・翻訳者には、常に「悲しき道化」としての側面があります。これが「訳す」という行為に本源的につきまとう虚しさ、悲しさであると私は思うのですが、そこへ、この『安南のフランス人』の場合、いうまでもなく植民／被＝植民という力関係の構図が折り重なっています。

私はアイルランドの研究者マイケル・クローニンの研究を参照していますが[3]、今、Aという言語集団とBという言語集団があり、集団Aに属する人間が集団Bの言語を同時に操って集団Aのために通訳・翻訳を行う場合、それを「自律的システム」（autonomous system）と呼び、逆に集団Bに属する者が、集団Aの言語を身につけて、集団Aのために通訳・翻訳を行う場合を「他律的システム」（heteronomous system）と呼ぶことができるといいます。具体例でいいますと、フランスから見て、海軍に同行して中国に赴いたヴィクトル・セガレンのような人間が「自律的」な通訳・翻訳者であり、この『安南のフランス人』のキエウのような人間が（その能力の優劣は別として）「他律的」な通訳・翻訳者である、ということになるでしょう。

そこで、必ずしも植民地そのものとは言わずとも、植民地「的」状況というものについて、「訳す」という人間の所業に着目し、同じ訳者でも、「他律的」な訳者と「自律的」な訳者の間の関係が左右対称になっておらず、不均衡である場合、そして、「他律的」な訳者の方が「自律的」な訳者よりも、みずから属する人間集団、つまり「原住民」(indigène) の立場をはるかに多く「裏切ら」なければならない状況のことを指して、植民地「的」状況である、と措いてみてはどうか。定義の言い換えによるトートロジーになってしまいますが、つまるところ、植民地「的」状況、植民地主義「的」文化空間とは、たとえばヴィクトル・セガレンのような「自律的」な訳者が、中国の言語と文化、そしてフランスの言語と文化、その双方に、かなりの程度、忠実であると同時に、やはり双方に対して一定程度、裏切り者になりながら、みずからの仕事を果たすことができるのに対して、キエウのような「他律的」な訳者の方は、ひたすらフランス語という一方の言語への忠誠を誓わされつつ、他方、ヴィエトナムの言語や文化に対しては完全な裏切り者になることを求められる、そういう場のことを指して言うのである、と。

フランスの社会学者ジェラール・ルクレールは、『人類学と植民地主義』という一九七二年の著書のなかで、「人類学理論が、西欧文化の表現形式により人類学者の対象化的視点を通じて非西欧文化の内容を解釈する、つまり翻訳するものである限り、人類学理論は必然的に自民族中心的である」と述べています(ジェラール・ルクレール『人類学と植民地主義』、宮治一雄・宮治美江子訳、平凡社、二六六頁)。しかし、私はこれをさらに言い換えて、西欧の「自律的」な人類学者が自民族中心主義者になる分だけ、非西欧に身を置く「他律的」な人類学者が、自民族蔑視に陥り、西欧中心主義者となる、そういう場こそが植民地主義「的」な場ではないか、と措いてみたいのです。

言語学者のルイ＝ジャン・カルヴェは、『言語学と植民地主義――ことば喰い小論』(砂野幸稔訳、三元社、二一一〜二一二頁）のなかで次のような体験を語っています。

数年前、私がマリの農民たちとバンバラ語で議論していたところ、その一人が〈tubabuw bɛ́na〉「白人たちが来た」と言った。マリ政府の役人がやって来たことを知らせてくれたのだ。彼は、ネクタイをした黒人はすべて、バンバラ語で「白人」「ヨーロッパ人」を意味する〈tubabu〉ということばで呼んでいた。そしてそれは、新植民地主義的状況の容赦ない分析となっていたのである。ネクタイの着用は輸入された文化モデルに対する信奉を、したがって地域の特性への裏切りを象徴していた。それは、他のすべての新植民地におけるのと同様マリにおいても、協力者となる階級の特徴なのである。

ここでは、ヨーロッパないし白人世界にとって「自律的」な訳者であるカルヴェが、マリのバンバラ族と地元の言葉でやり取りをしていたところへ、マリ政府の役人という、おそらくフランス語を操る「他律的」人間たちがやって来たのだけれども、その「他律的」人間たちが、「原住民」から「白人」「ヨーロッパ人」と呼ばれているという、まさにメビウスの輪のような状況が出現しています。『マリのヨーロッパ人』という喜劇でも動き出しそうな状況です。

その上で、ナム・スオン『安南のフランス人』に戻りましょう。もしも、ルクレールがいうように、人類学が集団Aの西洋的表現形式で集団Bの非西洋的文化を「翻訳」する作業であるとすれば、われわれは、植民地主義「的」状況下、どうしても「裏切り者」にならざるを得ない「他律的」存在として、脇役のキエウのみならず、主役のクー・ランの挙動にもっと注目すべきなのかもしれません。実際、フランスかぶれのクー・ランを「張り子」のように用いて揶揄の対象とされているのは、「人種」思想に冒され、思い上がって暴君と成り果てた「文明人」の姿ばかりではありません。第三幕の後半、ついでのように、しかし、きわめて辛辣な批判の対象とされているのは、西洋文明に心酔し、西洋にとって「他律的」な人類学者となったエリートが、最終的に、自分自身にとって「自律的」な文化の価値にまったく感応できなくなった姿でもあるのです。

ボック［クー・ランの両親に仕える下僕］——あのお方［クー・ラン］は、確かに博学かもしんねえが、それでいてやっぱり無学なところもあると思うだ。

キエウ——なぜだ？

ボック——あの方、あっしにこんなことをお尋ねになっただ。「安南の村は青々と広がる田んぼの海に囲まれた島のようだ」というが、これは一体どういう意味だ？とね。あっしが長々と解説して差し上げて、あの方、ようやくおわかりになったようだったが、それでもやっぱり変だ、本当にそうかどうか見に行かねば、とおっしゃるだ。そんなこと、見に行かなくても、馬鹿でも理解できることでねえべか？（第三幕第十場）

さらにクー・ランが、もしも美貌の従妹キム・ニンと結婚できるならば、これからは安南の伝統的な風習にも目を向けることにしましょう、いずれパリへ戻って、安南の風俗を隅々まで描き切る、立派な博士論文も書いてみせましょう、と母親に大仰に語ってみせる場面もあります。

クー・ラン――僕、この安南人のお辞儀を含めて、いわゆる本土の風俗すべてについて論文を書いてやろうと思うんです。あたかも黒の地に白の刺繍をほどこすようにして、力強く、雄弁に書き切って見せますよ。読む者誰しもが、この鴻厖《ホンバン》〔史書上のヴィエトナムの建国者〕諸氏の末裔たちの悪習を隅々まで知り尽くせるようにするためにね。心配ご無用ですよ、母さん！　母さんのこともそこに描き出して差し上げましょう。隅々まで、微に入り細を穿ち、ぼろぼろになってしまうまでにね。その母親然とした安南帽のかぶり方、その母親然とした前掛けの着け方、そして何と言っても、あのいかにも母親然とした「きんま」〔かつて既婚女性が常用した噛みタバコ〕の噛み方だ！（ハンカチを取り出し、口を拭う）ああ、考えただけで反吐が出る！（第三幕第十三場）

実際に、『安南風俗史――鴻厖時代から今日まで、とりわけ家庭の母親の風習をめぐって』などと題された大部な博士論文をクー・ランがソルボンヌ大学文学部に提出するさまを仮想してみるとよいでしょう。現実にフランス国立図書館のカタログを検索すればわかりますが、一九世紀末から二〇世紀前半、フランスの人類学者たちは、『コーチシナの女性――人体測定と生理学にもとづくモノグラフィー』、『先祖礼拝の制度にみるトンキンの安南女性』といった研究成果を盛んに上梓し、一九三〇年頃からはヴィエトナム人エリートたちによるフランス留学の成果とおぼしき、『安南の法体系における父権』、『安南人の骨体系に関する研究』といった法学、生理学の博士論文が続々と登場し始めていますので、クー・ランが同種の博士論文に着手したとしても、状況としてまったく不自然ではありません。

そして、植民地主義の磁場内で行われる学術活動の不均衡と歪みは、最終的に、安南出身の研究者が、たとえば『フランス女性に関するモノグラフィー』としてパリジェンヌたちに人体測定器具をあてがったり、『フランス女性の法的地位』として一九世紀フランスの女性に関する法制度を振り返ったりすることなど、おそらく断じてありえないという点に尽きるのではないでしょうか。つまり、植民地を出発点とする学術のヴェクトルは、まず宗主国（メトロポール）を目指して突き進み、そこで文化翻訳のための道具とメソッドを与えられた後、メトロポールの文化の秘された部分に探りを入れることは断じてせず、そのまま一八〇度、方向転換をして植民地に回帰し、みずからの出自である「原住民性」に突き刺さる、ということです。右の引用部分、安南一時帰国を契機として、クー・ランが立ち至ったのもその折り返し点にほかなりません。みずからの母体から遠ざかることをもってそのまま人生の目的としてきた人間が、それを「微に入り細を穿ち、ぼろぼろになってしまう」まで学術の対象にしようと決意したわけです。「考えただけで反吐が出」ないはずがないわけです。この意味で、私は、この『安南のフランス人』という、一九三一年、ハノイで書かれた喜劇作品を、植民地主義の磁場において、翻訳活動、学術活動が辿り着くグロテスクな末路を克明に描き出した秀作として高く評価したいと思うのです。

その上で、私は、今日のこの話を「日仏翻訳交流」の文脈に半ば関係づけたく、半ば関係づけたくない気持ちでおります。まずもって、私は、仏から日への翻訳作業と、日から仏への翻訳作業の間に不均衡があることをもって、日仏の翻訳交流も、やはり植民地主義「的」であった、などと安易に結論づけるつもりはありません。この程度の不均衡、文化的「片思い」ならば、一九〜二〇世紀の植民地主義や帝国主義とはいったん無関係に発生しうると思いますし、地球上のほかの場所にもたくさん例があったはずです。だいたい、そのようなアンバランスこそが、今現在、われわれの目の前で、日本製のマンガとアニメが数多くフランス語に訳されることによって解消されつつあると考えれば、何のことはありません。

しかし同時に、私は、たとえばフランス語圏とドイツ語圏の間の「翻訳交流」を一方に置き、他方に、フランスと仏印時代のヴィエトナムの「翻訳交流」を戯画化した、この『安南のフランス人』という作品を置いてみて、その中間に日仏の「翻訳交流」を位置づけて振り返ってみる作業も、また意味のあることなのではないかと考えています。すると、たとえば地理学者、飯塚浩二が「半＝植民地的」と形容してやまなかった近代日本の対＝西洋関係の本質も、違った角度から、少しずつ見えてくるかもしれません。

何事においても、意識的にグロテスク化された極端なカリカチュアが、比較のための目を覚ましてくれるということがあります。私たち、つまり日本に基軸を据えて、フランスの文化を日本語に（あらゆる意味で）「翻訳」することを生業としてきた「他律的」な知識人は、時折、みずからの「キエウ」性、「クー・ラン」性を鏡に映し出してみることで、学術的なマニエリズムから覚醒するための刺激剤とすることができるかもしれません。総じて、フランスにとっての「他律的」な訳者となった明治以来のフランス語系日本人研究者は、日本の「原住民性」、東アジアの「原住民性」、ひいては世界の各地に広がるフランス語圏の「原住民性」を、どこで裏切り、またどこで裏切らずにやって来られたのか…。

最後に、日本という場所にいて、フランスのことを量と質の両面でかなり大きな研究対象としながら、地理的にきわめて近く、言語的・精神的にも同じ漢語・儒教文化を共有する旧仏印のヴィエトナムには目を向けないという、その姿勢自体が、実は、すぐれて植民地主義的であるともいえましょう。これからの日仏翻訳交流は、「仏日・日仏」の直線的関係にとどまらず、ヨーロッパ研究と東アジア研究とを九〇度直交させながら、「面」として、あるいは「立体」として発展していくことが望まれているのではないでしょうか。

1　原題 *Ông Tây An Nam* 中、Tây（西）とは字義通り「西」「西洋」を指し、フランス植民地時代以降、宗主国フランス（Pháp）の同義語となった。ông は、ほぼフランス語の monsieur、日本語の「氏」に相当する敬称であり、作者がモリエールの『プルソニャック氏』などを意識していることは明らかと思われるが、「フランス氏」「フランス人旦那」といった訳出には無理があるため、単に「安南のフランス人」とした。フランス語、英語によるヴィエトナム文学史、作品紹介において、本作品の題名は、L'Annamite francisé, Le Français annamite, The Annamite Frenchman などと訳されている。「フランス化した安南人」、「安南出自のフランス人」の意味である。

2　詳しくは以下の拙稿を参照されたい。「ナム・スオン『安南のフランス人』——抄訳と解説」（上・下）、東京都立大学『人文学報』、第三五五号、二〇〇四年三月、第三六六号、二〇〇五年三月。

3　Michael Cronin, « The Empire Talks Back : Orality, Heteronomy and the Cultural Turn in Interpreting Studies » in Maria Tymoczko, Edwin Gentzler (eds.), *Translation and Power*, University of Massachusetts Press, 2002.

第16章　Fukushimaをどう翻訳するか
——現代フランス政治哲学の分野から

渡名喜庸哲

周知のように、二〇一一年三月一一日の東日本大震災ととりわけそれ以降の東京電力福島第一原発事故は、三年を経た今日でも多くの領域にまたがり現在進行形のかたちでさまざまな問題を生じさせています。これについてはすでに多くのことが語られていますが、そのなかにあってフランスからの発言および日仏の対話は注目すべきものがあると思います。なかでも、率直に言って、日仏会館が果たした役割はきわめて大きいでしょう。たとえば、二〇一一年以降継続的に日仏会館で行なわれた講演を中心に編まれた『震災とヒューマニズム——三・一一後の破局をめぐって』（明石書店、二〇一三年）はフランスからの多くの視座を提供してくれています。あるいは逆方向への翻訳としては、本シンポジウム参加者でもある坂井セシル、カンタン・コリーヌの両者の編による『地震列島日本』（*L'archipel des séismes. Ecrits du Japon après le 11 mars 2011*, Philippe Picquier, 2012）は、日本の文学者や研究者らの論稿を集め仏訳したものですが、日本の側の即座の反応を時をおかずしてフランスに伝えているという点でとても貴重なものであると思います。

本稿では、このテーマに関して、筆者が日本での出版に立ち会う機会のあった二冊の翻訳、すなわちジャン＝リュック・ナンシーの『フクシマの後で——破局、技術、民主主義』（以文社、二〇一二年）、およびジャン＝ピエール・デュピュイの『聖なるものの刻印——科学的合理性はなぜ盲目か』(以文社、二〇一四年)を取り上げます。後者は、原著の公刊が二〇〇八年ですので、厳密に言えば「フクシマ」を巡るものではありませんが、後で述べる理由からここに引き合いに出しています。これら二冊から出発して、とりわけフランスの広義の政治哲学的言説のなかで「フクシマ」という問題はどのようにとらえられるのか、この点をめぐって考えてゆきたいと思っています。

論じるべき点は多くありますが、ここではFukushimaという語をどう翻訳するかという問題、あるいはもう少し具体的に言うならば漢字の「福島」とカタカナのフクシマの差異の問題に焦点を絞ります。言うまでもなく、もともとは漢字やひらがなで言い表されてきた特定の日本語がカタカナ語になるということは、たとえばスシやヤキトリのように、当該のものが国際的な規模で認知されるようになったということでしょう。しかし、そのように表現されることによって、それぞれの語が指示するもの、意味するものが異なってくるわけです。「フクシマ」という言葉が二〇一一年三月以降、カタカナで用いられるようになったことについても、もちろん、一方ではこうした国際化という側面と、他方ではこのような意味のずれという側面の二つがあると言えるでしょう。以下では、現代のフランスの哲学的な言説に注目し、ここにどのような問題が認められるかを考えてみたいと思います。

ところで、最近「てつがくカフェ」という一般の人々が集まって哲学書を輪読したり哲学的なテーマについて議論をするという催しが各地で行なわれていますが、東北のある都市で開かれている「てつがくカフェ」にジャン=リュック・ナンシーの『フクシマの後で』を取り上げていただいたのでその読書会に参加してみたことがあります。読書会のファシリテーターは哲学を専攻する学生ですが、参加者のほとんどは、哲学研究者でもフランス語の学習者でもない一般の方です。そして、そのなかの一人がつぶやいたのは、同著で言われている「フクシマ」は福島のことではない、ということでした。同様の違和感は、ときには嫌悪感すら伴って、実際に福島で生活を送る方の口から直接聞くこともあります。たとえば、先日話す機会のあった若い方は、楢葉町生まれで現在いわき市の大学に通い、福島県の浜通り地方の復興に携わっていますが、その彼は、憤りを押しとどめるためであるかのようにできるだけ平静を装って、こう言っていました。「僕たちは不幸のどん底で嘆きながら生きているのではなく、前を向いて、ふつうの生活を送っているだけだ。そのありのままを見てほしい」。津波、地震、放射能——、そこからの復興が進んでいるところと進んでいないところ、進むことができないところ——、それぞれのコミュニティにおいて、さまざまなかたちの「現実」がある。これに対し、カタカナ化された「フクシマ」は、「現実」から遊離しているだけでなく、事態をことさら劇的なもの、とりわけ悲劇的なものにするだけではないか。そう彼は言いたかったのかもしれません。この観点では、たとえば、「ヒロシマ」と並置されたり、いわんや「アウシュヴィッツ」までも引き合いに出されたりする「フクシマ」というカタカナ語は、「現実」を知らない妄言のように映るわけです。実際、ジャン＝リュック・ナンシーの『フクシマの後で』でも、もちろん冒頭からヒロシマ、アウシュヴィッツが出てきます。そもそも、あらゆる「破局」がいまやそれぞれ「等価」となった、言い換えれば「置き換え可能」となったというのが彼のフクシマ論の骨子ですらあるのです。ジャン＝ピエール・デュピュイにしても、東京電力福島第一原発事故直後に書かれた文章において、やはり「フクシマ」が、ヒロシマ、ナガサキ、アウシュヴィッッと並ぶかたちで登場します[1]。

私も福島市で生まれ、一八歳までそこで過ごした経験もありますし、震災以降も、福島市やいわき市、双葉郡を始め福島県には何度か足をのばし、いろいろな方のお話を伺うなかで、「フクシマ」というカタカナ化に対する違和感、抵抗は十分よく理解できるつもりでおります。また、カタカナ化という行為が、ときに安易なステレオタイプ化やスティグマ化、あるいは逆に産業化につながることがあるということも承知しております。実際、フランスを含む海外のある種のメディアが――もちろん日本でも同様ですが――、「フクシマ」という語でもって、ときに過剰なメッセージを伝える場合があることも否定できないでしょう。あるいは別な観点から見ると、たとえば「アウシュヴィッツ」という語――あるいは「ホロコースト」であれ「ショアー」であれ――にしても、同様の隘路に陥ることもあったこと、ひいては「ホロコースト産業」まで生み出すにいたることもあったこと、こうしたことについてはすでに周知のことでしょう。

とはいえ、それでもやはり、――少なくとも私が問題にした現代フランスの政治哲学において――カタカナ語の、あるいは翻訳語の「フクシマ」という語がどのような意味で用いられているのか、これをはっきりさせる必要があると思います。もちろん、ナンシーやデュピュイ自身がカタカナを用いているわけではなく、そうしているのは直接的には翻訳者です。しかし、そこには、単にひとつの日本語が海外で用いられ、それを逆輸入するということにはとどまらないものがあるように思います。このカタカナ化の射程については、こと「フクシマ」に関しては、十分な議論はなされてこなかっただけに、あるいは無用な誤解すら生じさせていると思われるだけにいっそうの検討が必要ではないかとすら思います。もちろん、同じことは漢字の「福島」についても言えるでしょう。面積にして全都道府県のうち三番目の大きさの「福島県」という行政区分と、震災の被害を受けた「福島」というイメージとは、決して内容を同じにするものではないからです。いずれにしても、それぞれの語が何を意味するのか、このことをなおざりにしたままの乱用ないし批判というのは生産的でないように思います。少なくとも本発表に限って言うならば、菅野氏の発表にあるように、「翻訳」という営為がそもそも「土着性」の「裏切り」と切っても切れない関係にあるだけに、こうしたことは「翻訳者」にとってはなおさら必要なことであるように思います。

では、現代のフランスの政治哲学の言説において何が問題になっているのか。ジャン＝リュック・ナンシーの場合は、とりわけ顕著ですが、彼は最初から「フクシマ」をその具体的相のもとでとらえようとしているのではなく、そこにひとつの「範例性」を見ようとしているとすら言えます。少々長いですが、彼の言う「フクシマ」をもっとも如実に言い表す節を引用しましょう。

この点でこそ、フクシマは範例的である。地震とそれによって生み出された津波は技術的な破局となり、こうした破局自体が、社会的、経済的、政治的、そして哲学的な震動となり、同時に、これらの一連の震動が、金融的な破局、そのとりわけヨーロッパへの影響、さらには世界的ネットワーク全体に対するその余波といったものと絡み合い、交錯する…。もはや自然的な破局はない。あるのは、どのような機

会でも波及していく文明的な破局のみである。(前掲書、五九頁)

ここからまず読みとれるのは、現代の災害は、あれこれの個別の領域に限定的に波及するのでなく、社会、経済、政治、自然等々のさまざまな領域に複合的に作用するということです。もちろん、このことは東日本大震災について多くの仕方で語られてきた「広域・複合型災害」ということにつながります。それにとどまりません。「もはや自然的な破局はない」というのはきわめて大胆な発言ですが、そのことが意味するのは、いわゆる「自然」であれ、「人為」のものであれ、現代の社会は、今述べたようなさまざまな領域のさまざまな要素が、それこそ互いに置き換え可能なかたちで絡み合い、交錯し合うなかで、どれが「自然」でどれが「人為」かを区別できないほどになっている、ということでしょう。こうして多くの要素が互いに接続し合い、置き換え可能になること、こうした事態を言い表すためにナンシーはマルクスから「一般的等価性」という言葉を借り受けています。そこから何が言いうるか。それは、たとえば「フクシマ」がそうであるような現代の産業災害の「過酷」さは、自然だけにもヒューマンエラーだけにも還元できず、むしろわれわれが今生きている近代科学技術文明の「進歩」ないし「成長」の帰結にほかならないということでしょう。この文明は何らかの目的をめざし「構築」的な進歩を続けてきたわけですが、その結果、現在私たちは、多様な目的が相互連関し、複雑化したシステムのなかに置かれており、そのため、現代の「カタストロフ」はこのような等価性のシステムの複雑化と肥大化に応じて考えなければならない——概略ナンシーはこのように考えていると言えます。この観点では、ひとつひとつの「破局的出来事」

が問題となるよりは、もろもろの「破局」がいつでもどこでも生じうるという可能性を現代の文明社会そのものが含んでいる、新たな「フクシマ」の可能性を常にはらんでいる、そういう体制こそが問題になるわけです。こうして「フクシマ」が露わにしたこのような体制を、「文明論的」とも言うべき射程のもとでとらえるべきだというのがナンシーの主張だと言えるでしょう。

ジャン＝ピエール・デュピュイに移りましょう。彼の議論の射程はもっと広いものかもしれません。私が翻訳に携わる機会を得た彼の著作『聖なるものの刻印』は、前述のように、二〇〇八年に公刊されたもので、もちろん「フクシマ」以降のものではありません。そもそも、『ツナミの小形而上学』や『賢明な破局論』などのデュピュイの仕事は日本では東日本大震災以降注目され続々と翻訳が出ましたが、あらためて確認しておきたいのは、その大部分——『経済の未来』（以文社、二〇一三年）を除くすべて——が、もともとは二〇一一年以前に公刊されたものだということです。もちろんデュピュイは、東日本大震災以降も「フクシマ」を主題とする論稿を公にしておりますし、私の知る限りでも何度も来日して講演を行なっております。とはいえ、それらをまとめて読んでみると、驚かされるのは、デュピュイの語っていることは基本的に何も変わっていない、「フクシマ」以降も何も変わっていない、ということなのです。このことを指摘したのは、デュピュイが怠慢のために新たな論点を提示していないとか、何度も同じテクストを使い回しているとかと言い立てたいがためではありません。実のところ彼は決して「フクシマ論」を提示しようとしてすらいないとも言えるでしょうが、しかしそれは、まさしく熟慮ゆえのこと、彼の言葉で言えば「賢明な破局論」

ゆえのことであると思うのです。というのも、デュピュイが一〇年以上も前から述べているのは、常に同じこと、すなわちわれわれは取り返しのつかないかたちで「アポカリプス」の間近にいるということだからです。『聖なるものの刻印』第一章の冒頭の発言を引用しておきましょう。

われわれの世界は破局に向かってまっしぐらに進んでいる、そうわたしは密かに確信している。人類が歩んでいるのは自殺につながる道である。わたしは破局（catastrophe）を単数で語っているが、それは何か単一の出来事を指しているのではなく、不連続性や臨界の超過、破綻、根本的な構造変化、そういうものが相互に影響し合って、これから生まれてくる世代に未曾有の暴力で真っ向から打撃を与えるような、あるシステムのことを念頭に置いている。（前掲書、三五頁）

デュピュイは、ここで単に悲観的なディストピア思想を吐露しているのではないでしょう。また、彼がここであまりに素朴に終末論的ヴィジョンを提示しているのも、あえてそうしているようにも思います。重要な点は、デュピュイもまた、「カタストロフ」と言うことで、ナンシー同様、「単一の」破局的出来事のみを主題化するのではなく、さまざまなカタストロフが現在および将来の世代全体に対して構造的な変容をもたらすような、そうしたシステムを念頭に置いているということです。たとえば彼は、二〇〇八年の『エスプリ』誌の「カタストロフ」特集号序文冒頭で、「われわれの時代はカタストロフ「なるもの」の時代であるだけではなく、複数の、気候的、経済的、政治的、社会的、医学的なカタストロフからなる時代である」と宣言し、「グループ二〇四〇」なるものを立ち上げるとしています。二〇四〇年に、地球が破滅するとは言わずとも、人類にとって劇的な変化が起こると想定することは理論的にも誇張ではないとして、カタストロフの「多様性」についての考察を呼びかけるのです。その彼からすると「フクシマ」とはこれらのさまざまな「カタストロフ」のうちのひとつにすぎないということになるかもしれません。しかしながら、逆の言い方をすれば、それは「フクシマ」が占めるべき文脈をめぐって考えなければならないことがいっそう多くあるということを言わんとしているのではないでしょうか。少なくとも、デュピュイが『聖なるものの刻印』で描こうとしているのは、現代の科学技術・産業社会が、IT、バイオ・ナノ・テクノロジー、現代民主主義、そして核兵器などさまざまな次元において、「発展」にもかかわらずというよりもそれゆえに、「破局」を遠ざけるのではなく、まったく逆にそれを招き入れる結果となっている、という姿だと言えましょう。

この点に関連して、ひとつだけ付け加えておきたいと思います。デュピュイは、二〇一一年六月に東京大学でなされた講演「悪意なき殺人者と憎悪なき被害者の住む楽園」（前掲『震災とヒューマニズム』所収）の末尾で、「原子力の国際機関の関係者」や「原子力産業に従事する人々」は有能で誠実であって悪意はないのだと繰り返し述べています。こうした物言いには、多くの異論がありましょう。しかし、確認しておかなければならないのは、彼の主張の根底にあるのは――そしてこれはナンシーにおいても同様ですが――、問題の「カタストロフ」は、個々人の「善意」にも「悪意」にも還元できず、ひいては自然災害か技術災害か、あるいは天災か人災かという従来の区分ではとらえられないという考えにほかなりません。冒頭であえて「ヒロシマ」や「ショアー」を持ち出しつつ、また「悪意なき殺人者と憎悪なき被害者」というそれ自身挑発的な表題の講演でデュピュイが述べようと試みているのは、個々人の善意や悪意といったレベルをはるかに超えたところで、今日の「悪の体制」が作動しているということであると言えましょう。言い換えるならば、現代の破局的出来事は、どこに原因・責任があるのかを同定するのが不可能なほどに肥大化、複雑化し、相互に依存し合ったこの高度に科学技術化した現代産業社会のシステムそのものに根差しており、そして、そうだとすると、「フクシマ」もまた「いたるところ」にありうるという確信がそこには込められているように思います。

フランスでは、二〇〇〇年代以降、デュピュイを筆頭に「カタストロフ」概念についての学際的研究が盛んに展開されていますが、こうした趨勢は、二〇一一年以降いっそう加速しているように見受けられます。この点に関して、ひとつだけ、もっとも射程が広いと思われる試みについて急いで付け加えるならば、「政治的エコロジー」の潮流に目を向けるべきでしょう。フランスにおける政治的エコロジーの泰斗の一人セルジュ・ラトゥーシュが主宰する雑誌『エントロピア』は、二〇一二年春に出た第一二号を「フクシマ――アントロポセンの終焉」と題しました。「アントロポセン」とは聞きなれない言葉ですが、ノーベル化学賞を受賞したドイツの科学者パウル・クルッツェンが用いた用語で、人新世とか人類世とか訳されるようですが、いずれにせよ、人類の活動が地球の生態系に対し与える影響が、もはや地学的レベルでとらえられるにいたったことを示す語です。詳細は省かざるをえませんが、ここには見られるのは、「フクシマ」という出来事を、ひとつの国のひとつの事故としてとらえるのではなく、それこそ地球の歴史という規模のいっそう広い文脈に置き直してみること、そうすることでこの文脈それ自体を問い直すという試みであるように思います。

いずれにしろ、以上のような論の立て方からすれば「フクシマ」が、漢字の、あるいは言いかたを変えれば「現実の」、「具体的な」福島とは別のものであるのはその議論の内容それ自体に即したものであるわけです。それぞれの議論の良し悪しは、もちろん具体的に論ずるべきでしょう。とはいえ、そのカタカナ化あるいは普遍化がどのような議論を前提とし、またどのような射程をもっているのか、こうしたことを看過してはなりません。言い換えれば、クローズ・アップとクローズ・ダウンを相互に行なうようなかたちで、絶えず漢字の福島と、カタカナのフクシマ、それぞれが位置づけられうるコンテクストに注視していくことが、そして可能であれば両者を適切に結び付けることが必要なのではないかと思われるのです。

最後に、フランスにおける議論はここまでにし、少し本題から外れますが、そして日仏翻訳という全体の主題に反して日独翻訳の話をもち出すことになりますが、しめくくりとして一人の翻訳者のことを想起したいと思います。先に挙げたナンシーもデュピュイも、こと「カタストロフ」の問題に関しては、その理論的な考察の少なくない部分をドイツに生まれ戦後ウィーンで活躍したユダヤ人哲学者であるギュンター・アンダースに負っています。ハンナ・アレントの最初の夫としても知られていますが、カフカ論をはじめとする文学論、『時代おくれの人間』（上下巻、法政大学出版局、一九九四年）と題された政治哲学的な現代産業文明批判に加え、『橋の上の男——広島と長崎の日記』（朝日新聞社、一九六〇年）という広島・長崎訪問記、『ヒロシマ、わが罪と罰』（ちくま文庫、一九八七年再版）〔原題は『良心のオフ・リミット――ヒロシマのパイロット、クロード・イーザリーとギュンター・アンダースの往復書簡』〕と題された、原爆投下作戦に参加したアメリカ人との文通、そしてあのアドルフ・アイヒマンの息子との文通である『われら、アイヒマンの子』（晶文社、二〇〇七年）などの著者でもあります。『橋の上の男』と『ヒロシマ、わが罪と罰』は、ドイツでは一九三二年に合冊となり『ヒロシマはいたるところで』というタイトルで再版されています――その仏訳に序文を書いているのはほかならぬデュピュイですし、実は、先に挙げた講演の表題もアンダースから借り受けたものです。それはさておき、最後に取り上げたいのは、このアンダースの『橋の上の男』および『ヒロシマ、わが罪と罰』を日本語に訳した篠原正瑛という翻訳者です。

篠原は、一九一二年に生まれ上智大学哲学科を卒業後、三九年に留学生としてドイツに渡ります。ドイツのギムナジウムにおいて日本語や日本文化を講じることで終戦を迎えた彼は、ソ連軍に包囲される直前に、住んでいた北ドイツの都市を脱出することに成功しますが、そのすぐ後に連合軍にとらえられナチス戦犯拘留所に送られます。その後肺結核を患いスイスに移された後、四九年についに日本に戻ることになります。日本に帰国後、彼はドイツでの経験を活かし、文筆家として、敗戦をテーマに日本の再生を願う著作を次々と公刊します。東西ドイツの若者との書簡をまとめた『僕らはごめんだ』、それを受けて、当時「アプレゲール」と呼ばれていた日本の若者に向けて書いた『君らこそ日本を』などです。そのかたわらで、篠原は思想や歴史、政治に関するドイツ語の著作も片っ端から翻訳をしてゆくことになります。なかでも注目したいのが、その彼がアルバート・

アインシュタインと交わした往復書簡です。一九五二年、原爆による破壊を撮影した写真の公表禁止が解除されると、日本の雑誌『改造』は九月一五日付の手紙で、アインシュタインに対し、原爆製造の可能性を求めて大規模な実験を試みる必要性を強調したルーズヴェルト宛の手紙に署名したことの理由を尋ねます。これに対する返事「日本人への私の弁明」のなかで、アインシュタインはこう弁明しています。自分は、「ぜったいの平和主義者」であったが、計画の成功が含む危険性を認識しつつも、必然的に全面的な殺戮へと移行するような戦争状態を阻止するためには、戦争の可能性そのものを取り除くことのみが役に立つと考えていたのだと。これに反論を唱えたのは、ほかならぬアインシュタインのこの返答をドイツ語から日本語へと翻訳した篠原正瑛であったのです。篠原は、アインシュタインの言う「確信のある平和主義者」とは方便にすぎないのではないかと言って、その「平和主義」の矛盾を突いたのです。これに続く数回のやり取りは、結局「平和主義」の意味をアインシュタイン本人に再考させることとなりました。[2]

アインシュタインの「平和主義」云々については深入りはしません。しかし、篠原が行なったこと、つまり、翻訳者という、ややもすると透明な媒体にとどまりうる存在が、しかし自分が今まさに訳している言葉に満足ができずに、声を発してしまうということ、このことは、きわめて示唆に富むものであるように思います。本題に戻るならば、それは漢字の福島とカタカナのフクシマとの間を往還する、ということにつながるように思えます。そしてこの作業は、現代における「翻訳」ということにとって、決してどうでもよいことではないように思うのです。

1　二〇一一年三月二〇日に『ル・モンド』に掲載され、その後『エスプリ』誌に転載された論稿「日本の四つの破局」(« Les quatre catastrophes du Japon ») および、二〇一一年六月の来日時に東京大学で行なわれた講演(「悪意なき殺人者と憎悪なき被害者の住む楽園――ヒロシマ、チェルノブイリ、フクシマ」)を参照。後者の日本語訳は、前掲書『震災とヒューマニズム――三・一一後の破局をめぐって』にも収められている。

2　このやりとりについては、以下を参照。オットー・ネーサン、ハインツ・ノーデン編『アインシュタイン平和書簡』金子敏男訳、みすず書房、一九七四〜一九七七年。

第17章　日本の人文社会科学書を仏訳する

――なぜ？誰のために？

エマニュエル・ロズラン

本日の発表では、ささやかなものではありますが、私自身の個人的な出版の経験に基づいてお話ししたいと存じます。

一九一九年に設立され、まもなく創業一〇〇年を迎える出版社レ・ベル・レットル社は通称「ビュデ」[1]の名で知られる「フランス大学コレクション」で有名です。このコレクションは古典語テキストの対訳テキストを提供するもので、最終的には古典古代以来保存されているギリシャ語とラテン語のテキストのすべてを網羅することを目指しています。

二〇〇五年に、私はレ・ベル・レットル社の社長ミシェル・デグランジュの支援を得て、同社で「日本叢書」のシリーズを始めました。実を言えば、この事業は、集団的な働きかけの結果でした。フランス東洋言語文化研究院（ＩＮＡＬＣＯ）の日本研究センターは、しばらく前から、研究所内部でなされてきた仕事を広めるための出版の方策を探し求めていました。

ルネ・シフェールによって一九七一年に設立された「フランス東洋学出版」（ＰＯＦ）がいっときは、東洋関係についてなされた研究の出版に大きな役割を果たしていたのですが、このシリーズはもう長いこと、その設立者の翻訳しか刊行しなくなっていました。

ここで事態をはっきりさせるために付け加えておけば、「フランス東洋学出版」は二〇一一年に姿を消しています。そのコレクションの権利は、どうやら故シフェール夫妻の遺志によりヴェルディエ社が所有しています。この重要なシリーズは、特にルネ・シフェールによる日本古典文学翻訳のほとんど全体（『源氏物語』、『平家物語』、能、『万葉集』、近松、芭蕉、西鶴など）で成り立っていますが、今ではごくわずかずつしか再版されておらず、これはフランスにおける日本古典文学の知識の普及のためには大変残念なことです。

レ・ベル・レットル社の「日本叢書」の当初の目的は、研究書を公刊することでした。二〇〇五年、最初に公刊されたのはミカエル・リュケンの『石榴と懺悔』で、これは第二次大戦という試練に直面した日本の画家たちについての博士論文を基にしたものでした。ごく最近公刊されたのは、東京日仏会館の元フランス学長で、現在シドニー大学教授であるオリヴィエ・アンサールの著作『独自の近世』で、江戸期一八世紀の政治思想を扱ったものです。

二〇〇八年に、レ・ベル・レットル社の新たな責任者、カロリーヌ・ノワロが、私たちのシリーズの拡充を提案してきました。彼女が望んでいたのは小説の翻訳で、おそらく彼女は日本研究者の物々しい研究書よりも小説のほうが売れると期待したのではないかと思われます。フィリップ・ピキエ社のような出版社の立派な仕事にもかかわらず、日本文学のかなりの部分はよく知られているとは言いがたい状態でしたので、私は彼女の意見をもっともだと考えました。こうして私たちは樋口一葉、幸田露伴、森鷗外、与謝野晶子といった作家たちの作品を出版したのです。ここで、石川淳の晩年の大作のひとつ『六道遊行』の翻訳を私たちに提供してくれた故ジャン＝ジャック・チュダンに敬意を表しておきたいと思います。

昨年秋にはカトリーヌ・アンスロー訳の芥川龍之介作品集『馬の脚』が二宮正之の後書きを付して出版されました。まもなくフランス語で最初の佐藤春夫集、正宗白鳥集が出版される予定で、さらにはこれこそフランス出版界では初のことですが山東京伝の黄表紙『江戸生艶気樺焼《えどうまれうわきのかばやき》』がルネ・ガルドの翻訳で出版されます。私たちはすでにガルドによる『とりかへばや物語』のフランス語訳を刊行しており、これにより彼女は二〇一一年の小西翻訳賞を受賞しています。

しかし今現在、私たちにとって最も重要な課題は、日本叢書の共同監修者になったトゥルーズ大学のクリスチャン・ガランとともにカトリーヌ・ノワロに行った提案なのですが、〈研究書シリーズとフィクション・シリーズに続く〉第三のシリーズを始めることです。私たちはこのシリーズを「ノンフィクション」と名付けました。この表現は日本語にそのまま訳すといささか曖昧ですが、私たちの意図は、「虚構《フィクション》ではない」さまざまのテキストの翻訳を提供しようというものでした。日記、旅行記、自伝、人文社会科学の著作といったものです。

今日のフランスでは、日本人には天才的な小説家や詩人がいること、大変豊かな想像力に恵まれた作家がいることはよく知られています。しかし、日本人が他の分野でも優れており、特に現実の問題への取り組みにおいても、また理性の行使においても優れていることはあまり知られていません。

これこそ、私たちが新たなシリーズを始めようと思った理由です。

一九九八年夏にデューク大学の雑誌『バウンダリー2』のエドワード・サイード特集号に掲載された論考〔Uses of Aesthetics: After Orientalism「美学の効用——オリエンタリズム以後」〕で、柄谷行人は他者と向き合う際に見られるある種の態度（特に日本と向き合う際に西洋人に見られる態度）を表わす語として、「美的価値中心主義《エステティクス》」という語を提案していました。それは、「日々現実生活と格闘し、近代に特有の知的・倫理的問題に真剣に取り組む日本人の関心事をよそにして」、何よりも美的側面を特権化するような態度です。

こうした分析は、私たちを、これまで一五〇〇年間フランスで最も広く行きわたっていた日本観を特徴づけてきた揺れ動きの仕組みの中心へと導いてくれます。そうした日本観は、一九〇五年ピエール・ロティが『お梅が三度目の春』で「上っ面の子供じみた可愛らしさ」と呼んだもの（絵画、文学、映画、宗教、舞踊、音楽、服、料理）への熱狂を示すかと思うと、そうした感情は、いつでも無関心、無理解、そして時とすれば、再びロティの表現を用いるならば、「理解できず、嫌悪を催させ、恐がらせるもの」を前にした恐怖に転化するものなのです。

大衆向けに作品を書いているふたりの作家の最近の作品がこうした現象をよく示しています。そのふたつの作品は現在文庫本になっていて、もちろん地下鉄や駅の売店に並べられています。一冊はエリック＝エマニュエル・シュミットによる、人々の和解を語る寓話的な物語『太れなかった相撲取り』（アルバン・ミシェル社、二〇〇九年）であり、この物語は私たちを「禅の根源へと導き」、そこに「力と知性と自己肯定の思いがけない世界」を発見させると称しています。これと対照的なのがジャン＝クリストフ・グランジェの『懐剣』（アルバン・ミシェル社、二〇一二年）で、裏表紙の紹介文はその著作の全体的なトーンを伝えています。「旭日の帝国が黒い太陽になるとき」。地下鉄に三月に張り出されたこの本の広告は「日本、その文化、その掟、殺生に伴う儀礼」と告げていたのです。

言葉を換えれば、この「ノンフィクション」シリーズが目指しているのは、日本人は洗練された芸術家、感嘆すべき賢人であったり、恐ろしい怪物であったりするだけでなく、柄谷の表現を借りれば「日々現実生活と格闘し、近代に特有の知的・倫理的問題に真剣に取り組む」人々であるのを示すことです。

この思いつきは魅力的なものでしたが、大きな困難にもぶつかりました。「旭日の帝国」と「黒い太陽」の間の揺れ動きの枠組み、「上っ面の可愛らしさ」と「恐がらさせるもの」の間の揺れ動きの枠組みを外してしまうと、人々の注意を引き付けられない恐れはないでしょうか。もっとはっきり言ってしまえば、そうした本は果たして売れるでしょうか。たとえば、実売部数がどうなっているのか私は知らないのですが、大手出版社のアルバン・ミシェル社が二〇〇七年に『福翁自伝』の翻訳を出版したとき、フランスの新聞、雑誌が何も反応を示さないことに大変驚かされたものです。

私たちがシリーズの初めに恐る恐る出したのは岸田劉生の絵画論、中江兆民の『一年有半』でしたが、この二冊に高橋哲哉の『靖国問題』も『天皇のために死す』というフランス語タイトルをつけて出版しました。翻訳者アルノ・ナンタが、その翻訳の背景についてこの報告集で書いています。ほんの数日前、最近刊として『植民地帝国日本一八八〇～一九三〇――衝突するさまざまな声』が公刊されました。これはピエール・スイリが中心になってジュネーヴ大学の研究者たちがまとめたアンソロジーです。この著作は私たちの「日本叢書」の二二冊目の刊行物です。

こうした出版活動が必要だと考えたのは私たちだけではありません。二〇〇八年にジャン＝フランソワ・サブレはCNRS出版で「アジアネットワーク」と題されたシリーズを刊行しており、このシリーズが目的としていたことには私たちの企画と共通点があります。このシリーズでは、私たちの叢書でも著作を出しているピエール・スイリが二〇一一年に勝俣鎮夫の『一揆』（岩波新書、一九八二年）を訳出していたからです。

ですからフランスで、日本の人文社会科学書をフランス語で出版しなければならない必要性はいまやはっきりしています。しかし多くの解決すべき問題があります。まず、出版を取り巻くそうした四つの要素を手短に指摘しておきましょう。

○今日、人文社会科学はフランスであまり勢いがあるとは言えません。
○フランスの出版業界も全体的に勢いがありません。
○したがって日本の人文社会科学書をフランス語で出版しても、それが大きな成功を収めることはないでしょう。指摘しておきたいのですが、フランスでは他の国のように強力な「大学出版局」の伝統がないので、ますますそうしたことは期待できないでしょう。
○最後に、フランスの日本学のここ三、四〇年の発展は目覚ましいものですが、個別の学問分野、個別の領域については一握りの専門家しかいません。

最後にもう一点付け加えれば、人文社会科学の著作を翻訳するのは大変難しい作業です。当該国の言語、文化について優れた能力を有するとともに、扱われている学問分野に親しんでいなければならず、往々にしてフランス人読者を面食らわせるような学問スタイルをフランス語に移す能力を備えていなければなりません。ピエール・スイリと二宮宏之は、かつて、（今から一九年も前の）一九九五年に出た『アナール』誌の先駆的な特集号「日本人の目から見た日本」の序文で、日仏間の「ものの書き方」「思考形態」の違いを指摘していました。

ところで、このごくわずかのフランス語話者しか行えない難しい翻訳の仕事が、フランスの大学の世界ではほとんど評価されません。その世界ではそうした翻訳こそまず第一になされるべきだとは考えられていないのです。

このように比較的困難な状況において、なお日本の人文社会科学書の翻訳出版が戦略的に見て重要だと考えるなら、翻訳すべきテキストの「選択」が当然最重要の問題となってきます。というのも、そう急には多くのテキストの翻訳はできないからです。ですから、その選択は念入りに行わねばなりません。私が今日この場所にやってきたのは、フランスと日本の知的生活に通暁している皆さんに意見とアドバイスをいただくためです。皆さんは両国の間の学術交流についてよくご存じです。日本の人文社会科学の著作のうちどれを優先してフランス語に翻訳するのが適当でしょうか。

当然、日本についての著作が出版されるべきであり、最初に頭に浮かぶのは丸山眞男の名前です。彼の二冊の主要な著作『現代政治の思想と行動』と『日本政治思想史研究』はそれぞれ一九六三年と一九七四年に英語に翻訳出版されています。フランス語の世界では状況はそれほどよくはありません。『日本政治思想史』は一九九六年にPUF社（フランス大学出版局）からジャック・ジョリ訳で部分訳が出ているだけで、しかも同社は同書の全訳を出版することを最近拒否しました。

日本の知的歴史の画期となったこのような人文社会科学の偉大な著作（そうした著作の詳細なリストの作成が必要でしょう）の持つ価値は明白ですが、それらがいかにまともな著作であっても、それが日本に関わるものであるというだけで、それを読むかもしれない潜在的フランス人読者の数は直ちに限られたものとなってしまうことを指摘しておきましょう。そうならないためには、その本が単に日本を扱った書物であるにとどまらず、歴史であれ哲学であれ政治学であれ、それぞれの学問分野において重要な書物であることを強調せねばならないでしょう。しかし、そうなると単に翻訳を提示することで満足するのではなく、当該学問分野のフランス人専門家たちと接触を持ち、彼らに前もってその著作に関心を持ってもらい、序文なり注釈を頼むのがたぶん適当でしょう。あるいはまたシンポジウムを開いたり、雑誌の特集号を組むことで、その著作を迎えるべき知的環境を準備することが適当でしょう。こうした取り組みは、知的生活において翻訳が占めるべき位置、果たすべき機能についての省察を行うことにもなります。翻訳だけすればよいのでしょうか。あちらの著作、こちらの著作と翻訳をして、その「翻訳だけ」を読者に与えればよいのでしょうか。より包括的で、現代の日本人による思考を真に受容するにはどのようにすればよいのかという点にまで配慮された仕組みを、また、その思考の受け渡し、そして受け渡しを担う人々の問題までをも包含し、研究と翻訳をしっかり噛み合わせた仕組みを考えねばならないのではないでしょうか。

もうひとつの可能性は、特にフランスについて扱っている日本の人文社会科学書の出版です。実際、現在のフランスの書店や図書館では、日本人のフランス研究者の著作に出会うことがあります し、それらは時として著者が直接フランス語で執筆したものです。たとえば中川久定の『啓蒙と比較研究』(H. Nakagawa, *Des Lumières el du Comporatisme. Un regárd japonais sur le XVIIIe siècle*, P.U.F., 1992)に収められた「一八世紀への一日本人の視線」はフランスの一八世紀専門家たちの注意を引き付けました。しかしこうした現象が見られるのはもっぱら文学の領域です。フランスに注がれる数多くの「日本の視線」はもっと紹介されてしかるべきではないでしょうか。私が間違っているかもしれませんが、日仏会館設立六〇周年を記念して渋沢・クローデル賞が創設されたのは三〇年前の一九八四年ですが、その日本人受賞者の誰一人の著作もフランス語に翻訳されてはいません。フランスから、まさにそのフランスに対して注がれている日本の視線を奪い、日本と日本人に注がれるフランスの視線を転倒させることを妨げ、日本人を眺められる客体の位置から脱出させ、日本人を眺める主体、すでに主体である私たちフランス人を眺める主体の地位に到達せしめるのを妨げるような状況に甘んじているわけにはいかないでしょう。もちろん、なお翻訳者と出版社を見つけるという仕事が残っており、それはやさしいことではありません。

しかしより深く検討するならば、フランスの読者にもっとも興味深く思われるのは、日本あるいはフランスに注がれる「日本の視線」ではなく、人間、社会、世界、その歴史、その現在、その未来に注がれる「日本の視線」ではないでしょうか。

まだ残念ながら一冊の著作も日本語に訳されていないフランスの哲学者フランソワ・フラオは

二〇〇七年刊の『アダムとイヴ、人間の条件』で次のように書いています。

今後数十年の間に、西欧世界は現在彼らが享受している経済的・技術的主導権を失ってしまうだろう。西欧世界は現在自分たちの思想の価値に大きな信頼を寄せているが、そのような価値を維持し続けることはだんだん難しくなるだろう。力関係はここ数世紀西欧世界に有利に働いてきたので、西欧世界は他の諸文化を代表する人間たちが、彼ら固有の文化に加えて西欧世界の文化をも同化するのを見慣れてきた。西欧世界のほうでは、自分たちも同じように他者の文化を同化する必要はないと確信した。このような大きな特権を享受していると、そうした特権が永続すると信じたくなる。だが、私たち西欧人も、今日私たちにはかくも理に適ったものと思われている人間観とは違った人間観に馴染む必要が出てくるだろう。

一二五年前、一八八九年一〇月に森鷗外が『しがらみ草紙』の第一号に書いた次の言葉をご存じでしょう。「西学の東漸するや、初その物を伝へて、その心を伝へず。」この「東漸」の動きの中で翻訳がどのような役割を果たしたかはよく知られています。ところで今日の世界では、世界を経めぐる知の運動は、当時と比べてずっと複雑に、そしてもつれたものとなっています。中心と周縁の関係の見直しが行われています。このことは自然科学についてと同様、人文社会科学についても言えます。人文社会科学は現在、南アメリカ、インド、中国で大変盛んになっています。そしてこのような変化の勢いはなお強まっていくでしょう。

人間と社会に注がれる新たな視線が出現していますし、これからも出現し続けるでしょう。もはや西欧で形成された諸概念から出発して諸文化圏を特殊で二次的な事例として扱うのではなく、これまで「諸文化圏」と蔑まれてきたものを出発点として発展するような新たな理論装置が出現するでしょう。そしてそうした新しい理論装置が、有名になった表現を用いれば、「ヨーロッパを地方化（provincialiser）してしまう」でしょう。日本の人文社会科学の有する視点は、こうした全体的な、「競争的な」枠組みの中で、己れを主張し、そして伝達されねばなりません。

　こうした事態は、私たちの知識人としての、また翻訳者としての機能にも影響しますが、さらに書かれ、翻訳される作品の「形態」にも影響します。作品は、「自国語話者以外の読者」に読まれるかもしれないということを潜在的には考慮に入れて書かれることが重要ではないでしょうか。それは何も、作品が頭の中で「あらかじめ翻訳されていること」、つまり直ちに、一種の国際的な、一般的な、無特徴な読者を想定して書かれなければならないということを意味しているのではありません。このことが意味するのは、それとは逆に、「厳密に自国語話者の読者」以外の読者に読まれる可能性を頭に入れておかなければならない、「複数の読まれ方の地平」を頭に入れておかなければならないということです。

　私は現在、日本についての自分の著作の一冊が翻訳されつつあるという幸せな経験を生きているのですが[2]、はっきり申し上げて、この経験はいささか落ち着きを失わせるものです。他者についてものを書く場合、その他者が、彼の言語であなたの書いたものを読むかもしれないと意識し始めるや否や、それまでと同じやり方ではものが書けなくなるように私には思われます。

　私はまた、そもそも日本の読者を想定して書かれた高橋哲哉の著作『靖国問題』が、思考方法それ自体に、その論理の組立てに、他者性の次元、すなわち潜在的な外国人読者の視点を取り込んでいることを見て強い印象を受けました。これこそこの著作が中国語、ハングルに翻訳された理由ではないでしょうか。そしてこれこそ、この著作がひとりのフランス人歴史家ステファヌ・オドゥワン＝ルゾーに関心を抱かせた理由のひとつではないでしょうか。この歴史家は日本の専門家ではないのですが、戦争の犠牲者の追悼の問題に強い関心を持ち、この本の序文を引き受けさえしたのです。

たぶん、皆さんは、私のこうした思考をあまりに抽象的だとお感じになったでしょう。しかし問題は非常に具体的なのです。というのも、もしこうした翻訳の事業が諸民族間の関係の現代における変化についての省察、レヴィ＝ストロースが一九八三年に世阿弥の「離見の見」という表現を借り、それを翻訳して「はるかなる視線」と呼んだものについての省察の枠内でなされるのでなければ、どのようにして翻訳者を、読者を、出版社を見つけ、どのようにして、それらを買ってもらえるようになどできるでしょう。

（小野 潮 訳）

訳注

1 Guillaum Budé（1468–1540）はフランス・ルネッサンス期のユマニスト、古典学者。フランソワ一世の文化政策の顧問として、今日のコレージュ・ド・フランスの母体である「王立教授団」を設立（一五三〇年）した。

2 「一九世紀末の日本における文学史の誕生」を跡づけた *Littérature et génie national*, Les Belles Lettres, 2005の翻訳が岩波書店より近刊の予定。

第18章　時間をかけた発見
——中井正一の著作をめぐって

ミカエル・リュケン

一　はじめに

社会科学の分野で日本語からフランス語に訳されたものは、ほんの少ししかありません。社会科学がもつ本来の政治的な性格をみれば、その理由は明らかです。社会科学はまさに一九世紀はじめヨーロッパで誕生しました。この学問は、文明の進歩と連動して、「われわれ」に属すものを豊かにするようにできています。それは「われわれ」自身の力によって、「われわれ」を積極的に変革するための道具なのです。けれども近代のシステムの中では、「東洋」由来の事物が「われわれ」による「われわれ」自身の積極的変革であるとは、なかなか考えにくい。東洋とは、他者であり、他所なのです。西洋の「われわれ」に、東洋が役にたつのは、もっぱら消極的あるいは受動的な仕方で、東洋が「われわれ」のアイデンティティの境界をさだめてくれる、もしくは内部機関の火を、一本の薪よろしく焚き続けてくれるなら、というわけです。ですから、日本文化について、西洋では主に、新奇で異質でエキゾチックにみえるものが翻訳され紹介されてきました。たとえば浮世絵式の版画です。反対に、岸田劉生のような画家の作品は、似すぎているとうけとられます。表面上のことですが、西洋芸術の形式を刷新するのにも、対比によってアイデンティティを画定するのにも役にたたないので、このような作品の多くが、アジアという文脈において、芸術において重要であるにもかかわらず、知られることのないままなのです。

ここに提起した問題は、学問と倫理という二つの種類に分けられます。一方には、歴史問題すなわちオリエンタリズムの問題があり、そしてその背後には植民地主義に根ざす問題と西洋中心的な世界観が生む問題があります。ですから、倫理的な観点にたって考えねばなりません。他方で、学問上の問題もあります。というのも、他者の文化に抱く関心あるいは無関心は、一面的な外見に基づく場合が非常に多いからです。間違い、無理解、早のみこみはよくあること。たとえば一九世紀のジャポニスム愛好家たちは、浮世絵を「純粋に日本的」芸術と呼びますが、すでに一八世紀末から、浮世絵にはオランダ絵画の影響がはっきり感じられるのです。

以上の二つの問題が、本発表の核心にありますが、そもそも研究するということは、学問の手続きをふむことであると同時に、当然、倫理の次元に、もっと言えば広い意味での政治の次元に身を置くことだからです。

はじめに、翻訳という行為が、単なる情報の伝達ではないということ、つまりある言語を用いる著者と、別の言語を用いる読者とを結びつける働きをするだけではないということを示す必要があるでしょう。翻訳はなんといっても読書行為ですから、もっと根本的に重要で、自己中心的なところがあります。翻訳とは、ごくゆっくりと読むことであり、あるテキストについて思いをめぐらせ、それを自分のうちに養うことなのです。

こういう時間をかけた読書を続けるうち、時には次のステップに、つまり発見にたどりつくことがあります。翻訳が、著者に近づく手がかりであるだけでなく、新しい知識のネットワークへの手がかりであることを明らかにするために、とりわけここでは芸術と美学に通じた哲学者であり、三木清、戸坂潤と並んで京都学派の左派に結びつけられることの多い、中井正一（一九〇〇〜一九五二年）が用いた資料をとりあげたいと思います。翻訳すべき著者が依拠している文献をたどると、しばしばまったく未知の地平に誘われます。注意深い翻訳には、スピードをおさえて、知を何倍にも増す効果があるのです。

二　翻訳するとは、ゆっくり読むことである

読書と批評と翻訳には、原典をゆがめるという共通点があります。私たちは読みながら、目の前にあるテキストに、著者の意図とは異なる意味を重ねていきます。純粋で完璧な読書や批評もなければ、純粋で完璧な翻訳もありません。だからこそ、じっくり作品を研究してから語るよりも、うわさやあいまいな記憶にしたがって語る方が生産的なのである、それならば想像の余地が残るからだ、とピエール・バイヤールは言います。[1]これは、木下長宏が指摘するのとまったく同じ現象であり、木下は、日本の画家のうちでも、岸田劉生のようにヨーロッパ芸術を、複製を介してしか知らなかった者の方が、ヨーロッパを旅した者よりも創造性に富んでいたのは、想像力を働かさなければならなかったからだというのです。[2]

したがって翻訳することが、普通の読書より本質的に優れているわけではありません。翻訳が読書する行為として優れているのは、今日、私たちの時代にあっては、翻訳に要する時間が、めった

にお目にかかれないほど貴重な代物になったという一点にかかっているのです。私たちの読書速度は、科学技術によって加速しています。パソコンで言葉を検索する機能とハイパーテキストリンクのおかげで、テキスト全体を読まなくても、手早く情報を見つけ出すことができます。翻訳する場合には、それほど出版社に急かされているのでなければ、別様の読書時間を得られるのですが、それは心地よいだけでなく、有効なのですから、この時間は取り戻した方がよいに決まっています。

とはいえ日本語の文章に関しては、この時間はよりいっそう重要です。なぜなら、アジアにまつわる西洋の一般的な言説の特徴として、おおざっぱであり、第一印象を信用するという、ひとつの性急さのあらわれが挙げられるからです。翻訳を介して、西洋のものではない文章に時間をかけることは、したがってバランスを取り戻す一つの方法なのです。その方法をとれば、語られていることがよく理解できますし、上から見下ろすような視点を採らなくなるでしょう。なぜなら、翻訳するとは、テキストと同じ高さに、さらに言えばテキストの下に立つことだからです。ですから、翻訳は学問にとっても、モラルにとっても大切なのです。

一九七〇年代の終わりから、「間」という概念がヨーロッパで博した成功は、きわめて示唆的な例です。あまりに性急に注目したために、「間」という概念についてエキゾチックで間違った見方が生まれ、しばらくの間、それが日本の芸術と文化の本質だと受けとられました。一九七八年にパリで建築家の磯崎新が展覧会を開催したおり、ロラン・バルトは「間」の概念を以下のように紹介しています。

われわれは、時間と空間という観念にだいたい馴染んでいるが、日本はといえば、このような区別をしないようだ。[3]

そうすると「間」の概念とは、日本に典型的な時間と空間との混同を表現している、ということになるのでしょうか。こんな馬鹿げた説明は、未知の現実に向けられた、あまりにも皮相で性急な関心のあり方を反映しています。この型の時間が、ヨーロッパとアメリカにおけるアジアに関する言説を、今でもまだ支配していますが、散歩や空想や観光の時ならいざしらず、悪くするといい加減な批判ややっつけ仕事の元にもなっています。

今挙げた例に添っていうと、「間」の概念には、まったく別の起源があります。一九二〇年代の終わりから三〇年代の初めに、専門用語や慣用句の域を超え、ひとつの類概念として、初めてこの言葉を用いたのは、中井正一でした。のみならず、中井にあって「間」という語は、一九二七年に主著『存在と時間』が出版されたばかりだったハイデガーの“*zwischen*”（あいだ）という概念にたいする応答として登場したのです。中井のテキストをきちんと読みさえすれば、その時点で、同様にこの結論に達することができるはずです。理屈の上ではそうなります。しかし現実には、「間」という語をフランス語にどのように訳すかについて考えあぐねたからこそ、「間」という言葉が中井の著作にいかにして現れたのかをつきとめることができたのです。[4] この例にかぎっていえば、翻訳する努力から一本の学術論文が産まれたというわけです。

三　出典を発見する

中井の例からは、翻訳を研究活動として、きちんと評価すべきであるというもう一つの根拠を見てとることできます。それは、作者が依拠した文献を発見するということです。読者なら、作者が資料として何を用いたか気になるかもしれません。たとえば、引用の出典を示した注があれば目を通すということもあるでしょう。しかし、注というものはたいてい巻末に置かれますし、すべての注をいちいち確かめるなどということは稀でしょう。小説はもちろん、注がほとんどない本もたくさんあります。だから、出典をたどるには、とても細かく読み、思考に新しい道筋をつけなければなりません。なぜなら読書する時には、作品を知った上で読んでいますので、たいていの場合、著者、タイトル、時代、おおまかなテーマなどは分かっているのです。では、翻訳する時はどうでしょうか。

まずはじめに、作者が別の作者について本体や注の中で参照している、典拠のはっきりしたケースを検討してみましょう。訳出するためだけでも、翻訳者はその典拠を一つ一つ吟味することになります。たとえば中井を翻訳するためには、特に主要論文「委員会の論理」（一九三六年）ですが、中井がそこで引用する西洋の文献それぞれについて、フランス語に翻訳されているかどうかを確かめなければなりません。この労力のいる作業を終えてはじめて、日本とフランスとの間には、ドイツの歴史哲学や美学への関心において、きわめて大きな隔たりがあることがよくわかりました。中井を翻訳すると、たとえば、ヴィンデルバントに出会います。ヴィンデルバントは、一九一〇年代以来、何十冊も日本語に訳されていますが、フランス語で読めるのは二〇〇二年に出版された小さな論集一冊だけです。[5] ディルタイに関しても状況は変わりません。フランス語で出版された最初の本『世界観学』は、一九四六年に世にでますが、一九四六年といえば、日本語ではもうディルタイの著作の大半を読むことができました。リッケルト、ブレンターノ、コーエンなど多くの哲学者についても同様です。隔たりがこんなにも大きいと、一九三八年に公刊された、レイモン・アロンの学位論文『歴史批判哲学』は、フランスでこそ新しさを感じさせましたが、これが日本だったら、アロンが依拠した著作（ウェーバー、ジンメル、ディルタイ）の大部分が翻訳され、すでに数多くの論評の対象となっていましたから、アロンの論文は新鮮さを印象づけることはなかったのではないかとさえ思われるのです。翻訳によって、よく知られていない著者に間接的に近づくことができるだけでなく、このようにして新しい地平を発見すると、新しく問いをたてるきっかけともなります。中井の例では、西洋という概念そのものが問題になります。哲学ほど重要な分野で、フランスよりも日本の方がドイツに近いなら、日本を西洋の国と区別することに、真に正当性があるのでしょうか。

　次に、出典が明示されない、あるいは隠れているというケースをとりあげましょう。もちろん注意深く読む人ならば、他の作品や著者を髣髴させるような、ある種の言葉遣いや文体、あるタイプの論理の組み立て方に気づくでしょう。そうすると、インターネット経由か他の本を読むなどして、この考えの組み合わせが正しいのかどうかを確かめてみることができます。ところが翻訳する時には、ここでもまた、緻密な作業をしなければならず、それは思いがけない発見を呼びこむのです。

「委員会の論理」は、マルクス主義に言及することが危険であった時代に書かれたのですが、たとえば作者名のない、カギ括弧付きの文があります。原文における引用は次のようなものです。

「(かかる考えかたは、) 灰色の、ぼんやりした遠方における問題を推論するのみである。かれは、その証明しようとする事柄、すなわち、二つの事柄、例えば分業と交換との必然的関係をば、事実の、出来事の形式において仮定する。そこで、神学が悪の起源をアダム、イヴの堕落によって説明する。すなわち、かれは、かれが説明すべき事柄をば、一つの事実として、歴史の形式において仮定するのである。[6]」

根気よく調べつづけた末、この秘められた引用は、マルクスが一八四四年に著した『経済学・哲学草稿』からとられたものであることが判明しました。[7] これはまさに発見です。「委員会の論理」を出版した翌年の一九三七年、中井は投獄されますが、これは中井の研究者だけでなく、ひろく日本におけるマルクス主義に関心のある人すべてにとっての発見なのです。この時代に『経済学・哲学草稿』を出典にした著者など、滅多にいないのですから。『経済学・哲学草稿』では、ヘーゲル主義者マルクスが人間の自己疎外について語っています。これは戦後の実存主義のテーマです。さらに『経済学・哲学草稿』が、城塚登と田中吉六によって日本語に訳されたのは、ようやく一九六四年のことです。一九三六年に書かれた文章に、マルクスの若き日のノートからの引用が見つかるなんて、衝撃的です。この発見を通じて、雑誌『世界文化』に集った中井のグループと、フランクフルト学派(ホルクハイマー、マルクーゼ、ベンヤミン)との間に感じる近さが何なのかが、よく分かります。さらに視野を大きくとって言えば、この発見は、研究において、翻訳がいかに有効であるかの証明なのです。「委員会の論理」は、久野収、鶴見俊輔、蓮實重彦も読んだ重要な論文ですが、中井が出典を明記せずにカギ括弧を使うことによって、なるべく危険をおかさず理解させようとした内容が明るみにでるまでには、外国人が翻訳に取り組むのをまたなければなりませんでした。

四　おわりに

「創造するとは、本にあまり拘泥しないこと」とピエール・バイヤールは述べています。[8] こう言い切ることが正しい場合も多いのですけれども、それにも限度があります。もちろん拘泥するにもいろいろなやり方があり、実りのない、あるいは創造を抑えてしまうやり方だってあります。けれども、西洋のものでない文章を読書―翻訳することは、公正である上に有効でもあります。現代の消費システムに追いたてられて表面をかすめるだけの読書に逆らっているがゆえに、そしてまた、植民地主義の論理の下ではざっと眺めるだけだった、対象の実情に時間をかけるのですから、公正なのです。さらにまた有効だというのは、存在すら知らず、探索することなど考えもしなかったコースをたどることができるからです。読書―翻訳とは、発見と思索の道であり、この道は、断然支えるべきですし、もっと評価しなくてはいけません。

フランスにおいて意識的にも無意識にも起こりがちなことなのですが、翻訳を、とりわけ社会科学における翻訳を、模倣と、創造性の欠如と決めつける。これは重大な誤りです。森鴎外から村上春樹まで近現代の大作家がこぞって、小説家だけでなく、批評家やさらには歴史家や哲学者の著作まで翻訳してきた日本の例に背中を押してもらって、私たちは創造行為がもつ時間性について、もう一度考えてみるべきでしょう。

（中川真知子 訳）

1 Cf. Pierre Bayard, *Comment parler des livres que l'on n'a pas lus ?* Paris, Editions de Minuit, 2007, p. 21-62.［邦訳『読んでいない本について堂々と語る方法』大浦康介訳、筑摩書房、二〇〇八年、一五～七七頁。］

2 木下長宏『思想史としてのゴッホ』学藝書林、一九九二年、五〇～五一頁。

3 Roland Barthes, « L'intervalle », *Le Nouvel Observateur*, 23 octobre 1978 ; *Œuvres complètes*, vol. 5, Paris, Seuil, 1995, p. 475.［邦訳「間（ま）」『ロラン・バルト著作集一〇 新たな生のほうへ 一九七八―一九八〇』石川美子訳、みすず書房、二〇〇三年、二四頁。］

4 Cf. Michaël Lucken, « Les limites du *ma* : retour sur l'émergence d'un concept "japonais" », *Nouvelle revue d'esthétique*, n° 13, Paris, PUF, 2014, p. 60-65. ミカエル・リュケン「『間』の境界――『日本的な』概念の誕生をふりかえる」、『ヌーヴェル・ルヴュ・デステティック』第一三号、PUF、二〇一四年、六〇～六五頁。

5 フランス語では、Wilhelm Windelband, *Qu'est-ce que la philosophie? et autres textes*, Paris, Vrin, « Bibliothèque des Textes Philosophiques », 2002, p. 240.［表題作の邦訳『哲學とは何ぞや――哲學の概念及び歴史に就いて』出隆訳、大村書店、一九二〇年。］

6 中井正一「委員会の論理」、『中井正一全集』第一巻、美術出版社、一九八一年、九四頁。

7 マルクスによる原文は以下のとおり。« Er schiebt bloß die Frage in eine graue, nebelhafte Ferne. Er unterstellt in der Form der Tatsache, des Ereignisses, was er deduzieren soll, nämlich das notwendige Verhältnis zwischen zwei Dingen, z.B.

zwischen Teilung der Arbeit und Austausch. So erklärt die Theologie den Ursprung des Bösen durch den Sündenfall, d.h., er unterstellt als ein Faktum, in der Form der Geschichte, was er erklären soll » (cf. Karl Marx und Friedrich Engels, *Historisch-kritische Gesamtausgabe: Werke, Schriften*, Abt. 1, Bd. 3, Berlin, Marx-Engels-Lenin Instituts, 1932, p. 511.) J＝P・グジョンによるフランス語訳ではこうなっている。« Il ne fait que repousser la question dans les brumes confuses et lointaines. L'économiste suppose comme un fait, comme un événement, ce qu'il doit déduire, à savoir le rapport nécessaire entre deux choses, par exemple entre la division du travail et l'échange. Ainsi le théologien explique l'origine du mal par le pêché originel, posant comme un fait, comme un événement historique, ce qu'il doit lui-même expliquer. » (cf. Karl Marx, *Manuscrits de 1844*, Paris, Flammarion, 1996, p. 108. ［邦訳『経済学・哲学草稿』城塚登・田中吉六訳、岩波文庫、一九六四年、八六頁。「それはただたんに問題を、漠然として霧のかかったかなたに追いやるだけなのである。国民経済学者は、論証すべき事柄、すなわち、たとえば分業とか交換とかいった二つのもののあいだの必然的な関係を、事実とか出来事というかたちであらかじめ仮定しているのである。それは神学が悪の起源を堕罪によって説明するのと同様である。すなわち彼［神学者］は、説明すべき事柄を一つの事実として、歴史というかたちで、あらかじめ仮定しているのである。」］

8　ピエール・バイヤール、前掲書、一六〇頁。［邦訳、前掲書、二一八頁。］

第19章　人文社会科学を翻訳すること
——個人的な経験からの省察

ピエール＝フランソワ・スイリ

私は一九八〇年代に日本史のかけだし研究者として活動を始めました。当時、日本人の歴史家なるものは、ヨーロッパ、少なくともフランスではほとんど知られていませんでした。しかし、日本における歴史研究の質が高いことは、当初から一目瞭然でした。そこで私は、日本における歴史研究が十分に知られていないのは、単なる欠落だと考えていました。したがって、私の使命のひとつは、日本人の歴史家の仕事を何とかしてフランス語圏に紹介することだったと言えるのです。

翻訳が必要なことは、二重の影響のもとに、私には明らかなものと思われました。まず私は、フランス語による日本史辞典 *Dictionnaire historique du Japon*[1] の項目の執筆と翻訳に携わっていました。この企画の翻訳の質を高めるために、一九八七年から八九年にかけて、中世史家の石井進[2]や、アナール派を日本に紹介した二宮宏之[3]のような重要人物を含む共同研究グループが組織されました。私たちはこの枠組みにおいて、かつての日本に存在した、数々の独特な制度や慣行をフランス語に何とか置き換えようと頭をひねっていたわけです。まさにこの機会において、例えば「下剋上」のフランス語訳 « monde à l'envers » が考え出され、後に私はこれを最初の単著のタイトルに掲げました[4]。

私にとって二宮宏之との出会いは決定的でした。というのも、それまでのフランスあるいは西欧の日本研究でなおざりにされてきたこと、つまり、原資料だけに依拠するのではなく、日本人の歴史家にも語らせる必要があることを意識させてくれたのが二宮だったからです。二重のアプローチ（原史料の翻訳と歴史家の論文の翻訳）は、日本人史家にとって当然の仕事と見なされていました。それはフランス人史家にとっても同様でなければなりません。まさにこの二重のアプローチから『アナール』誌の特別号「日本人の目から見た日本」（一九九五年）が生まれたのです。この号には網野善彦[5]のような日本の最良の歴史家の論文が掲載されています。ほぼ同時期に、網野の別の論文もＩＮＡＬＣＯ（フランス東洋言語文化研究院）の雑誌《*Cipango*》に掲載されました。この場を借りて言っておきたいのですが、網野の論文が英語を含む西洋の言語に最初に翻訳されたのはこの時です。私はその翻訳を担当したので、そのことを非常に誇りに思っています。

日本人歴史家の翻訳作業はその後も『アナール』誌だけでなく、《*Cipango*》やフランス極東研究院の出版物、あるいは日仏会館の雑誌《*Ebisu*》等において、日仏間の知的対話があるたびに続けられました。私も二〇一三年九月に出た《*Archéothéma*》誌[6]の中世日本の考古学特集などの出版物において、考古学の領域で新境地を開拓しようとしました。勝俣鎮夫[7]の岩波新書『一揆』（一九八二年）は、最近ＣＮＲＳ出版のジャン＝フランソワ・サブレ[8]のコレクションから私の翻訳で出版されました[9]。同世代で最良の歴史家の一人と評価される偉大な日本人史家の作品が初めて完訳されたことになります。この翻訳は、八〇年代に始まった［日本人の歴史家の著作を翻訳する］一連の作業の到達点を示すように思えます。

別の日本研究家たちもこの種の翻訳作業に取り組みました。その結果、現在、日本の歴史家の著作はフランス語で一定数は入手できます。もちろん量的には明らかに不十分ではありますが。

ただ、だからといってフランスにおける日本の歴史家たちの知名度が高いわけでも、彼らの著作がフランス語圏の同業者の耳目を集めているわけでもありません。この知名度不足をどう説明したらよいでしょうか。社会科学一般、特に歴史の分野では、なぜ日本人の歴史家の著作が入手しにくいのでしょうか。もちろん、先に述べました一九九五年の『アナール』誌特集号、さらに最近では拙訳『一揆』などは、フランスの知識人層に対し、限られてはいますが一定の影響をもたらしたと思います。後で知ったことですが、『アナール』誌特集号は、フランス社会科学高等研究院の歴史研究センターのセミナーに登録した院生向けの推薦図書に選ばれていたそうですし、拙訳『一揆』もソルボンヌ大学のパトリック・ブシュロン教授[10]が、中世民衆暴動を論ずる自身のセミナーで修士の学生に読ませていたそうです。さらには、アンシャンレジーム下のフランスにおける暴動を論じたすぐれた研究書『反抗的なフランス *la France rebelle*』の著者ジャン・ニコラ[11]は、私の訳書を賞賛する書評記事を書いてくれました。しかし、こうしたことは全て表面的な話であります。

ここで、ある逸話をご紹介させていただきたいと思います。

一〇年ほど前、私が東京日仏会館のフランス学長をしていた頃、幸運にも高名な社会学者のピエール・ブルデュー[12]を迎え、ブルデューと一対一で長く話す機会がありました。彼が二〇〇二年一月に亡くなる数か月前のことです。

突然話がそれてブルデューがこう言いました。「日本には詩人、小説家、映画監督、画家、デザイナー、建築家はいる。だが、なぜ知識人はいないんだ。」この言葉に私は正直、声も出ないほど驚きました。

ブルデューは無知な人間ではありません。彼の発言はおそらく盲目的なヨーロッパ中心主義の産物だったかもしれません。しかし、もちろんそれだけではなかったのです。彼の言葉はある意味で、私自身がその時まで二〇年間試みてきた全ての努力を無意味にするようなものでした。あの時はさすがに自分がやってきた仕事を謙虚に反省せざるをえませんでした。

日本における広い意味での芸術作品は、紛れもなく普遍的次元を持っています。たとえそれが西洋人の眼に「ジャポニスム」の最もエキゾチックなものとして映ったにせよです。ところが、日本人の歴史家や社会科学者の著作はほとんど知られていません。これはどうしてでしょうか。実のところブルデューは、まだ全く解決されていない問題を指摘したのであって、だからこそ私は今日皆さんにこの逸話をお話ししたかったのです。つまり、ブルデューの眼には、日本は世界に通用する芸術家は輩出するものの、知識人は世に送り出していないと映っていたのです。これは明らかに多くの問題点を指し示しています。

一　社会科学の研究者の著作は西洋において知られていません。あるいは知られてはいますが非常に不十分です。日本でいかに有名であっても、西洋の学問的シーンに登場することはありません。

一つだけ例を挙げておきます。経済史の分野で、歴史人口学者の速水融[13]は、産業革命に先立つ「勤勉革命」という概念[14]を考案しました。勤勉革命（industrious revolution）という概念は、オランダの歴史家ド・フリースによって用いられることになります。ド・フリースは最初にこの概念を用いる際に速水を引用しましたが、ごく当然のことながら、その後は自分のものにしてしまいました。西洋では、このアイディアをとりあげるとき、誰もがそれをド・フリースのものとみなし、彼の名を引用するのであって、速水の名が引用されることはありません。エマニュエル・トッドは、日本研究の専門家以外では唯一、この概念についてド・フリースではなく速水を引用していますから、例外です。

二　明らかに言葉の壁も障害となっています。西洋の日本研究者たちはあまり翻訳をしません。なぜでしょうか。その理由は、いわゆる学術書の翻訳は、文学作品の翻訳とは異なり、研究者の間でほとんど評価の対象にならないからです。日本史の研究者は、日本人の歴史家の著作を翻訳して出版するよりも、自分の論文や著書を出版するほうにずっと関心をもっているのです。日本の歴史家を翻訳することに積極的なインセンティブはないのです。すぐれた歴史家の本を翻訳するよりも、たとえそれが味気ないものであっても、歴史的な原史料を出版する方がまだ評価されるのです。

三　しかし、日本人の方も自分たちの思想の輸出にさほど努力しているとは言えません。自分たちの文学については喜んで輸出するのに、歴史の分野に関しては、なぜそうした努力が払われないのでしょうか。そこにこそ、まったく不思議としか言いようのない何かがあるのです。日本語から外国語への翻訳に対して資金助成している主要機関（例えば国際交流基金）は、日本の歴史家の書籍をリストに載せることを単純に避けてきました。まるで、このジャンルの書籍は輸出するに値しないかのようです。日本人自身が、歴史や社会科学分野の自分たちの言説を輸出することに無関心な理由をどうやって説明できるでしょうか。ここには無意識的な誤りがあると思います。日本人の著作の輸出を促進する公的な制度の中で、社会科学は忘れられていたのです。

四　部分的な説明ですが、次のような事情が考えられます。「日本における社会科学的言説は日本について、日本の歴史について、日本における議論についての言説である。」したがって、「こうした言説は日本にしか関係がないので輸出向けのものではない。」「西洋人にはおそらく理解されないだろうし、彼らの興味をあまり惹かないだろう。」日本人は日本について研究しながら、日本人以外の関心を惹きうる言説を展開しています。しかし、日本研究の専門家でない者がそれを理解するには、日本史や日本社会における様々な議論の現状を最低限知っている必要があります。ところが今のところ、そのような状況はありません。だから、日本人社会科学者の日本についての言説は、適当にザッピングされるだけで終わるのです。

五　ところで、日本人歴史家の言説が西洋人の興味を引くものではない、という見方は部分的に間違っていることを示す反証があります。例えば、吉見義明教授が従軍慰安婦についての本を出すと[15]、すぐさま英語に翻訳されました。これはおそらく最も適切な反証と言えるでしょう。なぜなら吉見のこの本は一九九〇年代の日本で最もホットな問題でありながら、十分にトランスナショナルな問題、つまり韓国人、中国人、アメリカ人、日本人にかかわる問題を論じているからです。

六　ここで二つ目の例を挙げたいと思います。第二次世界大戦から一〇年ほどして、いわゆる昭和史論争が起こりました[16]。論争の焦点は軍国主義と戦争の歴史であり、遠山茂樹のようなマルクス主義の歴史家と、亀井勝一郎のような保守派の文芸批評家との間に舌戦が繰り広げられました。議論の対象は歴史の書き方それ自体、客観的な歴史か主観的な歴史か、証人の役割、文学と歴史など広範にわたりました。実に豊かで、完全に普遍的な論争だったのですが、日本の外に出ることはありませんでした。一九五五年の話です。しかしながら、マルクス主義に近い一部の歴史家は遠山茂樹の「客観主義的歴史」に納得しませんでした。彼らは別個に、昭和よりむしろ明治について考察を重ね、一九六〇年代に新しい歴史の潮流を生み出したのです。それは日本語で「民衆史」（people in history）と言いますが、これをフランス語に訳すのは難しい。というのも《l'histoire des gens》とすると、かなり不自然に聞こえますから。その他にも《histoire populaire》という言い方もあるのですが、これはすでに一九三〇年代に非常に限定的な意味で使われていました。私は《histoire vue d'en bas》（下から見た歴史）という表現を好んで使っています。それはさておき、一九六〇年代から八〇年代にかけて、歴史家の色川大吉[17]、安丸良夫[18]、ひろたまさきら[19]は一九世紀末における日本社会の近代化を論ずる並外れた業績を残しています。彼らが関心を持って論じているのは大きく重要なテーマです。彼らは、近代化のための国家の政治プログラムは、もしそれが中間層・大衆層が一般に企図したことと共鳴せず、これらの層の国民が自分たちのためそれを採用しなかったならば決して機能しなかっただろうと説いています。この見方によって、近代化が成就した理由がおおかた説明されます。では、これらの歴史家はいかなる手法を用いて研究したのでしょうか。彼らは農村の中流階級が残し、これまでその多くがなおざりにされてきた資料、文献、日記などを研究のよりどころにしましたが、こうした資料は近代化のプログラムがいかにして民衆に広く受け入れられたかを証明しています。そうするために、これらの歴史家は田舎へ足を運び、研究分野のフィールドワークを行っています。彼らは国家の公的文書館には目もくれず、別のものに興味を持ったわけです。歴史から忘れ去られた人々を復活させたのです。このように関心の対象を周縁へとずらすことは、学問的に非常に生産性が高い手法です。そうすることによって、文化史や社会史を記述する新たな手法が生み出されたからです。

ところで、このように関心の対象を周縁へとずらすことは、まさに後述する欧米の研究者の活動と軌を一にしています。それはまず、一九六〇年代にイギリスの歴史家たちがやったことです。彼らの手により、トムソン[20]以降、カルチュラル・スタディーズが創出されました。続いて七〇年代から八〇年代にかけて、カルロ・ギンズブルグ[21]やジョヴァンニ・レヴィ[22]のようなイタリアの歴史家たちは、完全にローカルな原資料を用いる非常に繊細な研究に基づいたミクロストーリアを創出しました。それから、八〇年代から九〇年代にかけて、インドの歴史家たちは、マルクス主義の批判から発して植民地社会の従属的社会階層の歴史に興味を持ち、サバルタン・スタディーズを創出しました。別の言い方をすれば、日本の民衆史の歴史家たちは、トムソン、ギンズブルグ、チャクラバルティ[23]らが行ったこととまさしく同じことを、彼らよりも少し先んじて行っていたことになります。彼らがそうするのは、明らかに資料があるからであり、マルクス主義的言説が危機に瀕していることへの回答として、自分たちの問題設定を中心からずらすことができたからです。

七　現在、プリンストン大学あるいはパリのセーヌ左岸で、カルチュラル・スタディーズ、ミクロストーリア、サバルタン・スタディーズに言及せずに歴史書を出版することはもはやできません。しかし、誰一人として日本の民衆史に言及する者はいないのです。間違いのもとを探しなさい！トムソンは英語で書きました。ギンズブルグはイタリア語で書きましたが、英語とフランス語を完壁にマスターしています。チャクラバルティはと言えば、彼は一度もベンガル語では書かず、つねに英語で書き、多くの場合、自分の研究をカルカッタではなくオックスフォードで発表しているのです。

色川大吉、安丸良夫、ひろたまさき、鹿野政直[24]その他の歴史家たちは日本人向けに日本語で書いたのであって、英語で書いたり、英語に翻訳したりする気はありませんでした…。色川の『明治の文化』（岩波書店、一九七〇年）だけが英訳されていますが[25]、仏訳は全くありません。しかし日本ではもう誰もこの方向へは進んでいないのです。だから、私にとって、民衆史は普遍的な重要性をもつ歴史記述の一潮流であるわけですが、日本研究の分野に閉じ込もったまま外に出ていくことはありません。おそらくこれからも出ていかないでしょう。

八　このような壁をぶち破ることができないのは二重の矛盾のせいなのです。一つには、現在にいたるまで、西洋人の西洋中心主義のせいで、西洋人は西洋以外の歴史にあまり関心を抱いてこなかった、という事情があります。しかし、この点は、コネクティッド・ヒストリー connected history あるいはトランスナショナル・ヒストリーの勃興によって変わろうとしています。アメリカあるいは我々ヨーロッパにおいても、この観点から、変革のために行動しようという意思が認められます。日本側には、ある種の内気さや慎み深さの背後に見え隠れする一種の民族中心主義も指摘できます[26]。一刻も早くこれに終止符を打つ時です。

この機会を利用して、もしこの本の読者のなかに日本の学術機関の責任者の方々がおいでなら、こう呼びかけたいと思います。もっと意欲的に取り組んでください。日本の人文社会科学は、日本人だけの所有物であってはなりません。それは、日本の外でも知られ認められうるし、またそうでなくてはならないのです。

（小幡谷友二 訳）

訳注

1 東京の日仏会館から一九六三年から一九九五年にかけて二〇分冊で刊行され、その後二〇〇二年にパリのメゾンヌーヴ&ラローズ社から二巻本で刊行されたが、現在は入手困難である。
2 石井進［1931–2001］。日本中世史。東京大学名誉教授。
3 二宮宏之［1932–2006］。西洋史・フランス史。東京外国語大学名誉教授。
4 *Histoire du Japon médiéval : le monde à l'envers*, Maisonneuve & Larose, 1999 ; Perrin, 2013.
5 網野善彦［1928–2004］。中世日本史。
6 フランス国立社会科学高等研究院（ＥＨＥＳＳ）刊。
7 勝俣鎮夫［1934–］。日本中世史。東京大学名誉教授。
8 Jean-François Sabouret［1946–］. フランス国立科学研究センター（ＣＮＲＳ）の日本研究者、社会学者。
9 *Ikki : Coalitions, ligues et révoltes dans le Japon d'autrefois*, CNRS Editions, 2013.
10 Patrick Boucheron［1965–］.
11 Jean Nicolas［1928–］.
12 Pierre Bourdieu［1930–2002］. 社会学者でコレージュ・ド・フランス教授をつとめた。
13 速水融［1929–］。日本経済史。国際日本文化研究センター名誉教授、慶應義塾大学名誉教授、文化勲章受章者。

日本における「歴史人口学」を創始した。

14 Jan De Vries［1943-］. 主著 *The Industrious Revolution*, Cambridge University Press, 2006.

15 吉見義明『従軍慰安婦』、岩波新書、一九九五年。英訳は *Comfort Women*, Columbia University Press, 2002.

16 昭和史論争は、一九五五年（昭和三〇年）刊の遠山茂樹・今井清一・藤原彰共著の岩波新書『昭和史』に対し、文芸評論家の亀井勝一郎が、人間が描かれていない、と批判したことで始まった。亀井の批判に歴史家の井上清、江口朴郎らが反論し、逆に亀井の批判に松田道雄、山室静、竹山道雄らが同調し論戦に加わった。昭和史論争は、戦後日本における歴史認識の問題、また歴史教育や歴史教科書をめぐる論争の出発点としての意味を持つ。

17 色川大吉［1925-］は東京経済大学名誉教授。専門は日本近代史、民衆思想史。

18 安丸良夫［1934-］は一橋大学名誉教授。専門は日本近世・近代史、宗教思想史。

19 ひろたまさき［広田昌希, 1934-］は大阪大学名誉教授。専門は日本思想史。

20 E. P. Thompson［1924-1993］は英国の歴史学者、社会主義者。

21 Carlo Ginzburg［1939-］はイタリアの歴史学者で、ミクロストーリアの創始者の一人。

22 Giovanni Levi［1939-］はイタリアの歴史学者で、ミクロストーリアの創始者の一人。

23 Dipesh Chakrabarty［1948-］はインド、ベンガルの歴史学者。

24 鹿野政直［1931-］は早稲田大学名誉教授。専門は日本近代史、民衆思想史。

25 *The Culture of the Meiji Period*, Prinston University Press, 1988.

26 日本の歴史や社会の研究は普遍的価値を持たないとする一見謙虚な姿勢のうらに、自らの特殊性に閉じこもる自民族中心主義があるという分析。

第20章　高橋哲哉『靖国問題』仏訳の背景

――フランスにおける近現代日本像と東アジアに対する無理解

アルノ・ナンタ

私たちは今日フランスと日本における翻訳の問題について議論するために集まっているわけですが、私は自分が行なった高橋哲哉著『靖国問題』（ちくま新書、二〇〇五年）の仏訳[1]とその背景についてお話ししたいと思います。この翻訳は、フランスにおける外国の人文社会科学が占める位置と、特にフランスでの日本に関する言説という二重の文脈において実現されたものです。

本稿では、日本史が常に討論されてやまない歴史であり、基本的には一つの論争に還元される歴史である、という論点に触れますが、そのためにまず、フランスで関心を惹く日本史の幾つかの問題に言及し、次にフランスの知的状況について幾つかの指摘をしておきます。

一　フランスで日本の歴史はどう議論されているか？

フランスのメディアや専門家向けないし一般向けの歴史関係の雑誌では、日本史に関する三つの問題がまさに日本史を凝縮しているかのように紹介されています。三つとも戦争責任に関わる問題ですが、実のところ植民地主義とも関係しており、日本史に関する言説では、戦争責任と植民地主義がよく混同されます。三つとは、靖国神社での戦没者の慰霊と、いわゆる「従軍慰安婦」問題と、中学校の歴史教科書論争という問題です。

これら三つの問題について詳しくは論じませんが、簡単に述べるなら、まず靖国神社での戦没者慰霊は、フランスではよく理解されておらず、極端な場合、観光地の見物であるかのように靖国の「お寺」に言及する記事も見られ、全体としてエキゾチシズムに属する言説が多い。次に、しばしば耳にする批判とは異なり、「慰安婦」問題は日本の歴史学者によって詳しく検討されており、しかも吉見義明の研究成果（『従軍慰安婦』岩波新書、一九九五年）をはじめ、日韓両国の学界でコンセンサスが存在していることを強調すべきでしょう。言い換えれば、きわめて重大なこの植民地暴力による犯罪（*Cipango*, Cahier d'études japonaises 15, 2008を参照）[2]に関して、日韓両国の学界において論争はもはや存在しません。最後に、歴史教科書問題は確かに一九八〇年代から繰り返されてきた論争ですが、全国の教科書市場のシェアを分析する限り、問題となる教科書を採用している中学校は全国で一パーセント以下にすぎず、「日本一般」の問題とは認められない特殊な問題と言うべきです。[3]当然のことながら、問題がまったく存在しないわけではありませんが、教科書問題というのは、政治レベルの問題であって、歴史研究上の問題ではない、ということです。

ところが、少し前に、『歴史記述　概念と論争』という共著で私が担当した「日本、過去にまつわる緊張」[4]という論文に関して、私は歴史家のピエール・スイリから詰問されました。日本語で書かれた日本史研究は豊富で、紹介に値する研究はたくさんあるのに、なぜ歴史記述や研究テーマを扱う歴史辞典のなかで日本を紹介する項目が、必然的に歴史論争と「日本独特の歴史修正主義」に限定されてしまうのか、というのです。私としては、フランスでよく把握されていない議論の紹介に努め、日本の歴史論争といわれるものは、日本では政治レベルでは確かに重要な問題であるが、歴史学界では重要な要素ではないゆえに、相対的な問題であることを説明しようと試みたのです。他の報告者とともに、討論の時にぜひこの点について議論したいと思います。

専門誌や共著の章として著した何篇かの論文で、私は日本の歴史と政治と社会の相互関係を考察してきましたが、私の意図は、フランスの一般読者やフランスの研究者に情報を提供することにありました。こうして、私が発表した論文の半分は、自分の主要研究テーマである日本の人文科学の歴史とはほど遠く、フランスの読者が「不思議」に思う「日本の歴史問題」を扱うことになったのです。

とはいえ、二〇〇一年から始めてこの一二年間を振り返って見れば、私の論考がどれほど役に立ったかは疑問です。当然、自分の力だけでフランスにおける日本のイメージを変えられるとは思っていません。ただ、フランスの他の日本研究者と協力して現代日本に対する理解を深めたいと願ってきただけに、われわれが共同で推し進めてきた作業がどれだけ成果をあげたか、やや悲観的になってしまうのです。

フランスで、おそらくヨーロッパ全体でも、「現代日本史」つまり一九世紀末から現在に至る歴史を対象とする歴史研究の領域は、結局のところ、ただちに「日本の過ぎ去らぬ過去」に関するお定まりの言説に矮小化されてしまう傾向があるように思われるのです。

こうして、メディアや評論家、場合によっては学術書も、二〇世紀日本の歴史を論じる際に、上であげた三つの問題のみに集中し、日本では、国家が学校教育や個々人の精神までコントロールする歴史否定論[5]が存在し、日本が依然として民主主義社会ではなく、それゆえ日本はナショナル・レベルで過去に直面できていない、という言説に容易に転化してしまう傾向が著しいのです。安倍晋三といえばその背後に「日本会議」という組織があり、ウルトラ保守派を代表する首相だから彼の発言には確かに驚かないわけですが、しかし例えば、アラン・フィンケルクロート[6]がラジオのフランス・キュルチュールで担当している番組「レプリック」で（二〇一二年四月七日）、日本を第一次世界大戦におけるアルメニア人のジェノサイドを否定するトルコ国家になぞらえ、トルコも日本も国家が社会を全体（主義）的にコントロールし、公的に歴史否定論を展開している、という発言を聞くと、われわれは耳を疑ってしまいます。

こうした例に限りませんが、フランスでは一般になぜ「世界」を把握することができないかを問うべきでしょう。あたかも、私たちは「外の世界」に対して、遠く離れた国に対して、（中国に代表される東洋とごくわずかな接触しか持たなかったローマ帝国時代のように）「一世紀に情報は一つまで」しか消化できないかのようです（例えば二〇〇五年にテレビ局アルテが報道した「歴史修正主義の国、日本」）。比喩的に言えば、シルクロードの時代と比較して、インターネットがどれほど知識の蓄積プロセスを加速化できたのか疑わしく思うほどです。

二　自国に閉ざされたフランス

二つの要素を指摘することができます。日本に関する情報不足と、偏見の根強さです。偏見とは実に困難な問題ですが、私の見るところでは一種の知的怠惰を覆い隠していると思われるので、むしろ第一の点、情報不足に絞って話を進めたいと思います。

フランスに現代日本に関する情報が不足しているという見解を仮に認めるとすると（現在少しは改善されていますが）、情報提供者であるはずの出版界やインターネットの現状を問題視しなければならなくなります。インターネットはさておき、ここでは出版社という業界と、書籍の現状、学術書の可視性について述べておきます。

日本に限らず外国もののフランスの出版物のなかで、文学の翻訳が圧倒的な位置を占めています。今回のシンポジウムで、翻訳に占める文学の割合に比して人文社会科学が「過剰に代表されている」ことは、私にとって喜ばしいことです。それはさておき、フランスでは外国の人文社会科学書は昔からほとんど翻訳されておらず、日本の研究者だけが十分紹介されていないわけではありません。例えば、ドイツの大哲学者ヘーゲルの仏訳は非常に遅れ、ようやく二〇世紀も半ばになってさまざまに議論された例が示すように[7]、フランスにおける翻訳の遅れは一般的な問題なのです。

歴史学に関していえば、ドイツやイタリアの研究者はフランス語にほとんど翻訳されておらず、イギリスの学者でも、エリック・ホブズボーム[8]のような著名な歴史家や古代ギリシャの考古学者アンソニー・スノッドグラス[9]を除けば、ほとんど翻訳されていないのが現実です。アメリカ人の歴史学者でも同様で、ロバート・パクストン[10]の名前こそ知られていますが、第二次世界大戦や占領期の日本を検証したハーバート・ビックスやジョン・ダワー[11]は、フランスでは翻訳もされず読まれもせず、第二次世界大戦を専門とする学者でも（世界は欧州だと見なしがちなため）知らない人が多い。

とはいえ、ヒロヒトこと昭和天皇の歴史や、ドイツと並ぶ枢軸国の一つであった日本の占領期は、フランスの学術誌や出版社で耳にするような「特殊な主題」であるどころか、二〇世紀世界史の中の中心的な主題なはずです。ましてや、中国や韓国の学者となると、まったく知られていません。

フランス国内における、諸外国の人文社会科学の翻訳が低調なのは、社会科学高等研究院やレンヌ大学、トゥールーズ大学など少数の例外を除いて、大学出版会の弱さと無関係ではありません。他方、何よりも商業主義を原則とするフランスの大手出版社は、学術書の出版には制約要因になっていることは言うまでもないでしょう。しかも、産業部門ごとにピラミッド型の再編が進むフランスでは、出版業界をほぼ完全に牛耳っているアシェット・グループが問題の核心にあります。私たちフランスの日本研究者はみな、レ・ベル・レットル社やフィリップ・ピキエ社など限られた同じ出版社から著作を刊行しているのは偶然ではありません。

なお、フランスの出版社は過去の人文社会科学の著作を再版しない、という傾向も指摘しておきます。そのため、学問の蓄積という営みがきちんと機能せず、たった一五年前に出版された著作ですら入手できないことになります。例えば、大手出版社によって出された、有用で完成度の高いミッシェル・ヴィエの *Le Japon contemporain*（『現代日本』）や *Le Japon et le monde au XX*^{e} *siècle*（『二〇世紀の日本と世界』）という著作を、どうすれば読めるでしょうか。[12] 現在フランスの大学生は、こうした基本書を入手することができません。しかも、フランス語で書かれた著作が入手できない状態から、フランスの日本史家はちゃんと仕事をしていないという間違ったイメージが流されます（例えば、「第二次世界大戦と日本」をテーマにしたフランス・キュルチュールの歴史番組 La Fabrique de l'Histoire、二〇一〇年六月一六日）。

他にも、「出版可能な」テーマという問題にも触れないわけにはいきません。社会科学高等研究院で南米史を専門とするジャン＝フレデリック・ショーブや、東洋言語文化研究院のフランスワ・マセが指摘したように、アグレグガシオン（教授資格試験）のプログラムが原因で、大学で教えられる教科内容から出版される著作のテーマ、それに大学での教員採用まで決まってしまうという現状を、強調しておきます。円環はこうして閉ざされ、フランスでは、フランスの歴史や社会、せいぜい広げても古代ギリシャ・ローマなど地中海史ぐらいしか研究されず教えられないのです。

最後に指摘すべきは、出版社が歴史書の内容を簡素化しようとする傾向があり、そこには「市場」の要請がはたらいていることです。フランスでは「普及版」と称して、学術研究とは無縁の、「ジャーナリスト知識人」[13]が幅を利かせています。しかし、こうした著作は普及版とは見なせません。なぜなら普及版とは、学術研究を行なった上でそれを一般向けに「普及」するという意味なのですから。とはいえ、フランスでは、専門的なテーマを研究せずにごく一般的な視点から歴史を語るといった類いの書籍が、いかに難解であれ資史料にきちんと基づいた学術的研究書と競合しているのです。前者の「物語としての歴史」こそ、出版社が優先的に出版し、一般読者の受けもいい。この手の歴史書は、物珍しさのエキゾチシズムや上から目線のオリエンタリズムに満ちた紋切り型のイメージをあきもせず繰り返しているのです。

三　終わりに——比較史への期待

他者性を理解するとは、読者公衆の受けを狙った審美的な差異というエキゾチシズムの「仮面」

をはずす行為です。とはいえ、公衆の読書傾向は市場に供給される作品によって条件づけられる面があるので、あまり読者を責めてはならず、むしろ「フランスの外の世界」を扱う良質の学術書をもっと提供すべきでしょう。自分にできることとして、私はまず高橋哲哉の『靖国問題』を翻訳し、フランス人が日本に関して抱く疑問のひとつに答えようとしました。しかしこの「フランス人の疑問」は本当に「問い」として立てられているでしょうか。

ピエール・ブルデューは上で引いた「ジャーナリズムの支配力」という卓抜な論文で、言説の作り手であるメディアの競争によって、ジャーナリズムがいかに互いに模倣しあうかを強調しました。競争の結果、メディアは多様な分析を提供するどころか、似たり寄ったりの言説しか発信しなくなる。言い換えれば、日本に関していつも同じ「質問」が出てくるのは、いつも同じ「質問」を出さなければならないメディア界の構造があるからだ。そして同じ「質問」には同じ「回答」を返さなければならない、というのです。

他方で、インテリ層の一種の「知的怠惰」も指摘すべきです。というのは、アメリカの学者による英語の著作ですら読まれていないフランスでは、突出した「問題」や「論争」ばかりではない日本の現代史とその隣国の現代史についてまともに検討するよりも、日本の歴史学者が「ちゃんと仕事をしていない」と決めつけ批判するほうがはるかに容易なのです。

最後に、フランス歴史学の視野を拡げるべく比較史（histoire croisée）に挑戦する努力を惜しまない、フランス史が専門のフランス人歴史研究者の同僚諸兄に感謝したいと思います。

（アルノ・ナンタ 訳、三浦信孝 校閲・訳註）

1 Tetsuya Takahashi, *Morts pour l'empereur : La question du Yasukuni*, traduit par Arnaud Nanta, Paris, Les Belles Lettres, 2012.

2 〔訳注〕「戦争、植民地主義、追悼」特集号で、アルノ・ナンタは巻頭論文 « Le succès de *L'Armée de l'Empereur* : un symptôme » のほか « Pour réintégrer le Japon au sein de l'histoire mondiale : histoire de la colonisation et guerres de mémoire » を寄稿している。前者は Jean-Louis Margolin, *L'Armée de l'Empereur. Violences et crimes du Japon en guerre. 1937–1945*, Armand Colin, 2007の学術書としての欠陥を批判する書評論文で、同書は二〇〇七年のブロワの歴史家集会でオギュスタン・ティエリ賞を受賞しただけに、貴重な貢献である。

3 Arnaud Nanta, « Le débat sur l'enseignement de l'histoire au Japon », *Matériaux pour l'histoire de notre temps*, 2007, 88, p. 13–19. Alain Delissen, Christine Lévy, Arnaud Nanta, « Corée du Sud / Japon : renouer le dialogue », Radio France, émission *CulturesMonde*, 16 janvier 2013.

4 Arnaud Nanta, « Japon : tensions autour du passé », *in* Christian Delacroix *et alii* (dir.), *Historiographies. Concepts et débats*, Gallimard, 2010, vol. 2, p. 1081–1089.

5 〔訳注〕ホロコーストはなかった、南京大虐殺はなかったという歴史的事実を否定する言説をフランス語で「ネガシオニスム」と言い、歴史修正主義（レヴィジョニスム）より徹底した歴史否定論を指す。

6 〔訳注〕Alain Finkierkraut（1949– ）はヌーヴォ・フィロゾーフの世代に属する保守系のユダヤ系知識人。メディアへの露出度が高い。二〇一四年四月アカデミー・フランセーズ会員に選ばれた。

7 〔訳注〕ヘーゲルの主著『精神現象学』（一八〇七年）の仏訳はジャン・イポリットによって一九三九～一九四一年にはじめて刊行された。

8 〔訳注〕Eric Hobsbawm（1917–2012）は『創られた伝統』で知られるマルクス主義の歴史家。『革命の時代』『資本の時代』『帝国の時代』という「長い一九世紀」（一七八九～一九一四年）の三部作のあと、一九一四年から一九九一年までを「短い二〇世紀」として『両極端の時代』にまとめた。

9 〔訳注〕Anthony Snodgrass（1934– ）の著作のうち *Archaic Greece*（1980）は二〇〇五年に *La Grèce antique* としてアシェット社から仏訳されているが、邦訳はない。

10 〔訳注〕Rober Paxton（1932– ）はアメリカの歴史家、一九七二年刊の『ヴィシー時代のフランス』（邦訳、藤原書店）でヴィシー政府が積極的対独協力を行ったことを明らかにし「パクストン革命」と呼ばれた。

11 〔訳注〕Herbert Bix（1938– ）は『昭和天皇』（邦訳、講談社）の、John Dower（1938– ）は『敗北を抱きしめて』（邦訳、岩波書店）の著者として知られる。

12 〔訳注〕Michel Vié（1929– ）は歴史家でＩＮＡＬＣＯ名誉教授。*Le Japon contemporain*, coll. « Que Sais-je ? », PUF, 1971と *Le Japon et le monde au xx*^{e} *siècle*, Masson, 1995は絶版だが、*Histoire du Japon : des origines à Meiji*, coll. « Que Sais-je ? », PUF, 1969 は二〇〇九年に第九版が出ている。

13 ピエール・ブルデュー「ジャーナリズムの支配力」、『メディア批判』（藤原書店、二〇〇〇年）所収を参照。

第21章　翻訳、日仏のより良き対話のために

カンタン・コリーヌ

序

このセッションにつけられたタイトル、《歴史・社会科学の翻訳――日仏間の非対称的関係についての問題提起》にある「非対称的関係」は、皆さんすでにご承知のことと思います。これは、人文科学の領域だけではなく、一般に「ノンフィクション（ドキュメントとエッセー）」と呼ばれる著作にも該当する状況です。ここでは、「ドキュメントとエッセー」という用語を使わせていただきますが、これは厳密な意味での学術書・研究書ではなく、一般的な出版物の分類に使われている用語で、時に「事情に通じた、教養のある、知的関心の高い読者」と呼ばれる、より広い読者層を対象としており、場合によっては「一般大衆」向けの書籍もそこに含まれます。

この発表では、主にこの領域と、この広い読者層を対象にして話を進めていきますが、同時にどのようにして研究書中心の大学出版と一般向けの出版との関係をより強固にできるかも検討します。

そこで、日仏の対話を促進し、共通の問題を考察する際の軸となる展望を検討するための提案をいくつかさせていただきます。そのために、フランス著作権事務所で得た私の経験を元にさせてい

ただきます。この事務所は、一九五二年に創設されて以来、六〇年以上の間、あらゆる分野のフランスの書籍が日本語で出版される際の権利譲渡に関する契約を扱ってきました。また一五年ほど前から、逆方向の活動、つまり日本語の著作をフランス語で出版する際に生じる権利の管理も行っています。そのため、これから申し上げることは、出版業界の現場からの声であって、多少ともお金にまつわる「卑俗な話」も含まれております。ただし、そのような点も出版を計画する際には、考慮に入れなければならない要素のひとつです。

私の発表に先立って行われたエマニュエル・ロズランや特にピエール・スイリによる発表で、私がこれから述べようとするいくつかの点がすでに指摘されました。これは人々の考え方に変化が生じ、フランスの知識人や読者が日本の著作家の思想や作品により大きな関心を抱いていることの表れだと思われます。

一　翻訳事情に関する所見

日本では戦後、大量の翻訳書が刊行されました。(戦前にも翻訳は盛んに行われていましたが、私は一九五二年以降に行われた翻訳に限定して話をしております。というのも一九五二年というのは、GHQのコントロールを通さずに、日本の出版社が直接フランスの出版社や作家と再び交渉できるようになった年だからです。)小規模のものから中規模のものまで、三〇社以上もの総合出版社や大学の出版局から、フランスの人文科学書やノンフィクションの一般書が日本語に訳され、継続的に世に送り出されてきております。大概の場合、これらの本には、大学の教員の後押しがありました。教員は、自分の専門領域に関する翻訳計画を出版社に持ち込み、それを自ら訳したり、学生の訳を監修したりしました。近年は、他の情報源から作家やテクストの提案を受けて、出版社が適当な翻訳者を一人または複数探すこともあります。日本におけるこれらの翻訳書は、研究者、メディア、読者に対してフランス思想への関心を培う役割を担ってきました。「ドキュメントとエッセー」に分類されるもので、フランス語から日本語に訳される書籍は、年に一〇〇冊を超えます。この事に関して敬意を表すべきは、日本の翻訳者と研究者の仕事、そして多くの場合は小規模でありながら、作家の生涯の仕事を追いかけながら長期的な仕事をしている出版社です。

この数字に比べて、日本語からフランス語に訳される著作の数は、年間で二、三冊だということが、今日問題となっている日仏間の不均等を如実に示しています。

完全な相互性は求めなくても、これから挙げるいくつかの条件付きで、今まであまりにも顧みられてこなかった領域における日本語文献のフランス語訳を発展させることは、必要かつ可能なことだと思えます。

ある農家が料理人のために良い野菜を栽培するように、翻訳者の仕事は、日本語がわからなくても仏訳されたテキストを仕事に利用できる研究者に「生の素材」を提供するために必要不可欠なものなのです。さらに、日本研究家ではないフランスの大学教員の多くは、日本での講義や講演依頼がある時に、日本側の相手の仕事をもっと知りたいと思っても、その著作を簡単に読めないのを残念に思っていることを指摘しておきます。日仏の発表者たちの相互理解がない限り、真の対話は成立しないでしょう。

他方で好奇心が強く、固定された文化的枠組みや慣習から外に出て物事を考えることを望むすべての読者にとっても、翻訳書は有益でしょう。

この「ほとんど」生の素材は（後でまた話題にしますが、こういった種類のテキストを翻訳紹介する際には、全体における位置づけを示す解題が必要になるので、ここでは「ほとんど」と言わせていただきます）、思考方法をその展開の中でフォローするためにも価値があると思われます。というのも、周知のように、ある思考そのものを理解するためには、その思考の発話のされ方が非常に重要だからです。だからこそ、いつも必然的に同じ「声」を聞くのではなく、ある言語を生のまま「聞かせて」くれる映画の原語版のように、「原文の生の素材」とそれに含まれるすべての情報や間テキスト性を提示することは、間違いなく重要なことなのです。

つまり、翻訳書というものは、ジャーナリストや注釈者、紹介者、分析家の仕事によって提供されるものとは別の資料なのであり、それでいて翻訳書は、これらの人たちにとっても役に立つものでもあります。

二　「原語版」テキストのために最近なされたこと

近年フランスで出版された図書を見てみると、ジャーナリストによる日本の文献の断片的な引用や、専門家によるコメントや分析のみを参照するのではなく、もっと日本語で書かれた原語版テキストを重視する動きが生まれつつあるように思えます。

ここ数年、いくつかの出版社が日本の基本文献の翻訳に力を注いでいます。そのいくつかをここで紹介させていただきます。

まず、クリスチャン・ガランとアンヌ・ゴノンの手による『地平線としての世界――日本の人文社会科学の現状』（二〇〇八年）が、フィリップ・ピキエ社から刊行されています。同書には、日本語から仏訳されたテキストと、現状に対する優れた見取り図が所収されています。出版社によると約三〇〇〇部売れたこの書籍は、実に約二〇年（！）の時を経て現れたイヴ＝マリ・アリュー監修の二巻本『日本の思想一〇〇年』（一九九六年刊行、各巻約一八〇〇部販売）への遠いこだまだと言えるでしょう。

二〇一一年三月の震災直後に、文学から人文科学までさまざまな領域の作者に寄稿してもらい、坂井セシルと私が編集した『地震列島日本』（二〇一二年）は、一〇人ほどによって仏訳され、フィリップ・ピキエ社から文庫本として出版されました。この書籍は、不幸な形で日本が全世界の注目を浴びることになってしまった文脈の中にもちろん位置づけられますが、フランスの読者やメディアに引き起こした大きな反響は、今後の参照基準にも励ましにもなると思われます。というのも、この書籍は約六〇〇〇部売れたからです。

「アジア・ネットワーク」叢書の中でフランス国立科学研究センター（CNRS）は、どちらかと言えば「古典」と呼べる代表的な作品を刊行しています。その中には、クリストフ・サブレの訳による加藤周一の『日本文化における時間と空間』（二〇〇九年）、ピエール・スイリの訳した勝俣鎮夫の『一揆』（二〇一一年）、オギュスタン・ベルク訳による和辻哲郎の『風土――人間学的考察』（二〇一一年）などが挙げられます。

レ・ベル・レットル社から出ている「日本叢書」のノンフィクション・シリーズも評価されなければならないでしょう。ここからは、たとえば、高橋哲哉の『靖国問題』（仏訳タイトル：靖国問題——天皇のための死者たち』（二〇一二年）が、アルノ・ナンタによって訳されています。靖国の問題は、ことあるたびにフランスのメディアも取り上げますが、今日まで断片的にしか触れられることのなかったこの複雑な問題に、この訳書は「原語版」テキストとして重要な観点を提供してくれるでしょう。そして、最も新しいものとしては、戦前の日本の植民地政策に抗った日本人たちのテクストを集めた『日本の植民政策（一八八〇〜一九三〇年）——反対の声』があります。この選集は、ピエール・スイリの監修で、ジュネーヴ大学の若手研究者のグループによって翻訳されています。

近年のこうした翻訳が示すように、現在フランスは、長い間日本の文献が欠如していた状態から、一種の「遅れの取り戻し」を試みているように思えます。それに最も適した方法は、一定のテーマに関する複数のテキストを集めたアンソロジーでしょう。というのも、諸々の作家の全著作を刊行するのは、翻訳の困難などにあらゆる面において、あまりにも重荷で、あまりにも時間のかかる作業だからです。

この翻訳の仕事には、雑誌も重要な役割を果たしております。たとえば、ＰＵＦ（フランス大学出版局）の出している『フランスおよび外国の哲学雑誌』の特集号「現代の日本で哲学する」（二〇一一年）がありますし、イヴ＝マリ・アリューが監修し、一九九七年から二〇〇三年までフィリップ・ピキエ社から出ていた《DARUMA》もあります。後者は、特に研究者の論文を紹介していましたが、特定のテーマに関する日本語文献の仏訳が提供される場でもありました。

より広い読者層に向けられたものとしては、私が翻訳を手がけて、アシェット・リテラチュール社から出版され、二〇〇〇部以上売れた、東浩紀の『動物化するポストモダン――オタクから見た日本社会（仏訳タイトル：オタク世代――ポストモダンの子どもたち）』（二〇〇八年）を挙げることができます。他にも、ミリアム・ダルトワ＝赤穂によって訳され、レ・ザレーヌ社から刊行され、約四〇〇〇部売れた、梯久美子の『散るぞ悲しき（仏訳タイトル：硫黄島からの手紙）』（二〇一一年）があります。さらに、もっと近いところでは、ミリアム・ダルトワ＝赤穂と私が共訳した、伊東豊雄の『あの日からの建築』（二〇一四年）が、初版二〇〇〇部でアンプレッション・ヌーヴェル社から刊行されています。

三　必要不可欠な支援

最初の改善点としては、日本の大学と同じように、フランスの大学が翻訳の重要性をもっと認めて、大学の課程の中で翻訳により高い評価を与えることが挙げられるでしょう。そうすれば、学生は研究計画の中に翻訳を組み込み、その原語版テキストの翻訳を出版すれば、多くの読者にとって有益なものとなるでしょう。また学生は、博士論文や他の研究発表などで、必ずしも原書からの断片的な引用にとどまらずにすむでしょう。ただ、これは効果的な改革ではありますが、長期的な視野に立つことが必要だと思われます。

もっと短期的には、日本のテキストの仏訳に伴う作業とその奨励のための経済的援助が必要です。まず、翻訳者、校閲者、叢書の監修者への資金援助、そして翻訳する価値のある日本の出版物を見定め、翻訳者と出版社をつなげる（というのも、学生の研究の中で翻訳されたテキストは、残念なことに引出しの中に眠ってしまうことがあるからです）、「翻訳人」グループに対しても経済的援助は必要でしょう。

次に、訳書が出版されてから日本の著者を講演や同じ分野のフランス人専門家との出会いのためにフランスへ招待することで、その本の宣伝や流通を支援することもできるでしょう。

（二）出版者、翻訳者へ直接的な経済援助

先ほど紹介した訳書の多くは、五〇〇〇ユーロ近くの資金援助のおかげで日の目を見ることができました。『地平線としての世界』は、フランス財団から六〇〇〇ユーロの助成金を受け、『あの日からの建築』は、《サロン・デ・リーブル》という民間企業のメセナから五五〇〇ユーロの財政援助を受けて、翻訳料と著作権料に充てられました。

出版までの作業をできるだけ速やかに進め、なるべく多くの読者が購入できるような価格で書籍を販売するためには、国際交流基金やフランス書籍センターなどの機関の援助は必要でしょう。少なくとも最初の数年間、企画を立ち上げて、どこに関心があるかを確実に分析し、協力者を見つけるまでは不可欠でしょう。というのも、フランスの翻訳者や出版者は、現実的で奮発材料になる青写真を必要とするからです。翻訳者は、要求される大変な仕事をやってみるだけの価値があるか確認しなければいけませんし、出版者は、刊行する種類の書籍に一定の読者層がいることを確認しなければいけません。上述した本を例にしますと、テキストの選定とテーマが明確な基準に則って決

まっている時、一定の読者層が関心を示し、出版された本は反響を呼んでいます。そして、本屋で並べられる以上の進展を、特にメディアの中で見せています。たとえば、二〇一一年以後の日本の状況を解説するときに『地震列島日本』は、フランスのジャーナリストによってしばしば利用され、収録されている文章が何度か引用されています。月刊誌「ル・モンド・ディプロマティーク」は、この選集の執筆者の一人、池澤夏樹に原稿を依頼しておりますが、先に『地震列島日本』が出版されていなければ、こんなこともなかったでしょう。今後は、特定のテーマで組まれ、フランスで出版される選集への日本人著者に対する要請が増える可能性があります。そうして、フランスやその他の国の著者にまじって、日本人の発言がより頻繁に求められるようになるでしょう。

本の出版がもたらす他の成果としては、訳された日本の著者とフランスの著者との討論があります。フランス人が訪日して講演会やセミナーを行うことはよくありますが、その逆はまだかなり限られています。なぜなら、そもそも対話を始めるきっかけとなる日本人の著作がフランスでは入手できないからです。

テレビ会議も経済的で、作家にとって時間が節約できる手段になるでしょう。実際、フランスで『動物化するポストモダン』が刊行された際、東京の日仏学院（現アンスティチュ・フランセ東京）とパリのソルボンヌ・ヌーヴェル（パリ第三大学）にて、著者の東浩紀と哲学者マルク・クレポンとの同時テレビ会議が開催されました。つい最近では、四月七日に、『あの日からの建築』の出版に関連して、パリ・マラケ国立高等建築学校とトロカデロの建築・文化遺産博物館で、建築家の伊東豊雄による講演がありました。そこで伊東は、建築に関心のある学生と聴衆、また大惨事に直面しての行動という、より一般的な問題に興味を持つ七〇〇人以上に対して話をしました。

(二)「注視」に対する援助、研究・思考グループの恩恵

経済的援助の他に、翻訳すべきテキストを見極めるために、日本の書籍や総合雑誌などの出版動向を注視する仕事(こちらの費用も見積もらなければならないでしょう)も必要であり、組織されなければいけません。たとえば、分野別のワーキング・グループなどは、有効でしょう。多少とも可視的な形で組織化されたグループはすでにあるので、これらを見定めて、支援する必要があります。

日本の文化庁の主導で十数年来活動している「現代日本文学の翻訳・普及事業(JLPP)」に対して、そのプログラムに「ノンフィクション作品」も加えるように、私はことあるたびに提案してきたのですが、いまだにこの案は聞き入れられていません。ところが、文学に対してJLPPが行ったように、日仏の学術委員によって候補となる著者、作品、論文、主題のリストが作られれば、フィクション以外の著作の翻訳の発展にとって望ましい前進になるはずです。

翻訳者と校閲・監修者への支援も必要でしょう。というのも、こういう種類のテキストの場合、並々ならぬ努力が、翻訳、校閲、解説、既知の情報との関連での総括などに求められ、対象となる分野に対応した仕事が必要とされるからです。

また、たとえば、JLPPの枠組みで翻訳された文学作品の場合と同じように、日仏翻訳ペアの育成援助を検討することもできるでしょう。というのも、文学作品がすべて仏訳された時、訳文の妥当性を確認するのに十分なフランス語力を備えた日本人が「読者兼添削者」として、丁寧かつ親

身な再読を行っていたからです。このために、訳文を扱う仕事に慣れている引退した編集者、また、フランス語から日本語への翻訳家などが招集されました。こうした共同作業は、誤解や固有名詞の誤読などを見つけるのに大いに役に立ったので、フランス人翻訳家からは、多くの場合歓迎されました。

日本の書籍に関して、より定期的な刊行をして、日本の出版事情についてより広範な情報を英語で掲載している《Japanese Book News》(国際交流基金)を範にすることや、インターネットサイトJ'Litのような媒体も、うまく利用できるでしょう。

四　進行中の計画

ここまで申し上げた考えを元にして、現在進行中で、これから数か月の間に支援が必要となる二つの計画について申し上げたいと思います。

私が監修する新しい叢書『日本で考える』がフィリップ・ピキエ社から間もなく刊行される予定になっています。これは、ある特定のテーマに関する五〇ページほどの文章を、三~五人の著者から集めたもので、一五〇~一八〇ページの冊子になる予定です。そのテーマとしては、以下の例が挙げられます。［①］日本からみた世界と国際関係(日本がどのように世界を見て、どのように自らを世界に投影しているか。またその世界に何をもたらすことができるか、またはもたらしたいのか。)［②］原子力、エネルギー、環境。［③］社会と文化の変化。

まだ精査しなければなりませんが、現在すでに、著者と作品の原案リストを作成しております。そこで、フランス語ですでにノンフィクションの出版に関わったことがある方々に、テキストの選定に関して、近々ご意見を仰ぐ予定にしております。

また、この叢書に関しては、民間企業などによる財政援助が検討されております。

以上とは別に、特別な叢書にはしないものの、レ・ザンプレッション・ヌーヴェル社から、主に映像、建築、デザインの分野における日本人の著作を刊行し続ける計画もあります。

結びに代えて

さまざまな援助、助言のおかげで、フランスの出版社は、我々の世界観を広げてくれる日本の著作をより多く迎え入れる準備が整いつつあるように思えます。どちらかと言えば歓迎された近年の翻訳の実を結ばせるために、今こそ日本の著者自身、出版社、日本の文化機関によって、共同事業を組織する時なのです。

現代社会に対する考察に対して、日本人が貢献できるというのは、明白なことです。フランス人も日本人による考察を通して、自らの考察を豊かにし、益するところ大であることも明白なことです。翻訳を通して、日本で行われた議論をより良く知り、理解することは、我々が共有している近代とその近代が抱えている問題に対する、より良い共通の考察に向けた一助になるに違いありません。

（畠山 達 訳）

あとがき

本書はこの二〇一四年四月一九、二〇日の両日、東京の日仏会館創立九〇周年記念行事の一環として催された国際シンポジウム「日仏翻訳交流の過去・現在・未来」での発表を元に、坂井セシル、三浦信孝と私が緊密な役割分担・協力をして編んだ論集である。ただしこれをたんにシンポの記録ではなく、それぞれの発表者がライブ感を失わない話体を残しつつ本書用に改めて書き直した原稿を中心とした一般書に近づけようと心がけた。その結果として、日仏会館で多くの聴衆を集めておこなわれたシンポジウムのコメント、討論などはきわめて興味深いものであったにもかかわらず、残念ながらすべて割愛せざるをえなかった。そこで、最低限の礼儀上、当日のプログラムを以下に掲げておく。

日仏会館創立九〇周年記念国際シンポジウム
「日仏翻訳交流の過去・現在・未来」
場所・日仏会館ホール
日時・二〇一四年四月一九日（土）二〇日（日）
主催・「日仏翻訳交流の過去・現在・未来」組織委員会
共催・（公財）日仏会館、日仏会館フランス事務所

後援・外務省、文化庁、フランス大使館、日本フランス語フランス文学会
協賛・東京外国語大学、中央大学、立教大学、朝日出版社、岩波書店、KADOKAWA、河出書房新社、講談社、光文社、集英社、人文書院、駿河台出版社、大修館書店、中央公論新社、白水社、早川書房、藤原書店、平凡社、ぷねうま舎、ガリマール社、フラマリオン社、ピキエ社、レ・ベル・レットル社、フランス著作権事務所

〔一日目午前〕
開会の辞・塩川徹也（東京大学名誉教授、学士院会員）
司会・坂井セシル（パリ第Ⅶ大学）

一　古典文学の翻訳

宮下志朗（放送大学）「翻訳者の使命――古典の継承のために」
アンヌ・バヤール・坂井（ＩＮＡＬＣＯ）「いま日本文学を流布させる」
秋山伸子（青山学院大学）「モリエールを翻訳する」
ダニエル・ストリューヴ（パリ第Ⅶ大学）「源氏物語を仏訳する」
討論　発表者全員
コメンテイター・荻野アンナ（作家、慶應大学）、ラキス・プロギディス（季刊国際文芸誌《ラトリエ・デュ・ロマン》編集長）、篠田勝英（白百合女子大学）

〔二日目午後〕

二　近現代文学の翻訳

西永良成（東京外国語大学名誉教授）「今なぜ『レ・ミゼラブル』を翻訳するのか」

ディディエ・シッシュ（甲南大学）「自由の行使としての翻訳」

吉川一義（京都大学名誉教授）「プルーストをいかに日本語に訳すか」

パトリック・オノレ（翻訳家）「新しいテクスト、新たな翻訳の実践」

討論　発表者全員

コメンテイター・津島佑子（作家）、エストレリータ・ワッセルマン（東京大学）

〔三日目午前〕

司会・澤田直（立教大学）

三　思想・人文科学の翻訳——日仏間で確立すべき対話に関する考察

湯浅博雄（東京大学名誉教授）「翻訳の問い——ランボーを中心に」

エマニュエル・ロズラン（INALCO）「日本の人文・社会科学を仏訳する——誰のため、何のために？」

塚本昌則（東京大学）「〈精神〉について——ヴァレリーの翻訳を中心に」

ミカエル・リュケン（INALCO）「発見と創造としての翻訳——中井正一の作品をめぐって」

討論　発表者全員

コメンテイター・坂井セシル（パリ第Ⅶ大学）、西谷修（立教大学）、ニコラ・モラール（ジュネーヴ大学、日仏会館）

〔二日目午後〕

四　歴史・社会科学の翻訳――日仏における非対称な関係についての問題提起

三浦信孝（中央大学）「社会科学の翻訳における〈翻訳は裏切り〉問題――ルソー・兆民・カント」
ピエール・スイリ（ジュネーヴ大学）「日本の日本史学者の仏訳に関する考察」
菅野賢治（東京理科大学）「訳すことは〈原住民性〉を裏切ることである――翻訳の植民地主義的様相」
カンタン・コリーヌ（翻訳家、フランス著作事務所）「翻訳、日仏のより良き対話のために」
渡名喜庸哲（慶應義塾大学）「現代フランス政治哲学の翻訳――フクシマを論じるいくつかの視点」
アルノ・ナンタ（フランス高等研究学院、日仏会館）「天皇への殉死者の翻訳の背景――高橋哲哉『靖国問題』――日本並びに東アジアに対するフランスの視点と無理解」
討論　参加者・発表者全員
コメンテイター・福井憲彦（学習院大学）、勝俣誠（明治学院大学）、真島一郎（東京外国語大学）
閉会の辞　クリストフ・マルケ（日仏会館フランス事務所所長）

国際シンポジウム「日仏翻訳交流の過去・現在・未来」組織委員会

委員・西永良成（委員長、元パリ国際大学都市日本館館長）
坂井セシル（副委員長、パリ第Ⅶ大学教授）
ジュリエット・サラベール（フランス大使館文化担当官）
山田文比古（東京外国語大学教授、元在仏日本大使館文化公使）
監事・三浦信孝（日仏会館常務理事、中央大学教授）

右のシンポジウムの共催・後援・協賛者及び参加者各位にはこの場を借りて改めて深く感謝したい。共催をいただいた日仏会館からは、日本フランス語フランス文学会を通して、学術研究助成があったことを言い添えておく。

本書の編集について一言しておけば、第一部は西永良成が、第二部は三浦信孝が責任者となり、坂井セシルは企画の段階からこのふたりとの緊密な連携のもとに総括的な協力を惜しまず、新たに特別寄稿をおこなった。また、西谷修と松本礼二の原稿は編者の依頼による特別寄稿である。

なお、フランス側の原稿の翻訳はすべて各翻訳者が著者と緊密な連絡をとりつつおこなったものである。多忙のなか、この貴重な貢献をしていただいた方々に感謝する。

末筆ながら、本書の編集の具体的な作業について、大修館書店編集部の小林奈苗さんにご尽力いただいたことにお礼を申し上げたい。

西永良成

カンタン・コリーヌ（Corinne Quentin）　フランス著作権事務所代表、心理学・翻訳出版権。
編訳書に『地震列島日本』*L'archipel des séismes : Ecrits du Japon après le 11 mars 2011*（Philippe Picquier, 2012）、大江健三郎、尾崎真理子『大江健三郎 作家自身を語る』（新潮社）Oé Kenzaburô, *L'écrivain par lui-même*（Philippe Picquier, 2014）など。

［訳者］　　　　　　　　　　　　　　　　　　　　　　　　掲載順
永見文雄（ながみ・ふみお）中央大学教授
寺本敬子（てらもと・のりこ）跡見学園女子大学助教
平中悠一（ひらなか・ゆういち）作家
博多かおる（はかた・かおる）東京外国語大学准教授
関口涼子（せきぐち・りょうこ）作家・翻訳家
小野　潮（おの・うしお）中央大学教授
中川真知子（なかがわ・まちこ）慶應義塾大学非常勤講師
小幡谷友二（おばたや・ゆうじ）ジュネーヴ大学専任講師
三浦信孝（みうら・のぶたか）中央大学教授
畠山　達（はたけやま・とおる）日本大学准教授

のデモクラシー』（岩波文庫全４冊、第１巻上下、2005年、第２巻上下、2008年）など。

菅野賢治（かんの・けんじ）　東京理科大学教授、フランス文学、ユダヤ研究。

著書に『ドレフュス事件のなかの科学』（青土社、2002年）、訳書にレオン・ポリアコフ『反ユダヤ主義の歴史』全５巻（筑摩書房、2005～2007年）など。

渡名喜庸哲（となき・ようてつ）　慶應義塾大学専任講師　フランス哲学・社会思想。

共著書に『顔とその彼方―レヴィナス「全体性と無限」のプリズム』（知泉書館、2014年）、共訳書に『レヴィナス著作集１』（法政大学出版局、2014年）など。

エマニュエル・ロズラン（Emmanuel Lozerand）　フランス国立東洋言語文化大学教授、日本近代文学。

著書に *Littérature et génie national. Naissance d'une histoire littéraire dans le Japon du XIX*^{e} *siècle*（Les Belles Lettres, 2005）、訳書に森鷗外『護持院原の敵討』*Vengeance sur la plaine du temple de Goji-in*（Les Belles Lettres, 2008）など。

ミカエル・リュケン（Michael Lucken）　フランス東洋言語文化大学教授、日本研究センター所長、日本近代美術史、視覚文化史。

著書に『20世紀の日本美術』（南明日香訳、三好企画、2007年）、訳書に岸田劉生論文集『生の絵画』*Kishida Ryūsei, La Peinture crue*（Les Belles Lettres, 2011）など。

ピエール・スイリ（Pierre Souyri）　ジュネーヴ大学教授、日本史。

著書に *Nouvelle Histoire du Japon*（Perrin, 2010）、訳書に勝俣鎮夫『一揆』（岩波新書）Katsumata Shizuo, *Ikki, Coalitions, ligues et révoltes dans le Japon d'autrefois*（CNRS éditions, 2011）など。

アルノ・ナンタ（Arnaud Nanta）　フランス国立科学研究センター（CNRS）一級研究担当官（准教授）、近現代日本人文科学史。

主要論文に「植民地主義の歴史と＜記憶＞闘争」（『環』2012年49号所収）、訳書に高橋哲哉『靖国問題』（ちくま新書）*Morts pour l'empereur : la question du Yasukuni*（Les Belles Lettres, 2012）など。

mont Fuji（Albin Michel, 2014）など。
アンヌ・バヤール＝坂井（Anne Bayard-Sakai）　フランス国立東洋言語文化大学教授、日本近現代文学。
著書に *La parole comme art—le rakugo japonais*（L'Harmattan, 1992）、訳書に堀江敏幸『雪沼とその周辺』*Le Marais des neiges*（Gallimard, 2012）など。
ダニエル・ストリューヴ（Daniel Struve）　パリ・ディドロ大学准教授、日本の近世文学。
著書に *Ihara Saikaku, un romancier japonais du XVIIIe siècle*（PUF, 2001）、訳書に井原西鶴『好色盛衰記』*Chroniques galantes de prospérité et de décadence*（Philippe Picquier, 2006）など。
ディディエ・シッシュ（Didier Chiche）　甲南大学教授、比較文学。
論文に"Présence de Romain Rolland au Japon", dans *Études Rollandiennes*, 16, Association Romain Rolland（Éditions Cahiers de Brèves, 2006）、訳書に松井今朝子『吉原手引草』Matsui Kesako, *Les Mystères de Yoshiwara*（Éditions Philippe Picquier, 2011）など。
パトリック・オノレ（Patrick Honnoré）　翻訳家。
訳書に夢野久作『ドグラ・マグラ』Yumeno Kyûsaku, *Dogra Magra*（Philippe Picquier, 2003）、川上未映子『乳と卵』Kawakami Mieko, *Seins et Œufs*（Actes Sud, 2012）など。
＊**三浦信孝**（みうら・のぶたか）　中央大学教授、フランス文学・思想。
著書に『現代フランスを読む：共和国・多文化主義・クレオール』（大修館書店、2002年）、訳書に『越境するクレオール―マリーズ・コンデ講演集』（岩波書店、2001年）など。

西谷　修（にしたに・おさむ）　立教大学大学院特任教授、フランス思想・思想史。

著書に『〈テロル〉との戦争、9・11以後の世界』（以文社、2002/2006年）など。

訳書にピエール・ルジャンドル『ドグマ人類学総説――西洋のドグマ的諸問題』（平凡社、2003年）など。

松本礼二（まつもと・れいじ）　早稲田大学教授、政治思想史。

著書に『トクヴィルで考える』（みすず書房、2011年）、訳書『アメリカ

[著者紹介]

掲載順、＊は監修者

塩川徹也（しおかわ・てつや）　東京大学名誉教授・日本学士院会員、フランス文学・思想。
著書に『発見術としての学問—モンテーニュ、デカルト、パスカル』（岩波書店、2010年）、*Entre foi et raison: l'autorité. Études pascaliennes*（Honoré Champion, 2012）など。

＊**西永良成**（にしなが・よしなり）　東京外国語大学名誉教授、現代フランス文学・思想。
著書に『激情と神秘—ルネ・シャールの詩と思想』（岩波書店、2006年）、訳書にユゴー『レ・ミゼラブル』全５巻（ちくま文庫、2012～2014年）など。

宮下志朗（みやした・しろう）　放送大学教授、フランス文学。
著書に『本の都市リヨン』（晶文社、1989年）、訳書にラブレー『ガルガンチュアとパンタグリュエル』全５巻（ちくま文庫、2005～12年）など。

秋山伸子（あきやま・のぶこ）　青山学院大学教授、フランス文学。
著書に『フランス演劇の誘惑：愛と死の戯れ』（岩波書店、2014年）、訳書に『モリエール全集』全10巻（臨川書店、2000～2003年）など。

吉川一義（よしかわ・かずよし）　京都大学名誉教授、フランス文学。
著書に *Proust et l'art pictural*（Champion, 2010）、訳書にプルースト『失われた時を求めて』（岩波文庫、全14巻、既刊７巻、2010年～）など。

湯浅博雄（ゆあさ・ひろお）　東京大学名誉教授、フランス文学・思想。
著者に『翻訳のポイエーシス』（未来社、2012年）、訳書に『ランボー全集』（共編訳・解題、青土社、2006年）など。

塚本昌則（つかもと・まさのり）　東京大学教授、フランス文学。
著書に『フランス文学講義——言葉とイメージをめぐる12章』（中公新書、2012年）、訳書にシャモワゾー『カリブ海偽典——最期の身ぶりによる聖書的物語』（紀伊國屋書店、2010年）など。

＊**坂井セシル**（Cécile Sakai）　パリ・ディドロ大学教授、日本近現代文学。
著書に *Kawabata le clair-obscur – essai sur une écriture de l'ambiguïté*（PUF, 2001, rééd. 2014）. 訳書に川端康成『富士の初雪』*Première neige sur le*

[編者紹介]

西永良成（にしなが　よしなり）
東京外国語大学名誉教授，現代フランス文学・思想。
著書に『激情と神秘——ルネ・シャールの詩と思想』（岩波書店，2006年），訳書にユゴー『レ・ミゼラブル』（全５巻，ちくま文庫，2012〜2014年）など。

三浦信孝（みうら　のぶたか）
中央大学教授，フランス文学・思想。
著書に『現代フランスを読む——共和国・多文化主義・クレオール』（大修館書店，2002年），訳書に『越境する　クレオール——マリーズ・コンデ講演集』（岩波書店，2001年）など。

坂井セシル（Cécile Sakai）
パリ・ディドロ大学教授，日本近現代文学。
著書にKawabata le clair-obscur–essai sur une écriture de l'ambiguïté（PUF. 2001, rééd. 2014）. 訳書に川端康成『富士の初雪』*Première neige sur le mont Fuji*（Albin Michel, 2014）など。

日仏翻訳交流《にちふつほんやくこうりゅう》の過去《かこ》と未来《みらい》——来《きた》るべき文芸共和国《ぶんげいきょうわこく》に向《む》けて

NDC 950/viii, 321p/19cm

初版第１刷——2014年11月10日

編　者————西永良成・三浦信孝・坂井セシル
発行者————鈴木一行
発行所————株式会社　大修館書店
〒113-8541　東京都文京区湯島2-1-1
電話03-3868-2651（販売部）　03-3868-2294（編集部）
振替00190-7-40504
[出版情報]　http://www.taishukan.co.jp

編集協力———㈲メビウス
装丁者————CCK
印刷所————広研印刷
製本所————牧製本

ISBN978-4-469-25084-8　Printed in Japan